말 안 듣는 직원이 성과를 낸다

Hacking work: breaking stupid rules for smart results
Copyright ⓒ 2010 by Bill Jensen and Josh Klein
All rights reserved including the right of reproduction in whole or in part in any form.
This edition published by arrangement with Portfolio,
a member of Penguin Group (USA) Inc.

Korean Translation Copyright ⓒ 2012 by Book21 Publishing Group.
Korean edition is published by arrangement with Portfolio,
a member of Penguin Group (USA) Inc.,
through MILKWOOD Agency.

이 책의 한국어판 저작권은 밀크우드 에이전시를 통한 Portfolio와의
독점계약으로 (주)북이십일에 있습니다.
저작권법에 의하여 한국 내에서 보호를 받는 저작물이므로
무단전재와 무단복제를 금합니다.

말 안 듣는 직원이 성과를 낸다

빌 젠슨·조시 클라인 지음 | 강혜정 옮김

21세기북스

한 번에 하나씩 나쁜 관행을 고치면서 기업을 구출하는
선의의 해커들로 이루어진 지하 저항군에게 이 책을 바칩니다.
— 빌과 조시

내가 하는 일을 좋아할 용기, 좋아하는 일을 할 수 있는 용기를 주신
부모님께 이 책을 바칩니다. 더불어 용기와 존경심을 가지고
올바른 방식으로 해킹을 하도록 가르쳐주신 데 대해
감사의 말을 전합니다.
— 조시

서문

몇 년 동안 빌과 조시는 비즈니스 세계의 어두운 뒷골목을 뒤지고 다니면서 회사의 '나쁜 직원들'과 비밀 회합을 가졌다. 그들이 만난 자리에는 빈 음료수 캔, 피자 부스러기, 갈기갈기 찢겨진 기밀 유지 협약서들이 어지럽게 널려 있곤 했다.

"'실제로' 어떻게 모든 일을 해냅니까? 당신의 우회 해법work-around은 무엇입니까? 회사를 살리고, 고객을 만족시키고, 동료의 일자리를 지키고, 스스로 최고의 기량을 발휘하게 해주는 해킹을 통한 해법 말입니다. 우리는 세상에 선의의 해킹의 힘을 알리고 싶습니다."

그렇다면 그들은 대체 누구길래 이런 일을 하는 것인가? 그들은 단지 회사의 '헛소리'에 맞서기 위해 우회적인 대안을 찾는 일을 하는 두 남자일 뿐이다.

빌은 주로 일하기 쉬운 환경을 만드는 일을 한다. 그는 20년 넘게 세계 각지를 돌아다니며 50만 명이 넘는 사람들을 만나 일을 어렵고 복잡하게 만드는 요인이 무엇인지를 묻고 그 해결책을 모색해왔다. 빌은 기업의 임원과 직원들에게 업무를 간이화하여 보다 똑똑하게 일하는 방법을 조언한다. 그는 세계 최대 규모를 자랑하는 다수의 회사와 지방 및 연방 정부는 물론, 미국 해군 특수부대 네이비실U.S. Navy SEAL에도 이러한 컨설팅을 해왔다.

하지만 빌의 가장 중요한 조언은 항상 견고한 벽에 부딪히곤 했다. 그의 조사 결과에 따르면 일을 복잡하게 만드는 가장 중요한 원인은 기업의 인프라에 내재되어 있었다. 말하자면 일을 하기 위해서 반드시 필요하다고 생각되는 도구와 과정들 안에 있는 것이다. 이런 도구와 과정은 애초에 '회사'의 성공을 목적으로 하지, 해당 업무를 처리하는 '개인'들의 성공에 맞춰 설계되지 않는다.

이렇게 문제가 명확한데도 기업들은 이를 해결하지 못한다. 특히 나이 많은 고참일수록 반응이 냉담하다. "거기까지는 손을 대지 말자"는 식이다.

"어떻게 해야 사람들이 말을 들을까?" 빌은 자문하지 않을 수 없었다. 회사의 인프라, 즉 각종 도구와 절차 개선에 초점을 맞춘다면 그야말로 결정적인 변화를 가져올 수 있을 것이다. 회사는 진정한 경쟁우위를 확보할 테고, 사내 개인들은 그동안의 무수한 절망과 헛된 노력에 종지부를 찍을 것이다.

기술, 오락, 디자인 분야의 저명인사의 아이디어를 나누는 TED 강의에서 마침내 해답이 나왔다. "접근 방법을 바꿔보시죠." 조시가 말했다. 조시는 본인의 해킹 경험과 노동 윤리에 대한 발표를 방금 마친 참이었다. "만약 임원들이 귀를 기울이지 않는다면, 일반 직원들에게 문제를 해결할 해킹 방법을 알려줍시다."

조시는 시애틀에서 와이파이 비밀번호들을 닥치는 대로 빼내던 초창기부터 최근 미국 정보기관 컨설팅 업무까지 기술을 해킹하여 효과를 배가시키는 부분에 중점을 두고 일을 해왔다. 몇 년 전, 그는 이런 시스템 사고systems thinking가 기술 분야뿐만 아니라 사람과 조직에도 적용 가능하다는 사실을 깨달았다.

조시는 기술을 최대한 활용해서 최대의 효과를 뽑아내도록 세계 각지 회사들을 돕는 과정에서 너무 당연한 의견에 의문을 품고 반대하는 사람들이 얼마나 많은지를 보았다. 그리고 그런 태도가 얼마나 강경하며 변화에 얼마나 큰 걸림돌이 되는지도 직접 보았다. 오랜 역사를 자랑하는 대기업부터 신생 벤처 기업까지, 전문 투자자부터 학생까지, 모두가 혁신을 이야기하면서도 실제로 방아쇠를 당겨 과거 비즈니스 모델을 처형하거나 새로운 비즈니스 모델을 창조할 변화를 수용하는 사람은 거의 없다는 사실을 알게 되었다.

현재 상태에 끊임없이 의문을 품는 조시의 태도는 그의 삶을 다방면으로 확장시켜 주었다. 자신의 의문을 널리 알리는 과정에서 소설을 출간하게 되었고, 잘못을 지적하다 보니 참석이 쉽지 않다는 국제 회의에 연사로 초청되는 영광도 누렸다. 또한 기존 직장을 그만두고 자기 일을 하면서 수입이 2배로 뛰었다.

조시는 기술적으로 박학다식했고, 빌은 기업을 상대로 일한 경험이 풍부했다. 이런 장점을 충분히 활용하면서 이 둘은 수많은 사람을 만났고, 그들로부터 진솔한 이야기를 끌어냈다. 직접 고객을 상대하는 일선 직원부터 골방에 틀어박혀 회사 서버를 만지작거리는 컴퓨터 광까지, 실로 다양한 노동자들이 윗사람에게는 결코 보여주지 않는 속내를 털어놓았다.

  이 책은 기업을 구하기 위해 노력하는 선의의 해커들로 구성된 반란군이 보내는 연애편지다. 하지만 달콤함과는 거리가 먼 연애편지이자 동시에 그들의 이야기다. 또한 우리의 이야기이기도 하다. 한 번에 하루씩, 미래를 해킹하는 두 남자, 업무를 진행하는 보다 좋은 방법을 찾고, 그런 과정에서 즐거움을 얻는 두 남자의 이야기다.

빌 젠슨

조시 클라인

차례

서문 6

1부 — 발견하라

1장 | 기업을 스스로에게서 구출하기 15
2장 | 우리는 해커로 태어났다 23
3장 | 해킹은 새로운 것인가? 34

2부 — 해킹하라

4장 | 똑똑한 결과를 위해 멍청한 규칙 타파하기 51
5장 | 누구나 해야 하는 5가지 해킹 69
6장 | 해킹의 윤리적 딜레마 82

3부 — 사고를 전환하라

7장 | 지금 무엇이 문제인가?　103
8장 | 미래의 4가지 흐름　124
9장 | 해킹의 새로운 규칙　163

4부 — 변화를 만들어내라

10장 | 조직에 얽매이지 않는 변화 주도자　181
11장 | 해킹 세상에서 다르게 일하기　221
12장 | 세계를 해킹하라　255

후 기　272
감사의 글　275
주 석　277

1부
발견하라

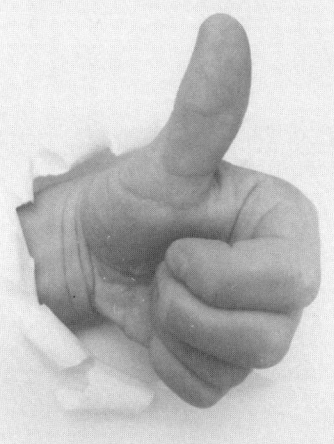

우리는 지금 일과 관련된 치트코드를 공개해 세계와 공유하고자 한다. 일단 직원들이 각자의 일을 해킹하는 방법을 알면 모든 것을 손 안에 넣을 것이다. 어떤 방법으로, 언제, 어떻게 일을 할지, 효율성과 성공을 어떻게 정의할지 등 그야말로 모든 것을 말이다.
선의의 해커들은 미래를 보고 어떤 방식이 되었든 가장 효과적인 방식으로 우리를 이끈다.

1장

기업을 스스로에게서 구출하기

> 몸집이 너무 작기 때문에 무능하다고 생각하는가?
> 그렇다면 우리가 잠을 잘 때 모기가 얼마나 왕성하게 활동하는지
> 본 적이 없는 사람일 것이다.
> — 베티 리즈Betty Reese, 미국 파일럿

기업이 망가졌다. 두려움 때문에 선뜻 인정하지 못하지만 모두가 아는 사실이다. 대다수가 사기당한 기분을 느낀다. 또한 많은 이들이 이런 상황을 바꿀 방법이 없다는 사실에 무력감을 느낀다. 우리는 기업의 관리 도구, 절차, 각종 규칙 등에 얽매인 노예가 되었다. 당장 조치를 취해야 한다. 그리고 실제로 이미 조치가 취해졌다.

리처드 손더스Richard Saunders가 그 증거다. 그는 세계 최고로 꼽히는, 대공황 이래 최악의 금융 위기 속에서 우리를 헤매게 만들었던 은행들 중에 한 곳에서 일한다. 리처드가 맡은 업무는 5000만 달러 이상의 돈을 소유한 법률사무소와 법원들에게 자산 파악에 필요한 보고서를 제공하는 일이었다. 리처드의 팀은 수많은 명세서들을 받아 고객들이 읽기 쉽도록 간단한 보고서로 정리한다. 이는 소방 호스에서 나오는 물을 모두 들이마신 다음, 다른 사람들이 그럴 필요가 없게 정

제해서 제공하는 일과도 같다.

그리고 윗사람들을 위한 업무가 있었다. 위기 상황이 전개되자 그들은 자신을 위한 맞춤형 증류수를 원했다. 그것도 많이 원했는데 문제는 오가는 정보량은 많아졌지만, 그 정보가 고객에게 도움이 되거나 회사에서 제공하는 서비스의 가치를 높이지 못했다는 것이다. 물론 다가올 대재앙을 예측하지도 못했다. 굳이 말하자면 그런 정보들은 상세하게 보이는 백미러에 불과했다. 임원들은 그런 백미러를 보면서 보다 많은 것을 파악하고 통제하고 있다는 환상에 빠졌고, 거기서 스스로 위안을 찾았다. 더욱 심각한 사실은 임원진이 '정말로' 원하는 것, 유용하고 통찰력 있는 분석 자료는 회사 IT부서에서 제공하는 소프트웨어로는 쉽게 만들어지지 않는다는 점이었다.

그렇다면 리처드는 어떻게 해야 할까? 보고서와 손이 많이 가는 분석 자료를 만들어내기 위해 하루를 29시간처럼, 일주일을 열흘처럼 써가며 미친 듯이 일을 해야 할까? 스트레스에 시달리고 가족과 보내는 시간까지 포기하면서 임원들의 널뛰는 신경을 진정시키는 데 에너지를 쏟아야 할까? 결국 그는 시스템을 해킹했다.

리처드는 해당 소프트웨어가 비주얼 베이직 프로그램 언어로 되어 있고 간단한 데이터베이스와 연결되어 있음을 알았다. 그래서 마이크로소프트 액세스 프로그램을 이용하여 데이터베이스 백엔드$^{back\ end}$와 연결했다. 데이터베이스 비밀번호를 알아내는 일은 식은 죽 먹기였다. "소프트웨어 판매회사에 전화를 했을 뿐입니다. 살살 구워삶으니까 군소리 없이 비밀번호를 알려주더군요. 일단 비밀번호를 알고 나서는 데이터베이스에 접속해서 필요한 모든 자료를 가져올 수 있었습니다. 그리고 그때그때 상황에 맞춰서 상당한 변형을 가할 수가 있었지요."

리처드가 시스템을 해킹해서 모든 고객 정보에 전면적인 접근 권한을 가지게 되었다는 사실을 알면 은행 감사관과 IT부서 보안 담당자들은 매우 놀랄 것이다. 하지만 해킹 이후로 리처드는 놀라울 만큼 생산적이고 효율적으로 업무를 처리하게 되었다. 그리고 그런 유의 보고서 작성에 있어서 회사 전체가 인정하는 대가가 되었다. 이제 리처드는 고위 임원들이 즐겨 찾는 영웅이 되었다. 그는 단순한 정보 더미가 아니라 훨씬 의미 있는 정보를 제공했으며, 그 과정에서 수많은 문제들을 미연에 방지하고 해결했기 때문이다.

그들이 전말을 알면 얼마나 좋을까. 리처드의 말을 들어보자. "해킹 덕분에 고위경영진에게 제출하는 보고서 작성에 대한 부담을 덜 수 있었습니다. 그래서 노력을 적게 들이고도 고객들을 위해서 더욱 많은 일을 할 수 있었습니다."

자신의 생산성을 높이고 회사를 위해서도 더욱 좋은 성과를 내려면 업무 처리와 관련된 규칙들을 바꿔야 한다고 믿는 사람이 리처드만은 아니다. 사실 많은 노동자가 이런 생각을 갖고 있다.

예산을 모두 삭감당한 옥스퍼드대학 직원 에버스 피어스는 또 다른 사례다. 그는 이런 명령을 받아들이는 대신 버려야 마땅하다고 생각하는 것들, 가구, 엔진 부품, 건축 폐기물 등을 이베이eBay에서 팔아 자기가 진행하는 프로젝트에 3만 7000파운드의 자금을 마련했다.

그리고 치열한 논쟁을 거쳐 해당 수입을 회사 회계 시스템에 귀속시켰다.

엘리자베스는 윗사람들로부터 자신이 제출한 고객 만족 기획안에 승인을 받지 못한 관리자다. 경영진도 고객 만족 프로그램이 반드시 필요하다고 생각했지만 엘리자베스가 제출한 기획안으로는 성과가 최소 4분기 안에 현실화되기 힘들다는 것이 이유였다. 엘리자베스는 회사 상품 품질에 대한 불만과 희망 사항 등을 이야기하는 고객들의 영상을 몰래 촬영해서 유튜브에 올렸다. 얼마 지나지 않아 대중들의 격렬한 항의가 쏟아졌다. 그러자 결국 경영진이 결정을 뒤집어 엘리자베스의 기획안을 승인했다.

신입사원 매트는 회사의 직원 평가 절차에 불만을 품고 있었다. 그래서 인터넷에서 '인사고과' 항목을 검색하여 회사가 직원에게 부여하는 목표뿐만 아니라, 직원들의 목표까지 고려한 17가지 평가 항목을 만들었다. 소식을 들은 매트의 상사와 인사부서는 놀람과 동시에 불쾌해 했다. 하지만 매트는 굴하지 않고 본인이 만든 인사고과 방법을 정제하고 다듬는 데에 몇 달을 보냈다. 자기가 할 수 있는 작업을 마친 다음에는 세계 최대의 비즈니스 소셜 미디어인 링크드인LinkedIn을 통해 알게 된 관련 분야 선배들에게 조언을 구했다. 매트는 동료들의 지지를 등에 업고 자기주장을 굽히지 않았고, 경영진은 결국 원래의 것과 함께 만든 평가 양식을 사용하게 되었다.

현상 유지에 대한 이런 도전이 더욱 눈에 띄는 이유가 있다. 이 모든 것이 경제 위기와 열악한 취업난 속에서 일어났기 때문이다. 매트의 말을 들어보자. "내 경력과 미래가 지금의 일자리를 유지하는 것으로 한정될 수는 없지요. 내가 진행하는 프로젝트와 각각의 일자리에서 스스로의 실적을 개선해가는 방법 등이 혼합되어 향후 경력과 미래에 영향을 미칠 겁니다. 회사의 평가 과정을 해킹해서 나한테 맞는 양식을 만들어보았기 때문에 나는 내 일을 더욱 잘할 수 있었습니다. 나를 위해서뿐만 아니라 회사와 고객들에게도 도움이 되는 방식으로 말입니다."

우리가 살펴본 사례들은 일부에서 일어나는 현실과 동떨어진 이야기가 아니다. 변화가 일어나고 있다. 그것도 지구촌 곳곳의 모든 일터와 산업, 모든 세대에서 일어나고 있다.

우리는 직장과 관련된 중요하면서도 공공연한 비밀을 폭로하고자 한다. 오늘날 최고 실적을 자랑하는 우수 사원들은 문제를 스스로 처리한다는 사실이다. 그들은 신성불가침의 조직 체계를 우회하여 피해 간다. 그리고 각종 규칙들을 어기면서까지 일을 하는 데에 집중한다.

우리는 지금 일과 관련된 치트코드를 공개해 세계와 공유하고자 한다. 날마다 모든 일터에서, 이들 같은 선의의 규칙 위반자들이 자체적인 결함에도 불구하고 기업의 성공을 보장하고 있다. 그들은 '더 많고, 좋고, 빠른' 성과를 지속적으로 달성할 수 있는 방법을 새롭게 만들어내고 있다. 그들은 일을 해킹하고 있다. 이는 여러분도 할 수 있는 일이다.

기업이 시간을 끄는 관료제도, 시대에 뒤떨어진 기술, 깊이 뿌리박힌 절차 등을 고집하기 때문에 직원들이 힘들어지고 있다. 점점 많은 이들이 업무 도구와 구조가 각자의 능력을 최대한 발휘하기 위해 필요한 것과는 완전히 딴판이라는 사실을 깨달아가고 있다. 회사의 기술, 절차, 사회적 수용 곡선은 직원들의 꿈, 욕구, 욕망에 비해 한참 뒤떨어져 있다.

이 책에서 공격하는 악당은 경제 혼란이나 충격적인 시장 변동 따위가 아니다. 여러분의 상사나 회사도 아니다. 악당은 바로 우리 모두가 일을 하면서 이용하는 도구, 과정, 절차, 구조 등이다. 기업의 인프라가 사람을 따라오지 못하고 있다. 우리를 도와주리라 생각했던 것들이 이제는 온갖 '금지 사항'들만 나열하고 있다.

이런 이야기가 왜 이렇게 시급하고도 시기적절한가. 이는 모두의 골칫거리이자, 모두의 일에 영향을 주기 때문만은 아니다. 그로 인한 영향이 워낙 파괴적인 데다가 동시에 일터를 제외한 모든 영역에서 그야말로 비약적인 발전을 이루고 있기 때문이다. 2010년에 많은 기업들은 IT 분야에 1조 5000억 달러라는 막대한 돈을 쏟아부었지만[1] 우리가 '일터' 밖에서 사용하는 도구들이 안에서 사용하는 도구들을 한참 뛰어넘는다.

열두 살 아이가 여러분이 직장에서 확보할 수 있는 것보다 신속하게 정보를 모으고, 나은 방향으로 정보를 가공하고, 더욱 다양한 전문가들의 의견들을 참고하고, 보다 양질의 정보원에게서 나온 지침들을 확보할 수 있다고 생각해보자. 과연 여러분이 경쟁력이 있다고 자부할 수 있겠는가? 회사에서 프로젝트를 위해 제공하거나 허가하는 것에 비해 개인적 필요 때문에 사용하는 휴대전화에 있는 도구들이 훨씬 강력한 상황이다. 그렇다면 여러분이 어떻게 이 파괴적인 시장의 힘 안에서 원활하게 일을 하며, 그런 파괴적인 힘으로부터 안전할 수 있겠는가?

불가능하다.

그렇다면 할 수 있는 것이 과연 무엇일까?

해킹뿐이다.

평소 하던 업무 방식들을 선택해서 지금보다 나은 결과를 내도록 기존과 다른 방법을 모색해보라. 모두에게 도움이 되는 방향으로 규칙을 변칙 적용하라. 선의의 해커들이 하는 일이 바로 그것이다.

한때 나쁜 방법이라고 생각했던 것이 지금은 새롭고 좋은 것이 되었다. 좀처럼 움직일 기미가 보이지 않는 시대에, 뒤떨어진 도구와 절차들에 도전하고 문제 제기를 하기 때문이다. 지금 우리는 과거 누구도 알려주지 않았던 비밀을 공개하고 있다. 이제 회사가 하라는 대로 해서 성공하는 시대가 아니다. 회사는 개인의 효율성이라는 이름 하에 오히려 그 본질을 파괴하고 있다.

일단 직원들이 각자의 일을 해킹하는 방법을 알면, 모든 것을 장악할 수가 있다. 어떤 방법으로, 언제, 어떻게 일을 할지, 효율성과 성공을 어떻게 정의할지 등 그야말로 모든 것을 말이다.

똑똑하게 일하고 싶은가, 아니면 힘들게 일하고 싶은가? 해킹을 시작하라. 더욱 훌륭한 관리자, 리더, 기업가가 되고 싶은가? 주변의 해커들을 받아들이고 그들에게서 배워라. 기억할 만한 유산을 남기고 진정한 변화를 만들어내고 싶은가? 해킹을 시작하라.

선의의 해커들은 사명을 띠고 있다. 기업을 스스로에게서 구출하고, 여러분을 기업으로부터 구출하는 것이다. 어서 번창하는 지하 영웅 군단에 합류하라. 해킹을 통해 멍청한 회사 규칙들을 타파하고 똑똑한 결과를 얻을 우회 해법들을 모색하라. 큰 사안이 있는가 하면 사소한 사안도 있을 것이다. 안전할 때도 있고, 위험을 감수해야 할 때도 있을 것이며 일시적인 해법이 있는가 하면 한 번 만들어두면 영원히 계속되는 그런 해법도 있으리라. 해킹을 통해 이 모든 것을 시도해보자. 그리하여 회사와 여러분 자신은 물론, 모든 사람의 생산성 제고에 기여하자.

| 2장 |

우리는 해커로 태어났다

감히 순진하라.
— R. 벅민스터 풀러R. Buckminster Fuller, 건축가 겸 미래학자

그들은 없다, 우리가 있을 뿐

특정 업무의 진행 전반을 관리하는 책임자에게 전화를 걸어 마감 날짜나 규칙에서 벗어나는 협상을 해본 적이 있는가? 집에서 일을 하려고 회사 파일을 개인 이메일로 전송해본 적은? 규칙을 변용해서 해치움으로써 업무 목록을 늘려본 적은? 그렇다면 그로 인해 더욱 능률적이고 효과적으로 일할 수 있었는가?

만약 그랬다면, 여러분은 해커다.

우리는 해커로 태어났다. 왜냐하면 해킹이란 어떤 시스템을 분해하고, 내부의 작동 방식을 숙지한 다음, 이를 이용하여 보다 좋은 결과물을 만들어내는 것이기 때문이다. 이처럼 뭔가를 분해하여 더욱 좋은 결과물을 만들어내려는 욕구는 우리 모두에게 내재된 지극히 자연스러운 본능이다. 아이들은 대부분 혁신과 창조 작업이 어떻게 이루어

| 똑똑하게 시작하자

업무 해킹의 정의

업무 해킹은 금지된 혁신이다. 해킹은 시스템의 허점을 찾아내어 활용하고, 우회적인 해법을 고안함으로써 최선의 결과를 이끌어내는 데 필요한 것들을 확보하는 행동이다. 평소 하던 업무 방식들을 선택해서 우회하는 방법으로 더욱 나은 결과를 내놓는다.

해킹은 여러분이 시스템에 맞추지 않고, 시스템을 여러분에게 맞추는 것이다. 그리하여 일을 훌륭하게 해내기가 한결 쉽도록 하는 것이다.

선의의 해커들은 미래를 내다보고 우리를 미래로 이끈다. 언제, 어느 일터에서든 해커들은 기업 자체의 결함에도 불구하고 기업의 성공을 보장하는 영웅들이다. 그들의 혁신은 기업의 전략, 체계, 수단, 과정상의 허점들을 우회적인 해법들로 메우며, 그들의 노력은 관료주의를 능력주의로 바꾼다. 상부의 허락이 있든 없든 말이다.

지를 알아내는 데 흥미를 느끼는데, 그 시작이 바로 분해 작업이다.

빌의 해킹은 '미스터 머신Mr. Machine(1960년에 처음 만들어져 지금까지 판매되는 로봇 모양의 장난감-옮긴이)' 같은 장난감이나 엄마가 사용하는 가전제품들을 분해하는 것에서 시작되었다. 나중에는 교장의 사무실과 예산을 이용해 고등학교 '졸업생 땡땡이 날Senior Cut Day(졸업을 앞둔 졸업생들이 수업을 빼먹고 자유 시간을 갖는 날-옮긴이)'을 준비하고 필요한 비용을 대는 등 사회 권위를 해킹하는 법을 알아냈다. 권위에 대한 해킹이라면 빌보다 조시가 빨랐다. 불과 일곱 살에 '이빨 요정' 전통을 해킹한 것이다. 당시 그는 이빨 요정에게 물가 상승 때문에 이빨 가격이 25센트에서 1달러로 올랐다는 메모를 남겨놓았다. 조시의 부모님은 아직도 그때 빠진 조시의 이빨과 메모를 보관하고 있다. 그리고 조시가 이빨 요정에 대한 생각을 바꾼 과정을 기록해 놓았다(어린아이가 빠진 이빨을 베개 아래에 놓고 자면, 이빨 요정이 와서 가져가고 동전을 놓아둔다는 전설이 있다. 이 전설에서 유래한 전통으로 보통 부모가 이빨을 가져가고 25센트 동전을 놓아둔다-옮긴이).

곰곰이 생각해보면 여러분도 비슷한 이야기가 있을 것이다. 엄마가 특히 좋아하던 요리법을 새롭게 바꾼 경험, 집에서 쓰는 컴퓨터 프로그램을 새로 만든 경험, 용돈을 받고 하는 집안일을 최소의 노력으로 최대 효과를 낼 수 있도록 재설계했던 경험 등 다양할 것이다. 아이들은 원래 그렇다. 그들은 해킹을 하면서 배우고 성장한다. 그리고 전혀 다른 새로운 가능성을 상상한다. 이는 아주 자연스러운 방법이고 또한 효과적이다. 분해한 뒤에 재조립해보는 행동이야말로 어떤 대상을 정복하기에 가장 효과적인 방법이었다. 이는 어제오늘 일이 아니다. 아주 오랜 진리다.

안타깝게도 우리들 대부분은 이미 어른이 되었다. 뭔가를 해킹한다는 것이 잘못된 학습 방법이라는 사실을 받아들이게 되었다는 뜻이다. 나아가 줄을 지어 반듯하게 놓인 의자에 앉아 시키기 전에는 아무 말도 하지 않는 것이라 생각한다. 즉 말하려면 먼저 손을 들어 허락을 구하고, 항상 권위자가 제시하는 정해진 절차를 따라야 한다고 여기게 되었다는 의미다.

훌륭한 해커는 어른이 되지 않는다

최고의 해커들은 색칠 공부를 할 때도 마냥 선 안에만 머물지 않았다. 정해진 선 안에 머무느라 어린아이 특유의 호기심이 억압당하도록 내버려두지 않는다. 유치원 시절부터 현재의 일터에서 일하기까지 이 해커들은 상황이 어떻게 진행되는지를 안다. 그리고 바꿀 방법을 찾느라 무엇이든지 분해하고 헤집어보는 행동을 멈추지 않는다. 그들은 오히려 그렇게 하지 않는 사람들을 이해하지 못한다. 모든 해커를 이끄는 핵심 동력이 바로 이것이다. 모든 일에서 그들은 손대지 않은 숨은 가능성을 끌어낸다. 현상 유지에 머물지 않고 이를 바꾸어 더욱 좋은 상태로 만든다.

일터에서 이는 능률을 떨어뜨리고 사기를 꺾는 장애물들을 제거하며, 업무 수행에 필요한 보다 많은 힘을 갖게 해준다는 의미다. 선의의 해커란 일터에서 보이는 모든 좋은 것의 대명사다. 온갖 역경에도 불구하고 그들은 어떻게든 최고의 능력을 발휘할 방법을 찾아내려는 의지로 뭉쳐 있다.

'알파 긱alpha geek', 즉 '컴퓨터 도사'들로 불리는 잘나가는 해커들을 보면 이런 성향을 부인하기 어렵다. 그들은 열정이 넘치는 무리이고, 그들이 업무나 놀이 분야에서 해내는 일들은 이런 열정의 부산물이다.

조시가 친구로부터 신형 매킨토시 컴퓨터를 공짜로 얻는 것도 알고 보면 그런 열정 때문이었다. 다짜고짜 컴퓨터를 안기는 친구에게 조시가 물었다.

"무슨 문제 있어?"

"아니, 아무 문제없어"라는 건조한 답변이 돌아왔다.

그런데 사실은 그것이 문제였다. 운영 체제가 워낙 안정적이어서 고칠 부분이 하나도 없었고, 하드웨어도 튼튼하게 만들어져서 분해해볼 필요가 없었다. 그렇다면 도대체 무슨 재미가 있는가? 컴퓨터 도사에게 그런 컴퓨터는 막다른 골목처럼 답답하기만 한 물건이었다. 조시에게 매킨토시를 줘버린 친구는 지금까지도 윈도를 사용한다. 거기에는 고치고 손댈 거리가 널려 있기 때문이다.

여러분이 컴퓨터 도사든, 가끔 취미로 해킹을 하는 애호가 수준이든, 관료주의라는 지옥에서 빠져나오고 싶어 기를 쓰는 말단 사원이든 상관없이 해킹 동기는 다음 3가지 중 하나로 볼 수 있다.

호기심 만약에 이렇게 하면 어떻게 될까?
상상 이렇게 하면 진짜 좋지 않을까?
투지 안 되는 게 어디 있어? 분명 더 좋은 방법이 있을 거야!

그렇기 때문에 업무 해킹은 강력한 힘을 갖는다. 우리 상사들은 죽음의 소용돌이에서 회사를 구할 방법을 생각하느라 바쁘기 때문에 회사의 업무 설계work design를 재고할 여유가 없다. 이제 여러분이 나설 때다. 어린아이 같은 호기심과 열정이 충만하고, 충분한 현장 경험을 가진 여러분이야말로 기업이 필요로 하는 영웅이다. 특히 자기 방식에 갇혀 문제점을 깨닫지도 못하는 기업에서 절실하게 필요로 하는 영웅이다.

업무 해킹을 생각할 때 명심해야 할 중요한 원칙이 있다. 해킹은 하나의 해답을 기대하고 시작하는 일이 아니라는 점이다. 여러분 생각이 반드시 옳은 답이라는 보장도 없고, 회사가 반드시 틀렸다는 보장도 없다. 해킹은 "이렇게 해보면 어떨까?" "이유가 뭘까?" 같은 호기심 어린 물음에서 시작된다.

해킹이 효과가 있는 이유는 회사 상사나 관료주의, 엉터리 절차가 핵심이 아니기 때문이다. 망토를 걸치고 의자 위에 서서, 무한한 가능성의 세계로 날아간다는 확신을 가지고 힘차게 도약하는 여러분이 바로 해킹의 주인공이기에 효과가 있다.

어디에 있는 누구든 해킹을 한다

솔직하게 털어놓고 이야기해보자. 해킹에 관해서라면 여러분은 이미 순결하지 않다. 여러분은 오래전부터 해킹을 해왔기 때문이다. 여러분만 해킹을 하는 것도 아니다. 남자든 여자든, 젊은이든 늙은이든, 최고의 엘리트든 무지렁이든, 나태한 게으름뱅이든 출세 가도를 달리는 사람이든 상관없다. 어디에 있는 누구든 해킹을 한다.

신기술들이 사람들 사이의 사회, 문화, 경제적 지형을 근본적으로 바꾸는 바람에 점점 모든 사람이 해커가 되어가고 있다. 언어가 롤러스케이트를 타는 모습을 발표 자료에 삽입하고 싶은가? 온라인 사진 공유 커뮤니티 사이트인 플리커Flickr를 활용하라. 신제품을 최고 가격에 판매하고 싶은가? 리테일미낫RetailMeNot이나 바이위드미BuyWithMe, 이베이츠Ebates, 스틴저Stingier 등의 사이트를 이용하라. 특수 이익 집단들에게 영혼을 팔지 않고 미국 대통령 선거에 출마하고 싶다면, 기존의 자금 조달 방식에서 탈피하여 대중을 상대로 한 직접 모금에 도전해보라. 25달러씩 기부하는 수백만 명의 대중을 만날 수 있을 것이

> **똑똑하게 시작하자**
>
> ### 해킹을 해야 하는 이유
>
> 개인이 직접 해킹을 하거나 회사가 해커들을 받아들이면 어떤 이득이 있을까?
>
> **개인이 얻는 것**
> - 업무를 훌륭하게 해내기가 한결 쉬워진다.
> - 자기 운명에 대해 더욱 확실한 통제력을 가진다.
> - '보다 열심히'가 아니라 '보다 똑똑하게' 일을 할 수 있다. 개인의 욕구에 맞춰 이전보다 많은 것을 조절할 수 있다.
> - 업무 능력과 자격이 한층 향상되어 결과적으로 회사의 흥망에 덜 의존하게 된다.
> - 나아진 부부 생활, 장수, 한층 의미 있는 인간관계를 얻는다.
> - 생활이 더욱 즐거워진다.
>
> **회사가 얻는 것**
> - 모든 개인이 업무를 훌륭하게 해내기가 한결 쉬워진다.
> - 모든 사람이 각자의 능력, 창조성, 혁신성 등을 발휘하게 된다.
> - '더 많이, 좋게, 빠르게, 저렴하게' 결과를 얻을 수 있다.
> - 지속성이 보장되는 새로운 경쟁우위를 갖출 수 있다.
> - 직원들과 새로운 관계를 구축하게 해준다.

다. 64기가바이트짜리 아이팟 터치의 성능을 최고로 개량하고 싶은가? 파이럿베이 PirateBay나 스포티파이 Spotify에서 필요한 것을 찾아보거나, 여러분이 다니는 학교에서 운영하는 파일 공유 시스템을 이용하면 된다.

이쯤 되면 인정하는 것이 좋을 것이다. 구체적으로는 사회적인 관계를 이용하는 방식이 될 수도 있고, 티켓이나 가격 할인, 공짜 경품을 얻는 방식이 될 수도 있다. 아무튼 여러분은 해커다. 해커가 아닌 사람은 없다. 단지 남들에게 해커로 인식되고 싶지 않은 사람들이 있을 뿐이다.

세계경제가 워낙 빠르게 변화하는 바람에 기존 시스템들은 그대로 유지되기 어렵다. 이런 상황이 신기술과 결합되면서 누구나 어디서든 접근 가능한 다양한 기회들을 만들어내고 있다. 너무 느리거나, 너무 관료주의적이거나, 너무 둔감하거나, 너무 비용이 많이 드는 시스템을 '해킹'하는 것은 이제 세계경제를 이끄는 원동력의 일부가 되었다.

시스템 해킹은 무엇이든 가능하다는 사실을 몸소 체득하려 했던 '골수 컴퓨터광'들이 시작했다. 그들을 시스템 해킹으로 이끈 기본 원칙은 이렇다. '정보는 자유를 원한다.'

모든 지식은 선하다. 유일한 규칙이 있다면, '몹쓸 놈은 되지 마라'는 것이다. 코덱을 공유해서 어디서나 DVD를 볼 수 있게 하거나 자동차 컴퓨터 시스템으로 들어가는 은밀한 방법을 공유해서 차량의 서스펜션 기능을 개선하는 일이라면 기꺼이 '몹쓸 놈'이 되어도 좋다. 정보 접근성을 용이하게 해서 많은 사람이 혜택을 본다면 훌륭한 세계시민이 되는 것 아니겠는가?

요즘엔 해킹 관행이 대세가 되었다. 비단 '컴퓨터광'들만 회사 시스템을 해킹하는 것이 아니다. 들도 보도 못한 지구 반대편 작은 도시에 직원이라고는 달랑 3명뿐인 회사의 창업자도 해킹을 한다. 자기 능력으로 얼마든지 업계 선두주자의 시장점유율을 뺏어올 수 있다고 믿는 그녀는 구글 핵스Google Hacks라는 검색 프로그램을 이용하여 경쟁사의 고객 연락처나 특허 파일, 계약 서류, 상품 주문 내역 등을 파악할 다량의 데이터들을 지속적으로 확보하고 있다.

이처럼 업무 수행에 결정적인 정보까지 인터넷 검색으로 손쉽게 얻는 세상이라면, 회사에서 최고 실적을 자랑하는 여러분이 자기 직장을 해킹할 만큼 건방지고 뻔뻔하다고 해서 놀랄 일이 무엇이겠는가? 기업들이 놀라는 것은 곤란하다. 실제로 기업들은 오래전부터 해킹을 이용해왔고, 그런 면에서 여러분의 본보기가 되어왔다.

기업주들은 여러분이 태어나는 순간부터 여러분에게 뭔가 팔고 싶을 때마다 여러분의 시스템을 해킹해왔다. 여러분의 어머니가 특정한 기저귀나 세제를 사도록 입소문을 퍼뜨리는 바이럴 마케팅을 했고, 시간이 흐른 다음에는 소셜 네트워크나 온라인으로 수집한 여러분의 정보를 활용했다. 결과적으로 여러분은 그들이 만든 청바지나 맥주, 휴대전화, 운동화 등이 무척 마음에 들어 '꼭 사고 싶다'고 생각한 적도 있다. 또한 전화 연락망이라는 것을 만들어서 고객 서비스 상담원의 수고를 던 반면 여러분은 많은 시간을 뺏겼다. 그들 입장에서는 비용 효과가 높은 방법이기에 그렇다. 심지어 대리 수금업자들도 여러분의 페이스북에 접근해서 여러분이 친구들과 상품 구매나 재정 상태에 대해 나누는 이야기를 관찰한다.

이처럼 일일이 나열하자면 끝도 없다. 결론적으로 여러분은 평생 끊임없이 누군가의 고용주에 의해 해킹을 당해왔다. 이런 모든 것이 손익 계산과 시장점유율이라는 미명 하에 행해지고 있다.

■ 더 읽어보기

해킹의 역사

1960년대 처음에 해킹은 아주 좋은 것으로 시작되었다. '해킹'이라는 용어는 MIT의 모형 기차 동아리 회원들이 만든 것이다. 동아리 회원들은 기차, 선로, 선로 변환기 등을 바꿔서 성능을 개선하는 작업에 몰두했다. 나중에 그들은 MIT의 메인 프레임 컴퓨터를 해킹해서 성능을 향상시켰다. '해킹'이라는 말이 컴퓨터 전문가와 그들이 하는 일이라는 의미를 갖게 된 것은 이런 연유에서다.

1970년대 소위 '전화 프리커(어떤 도구나 수단으로 전화 체제를 교란시켜 전화 요금을 내지 않고 전화를 거는 사람들—옮긴이)'들은 싸구려 플라스틱 호루라기를 이용하면 AT&T의 장거리 전화교환 장치를 교란시키는 2600헤르츠의 고주파 신호를 만들어 공짜로 전화를 걸 수 있다는 사실을 우연찮게 알아냈다. 불법 공짜 전화가 가능한 전자 장치인 '블루 박스blue box'를 만든 범인 중에는 훗날 애플을 창업한 스티브 워즈니악과 스티브 잡스도 있었다. 당시 그들은 대학생이었다.

1980년대 1983년에 나온 영화 〈워 게임War Games〉은 누구라도 해킹을 통해 다른 컴퓨터에 침입할 수 있다는 사실을 보여준다. 이때부터는 나쁜 해커들이 주류가 되었다. 이 영화를 보고 많은 이들이 해킹을 하면 여자 친구가 생기고, 인기도 많아진다고 생각하게 되었다. 1986년에는 서독과 KGB 정보원들이 캘리포니아대학 컴퓨터를 통해 미국 정부 시스템에 침입하려고 하기도 했다. 이후로 1988년부터 1995년까지는 폭발적으로 증가한 나쁜 해킹에 대한 집중 단속이 있었다.

1990년대 인터넷을 이용하여 누구든지 원하는 것을 접하고 얻는 세상이 되었다. 그러면서 해킹이 급증하고 해킹 수법도 비약적으로 발달했다. 타인의 이메일 주소를 도용하고 사기를 치는 스푸핑이나 피싱뿐 아니라, 훨씬 나쁜 해킹 수법들이 지금까지 이어지고 있다. 하지만 좋은 해킹도 점차 부활했다. 많은 해커들이 전체적인 성능 개선이라는 해킹 본래의 목적을 위해 활동을 재개했다.

2000년대 2010년 무렵까지 10년 동안, 해킹은 선량한 해커를 말하는 '화이트 햇 해커'들에 의해 원래의 좋은 측면과 과거의 영광을 어느 정도 회복했다. 반면, 아마추어 해커, 러시아 마피아 등 나쁜 해커를 의미하는 '블랙 햇 해커'들도 더욱 증가했다. 이들 외에 '그레이 햇 해커'라고 불리는 집단이 있는데, 성능 개선을 위해

> 일부러 시스템의 취약한 부분을 노출시키는 해커들이다. 당연히 나쁜 의도는 없다. 이 책도 말하자면 '그레이 햇 해킹'의 한 예라 할 수 있겠다.

이제는 그동안 해킹당한 만큼 해킹으로 돌려줄 때다. 해킹이 그들에게 도움이 되었다면 여러분에게도 유익할 것이다. 받은 만큼 돌려주는 반격은 누가 보더라도 정당하다.

❙ 3장 ❙

해킹은 새로운 것인가?

발견은 모두가 봤던 것을 보되,
누구도 생각하지 않았던 것을 생각하는 것이다.
– 헤라클레이토스^{Heraclitus}, 그리스 철학자

업무 해킹은 새로운 것이 아니다

업무 해킹은 관료 국가 초기부터 성공의 보증서 같은 것이었다. 아르키메데스, 갈릴레오, 그리고 건국의 아버지라 불리는 미합중국 헌법 제정자들에 이르기까지 기존 규칙을 깨고 새로운 규칙을 만드는 것이 해킹의 기본이었다.

농업 또한 업무 해킹에서 시작되었을 가능성이 높다. 원시 부족 중에 누군가가 영리하게도 곡식이 필요할 때마다 이 언덕 저 언덕을 찾아 헤매는 대신 가까운 곳에서 곡식을 기르면 된다고 생각한 것이다. 그롱크^{Gronk}(타임머신을 타고 선사시대로 간 현대인 이야기를 다룬, 미국 SF 코미디 드라마 〈시간이 되었다^{It's About Time}〉에 나오는 선사시대 원시 부족 족장 이름–옮긴이)는 부족의 지도자로 이런 변화를 원하지도 않았고 승낙하지도 않았다. 또한 곤봉과 창 등을 만들던 무기 제조 담당자는 상당한 위기 의식을

느꼈을 것이다. 부족사회의 운영 방식 역시 새로 등장한 농사꾼들의 욕구에 따라 변했을 것이다. 즉 어떤 '해커'가 모두를 먹여 살릴 효율적인 방법을 찾아냄으로써 인류의 역사가 완전히 바뀌었을 것이다.

해커들은 상업, 예술, 운동, 교육, 전쟁, 농업, 의학, 정부 등 모든 분야를 발전시켰다. 그롱크 시대 이후 수천 년 동안 농부들은 변변한 농기구 없이 땅을 일구느라 고생했는데, 존 디어^{John Deere(미국의 대표적인 농기구 제조회사-옮긴이)} 같은 자가 나타나더니 톱날을 보고 영감을 얻어 최초로 철을 이용해 쟁기를 만듦으로써 새로운 해법을 찾았다. 1차 세계대전 중 프랑스, 독일, 미국의 항공기 조종사들이 항공기 제조공장에 찾아가 조종사의 필요에 맞게 생산공정을 바꾸는 해킹을 시도했다. 그들의 해킹 덕분에 항공 산업은 초기의 원시적인 상태를 벗어날 수 있었다. 이렇듯 해킹의 역사는 곧 혁신의 역사다.

이제 해킹 기술은 우리 사회의 대부분에 침투했다. 보다 단순한 삶을 지향하는 사람들을 위한 우회 해법인 생활 해킹이 있다. 또한 사용설명서 해킹도 있다. 《해리 포터》 시리즈가 없었다면 《바보^{dummies}》 시리즈(쉽게 구성한 설명서 시리즈로 모든 책에 '바보들을 위한'이라는 구절이 들어가므로 일명 '바보' 시리즈라 불린다-옮긴이)가 베스트셀러가 되었을 것이다.

손수 만들기를 선호하는 이들은 대부분의 제품을 각자의 필요에 맞게 개조한다. 예를 들어, 시카고에서 활동하는 가구 디자이너 랜들 크레이머는 이렇게 말한다. "저는 이케아^{Ikea}가 완성품을 파는 곳이라기보다는 철물점이나 부품 상점이라고 생각합니다. 이케아가 일을 제대로 못한다는 의미가 아닙니다. 각자 취향에 맞게 개별화하고 주문제작이 가능하도록 여지를 남겨놓았다는 의미지요.¹" 간단한 수준의 계산기조차 해커들에게는 마음을 쏟을 수 있는 훌륭한 작업장이 된다. 이들은 이런 간단한 기계를 이용해서 자기만의 두더지 잡기, 테트리스, 새로운 운영체제 등을 만들어 기계에 장착한다. 취미 활동가인 브랜든 윌슨은 "해킹이란 결국 제한된 수단으로 불가능해 보이는 일들을 해낼 방법을 찾는 것이지요"라고 말한다.²

변화를 일으키는 긍정적인 힘

처음에 우리는 이 책이 Y세대, 즉 밀레니엄 세대에 관한 내용이 되리라고 생각했다. 이 젊은 세대 해커들은 그들의 부모나 상사가 시도는커녕 상상조차 못했던 다양한 방법을 훤히 꿰고 있다. 이들이 일터에서 임계질량에 도달하는 순간, 말하자면 일정 비율 이상을 차지하는 순간 엄청난 일이 벌어지기 때문에 조심해야 한다.

물론 지금도 그들이 중요한 세력이라고 생각한다. 하지만 깊이 들어갈수록 업무 해킹이라는 것이 과격한 젊은이들의 전유물이 아님을 분명히 알 수 있었다. 이는 '이건 아니다' 싶은 느낌에서 우러나오는 거대하고 지속적인 저항이며, 한편으로는 지도자 없이 산발적으로 진행되는 게릴라전 같은 것이다.

우리는 대부분의 산업 현장에서 현재 일하고 있는 모든 세대를 만나보았다. 그 결과, 널리 퍼져 있는 보편적인 문제를 발견했다. 그것은 업무 설계가 일하는 사람의 욕구에 맞지 않고, 그 때문에 모두가 불만을 갖고 있다는 사실이다.

현재 진행 중인 변화는 있다. 기존의 업무 툴과 절차에 이의를 제기하는 것을 점점 받아들이는 분위기다. 때문에 우리는 지금이 여러분 내면의 해커를 해방시켜야 할 시점이라고 주장하는 것이다. 베이비붐 세대와 X세대는 밀레니엄 세대가 해킹을 통해 잘못을 바로잡고, 스스로 만든 변화를 동료들과 공유하는 모습을 목격하고 있다. 해킹 내용을 동료들과 공유하는 모습은 최근에 들어서야 보게 된 모습이다.

TED 컨퍼런스는 해당 분야에서 널리 알릴 만한 아이디어들을 발표하고 공유하는 장으로 이용되는 국제회의다. 이 회의에서 마이크로소프트 설립자 빌 게이츠는 이런 말을 했다. "시장이 자연스럽게 해결하지 못하는 아주 중요한 문제들이 있습니다. (중략) 시장은 과학자나 커뮤니케이터, 사상가, 정부가 옳은 일을 하게 만들지는 못합니다. 우리 모두가 이런 문제에 주의를 기울이고 타인을 생각해야 합니다. 그리고 그들을 끌어들이는 똑똑한 사람들이 있어야만 필요한 발전을 이룰 수 있습니다."

업무 해킹을 둘러싼 개방적인 분위기 덕분에 이제는 여러분처럼 똑똑한 사람들이 나서서 시장이 바로잡지 못하는 것을 바로잡을 수가 있다. 시장은 회사의 정보통신 기술이 여러분에게 힘이 되기보다는 장벽으로 작용한다는 사실에 개의치 않는다(빌 게이츠가 개발한 상당수 상품들도 마찬가지다). 시장은 1950년대에 머물고 있는 인사부가 일방적인 평가 잣대를 들이대는 상황에도 전혀 신경을 쓰지 않는다. 그리고 여러분의 상사가 형편없어도, 여러분에게 걸림돌이 되어도, 팀을 꾸려 나갈 능력이 없어도 상관하지 않는다. 쉽게 말해서 여러분 입장에서 문제를 인식하고 대처해주지 않는다.

때문에 해킹이 설득력이 있고 효과를 발휘하는 것이다. 해킹이 골방을 벗어나 세상 밖으로 나오는 것도 같은 이유에서다. 해킹은 다른 방법으로 해결되지 않았던 기업의 고질적인 문제들을 해결해준다.

이런 생각은 점점 널리 퍼지고 있다. 최근에 열린 교육개혁 토론회의 주제는 '교육 해킹'이었고, 2010년 다보스 세계경제포럼에는 '경영 해킹'이라는 주제가 포함되어 있었다. 변화를 일으키는 긍정적인 힘으로서 해킹의 시대가 도래한 것이다.

오늘날 가장 흔한 해킹

판에 박힌 틀에서 벗어나 기존의 규칙을 깨는 데 더 이상의 자극이 필요한가? 공연히 여러분을 힘들게만 하는 회사 규칙들이 얼마나 많은지 생각해보라. 앤디의 회사를 예로 들어보자. 그가 다니는 회사는 마이크로소프트 셰어포인트Sharepoint 서버를 쓴다. 그런데 회사 상사들은 발표를 무조건 파워포인트로 하라고 한다. 문제는 파워포인트 자료를 여럿이 함께 만드는 과정이었다. 자료 공유를 위해 셰어포인트 서버에 업로드하거나 다운로드하는 데 시간이 많이 걸렸다. 상황이 이렇다 보니 발표를 준비할 때마다 다들 불만부터 표출했다.

어느 날 앤디에게 아들이 구글 독스Google Docs 사용법을 알려주었다. 사용해보니 정말 편리했다. 앤디와 동료들은 직장이나 집에서 혹은 오가는 도중에도 구글 독스로 쉽고 빠르게 작업했고, 셰어포인트 서버에 올리기 직전에만 파워포인트로 저장했다. 앤디의 말을 들어보

자. "윗사람들한테 발표를 할 때마다 이렇게 합니다. 파워포인트로 발표하지 않으면 그분들 머리는 감당하지 못하고 터져버릴지도 모르지요. 그분들이 중간 과정에 대해서 알기라도 하면 어떤 반응이 나올지 궁금하군요."

회사의 정보통신 기술을 우회하는 일에 익숙해지자 앤디의 팀은 좀 더 나아갔다. 요즘 그들은 구글의 소셜 미디어인 구글 버즈^{Google} ^{Buzz}를 이용해 새로운 정보를 공유하고 비공식 회의를 한다.

앤디의 사례는 우리가 볼 수 있는 가장 흔한 유형의 해킹이다. 일단 회사 IT의 방화벽을 뛰어넘은 후 개방된 전산 환경에서 기존의 제약과 수단들을 초월하여 일을 처리한다. 그다음 결과물을 다시 방화벽 안으로 가져와서 상사들 앞에서는 회사에서 이용하는 툴로 작업한

> **똑똑하게 시작하자**
>
> ### 버려야 할 3가지
>
> 1. 해킹은 새로운 것이 아니다.
> 2. 새로운 것은 해킹을 기업의 고질적인 문제들을 해결할 놀라운 혁신 동력으로 공공연히 받아들이는 대담성이다. 하지만 최종 결과가 아무리 이롭더라도, 해커를 해커답게 만드는 것은 최선의 결과 창출에 방해가 되는 규칙들을 우회하고, 개선하고, 변칙 적용하는 것이다. 그러므로 표준 운영 절차 따위는 버려야 한다.
> 3. 해킹은 컴퓨터 전문가만 하는 것이 아니다. 멋지게 해킹을 해내기 위해 '컴퓨터 도사'가 될 필요는 없다. 해킹을 할 때 기술적인 우회 방법이 필요한 경우가 많지만, 이미 가지고 있는 툴을 사용하면서 관계에 간단한 변화를 주거나 정보 공유 방식을 달리하는 식으로 최선의 해결책을 찾아내는 경우도 드물지 않다.

것처럼 발표하는 것이다.

이런 작업이 필요한 이유는 현재 우리에게 주어진 많은 도구가 회사 중심이기 때문이다. 다시 말해 회사의 성공을 지원하자는 취지로 만들어져서 우리 욕구를 충족시키지 못하기 때문이다. 하지만 구글의 지메일, 구글 독스, 아이폰 애플리케이션 등 회사 밖에서 얼마든지 이용 가능한 수많은 툴들은 사용자 중심이다. 때문에 각자의 필요에 맞춰서 쉽게 변형을 가할 수가 있다(이에 대해서는 7장에서 상세하게 다룰 예정이다).

작은 해킹으로 인한 큰 소득

정말 작은 변화 때문에 가치 있는 해킹을 한 경우가 많다. 낮은 수준의 기술을 사용하면 큰 위험 부담 없이 거기서 얻는 결과가 크다. 통신회사에 다니는 션의 경우가 바로 그렇다. 그의 해킹은 비상하거나 혁명적인 것과는 거리가 멀었다. 단지 인간관계에 변화를 준 것뿐이었다. 하지만 그런 우회적인 해법 덕분에 그는 분별을 잃지 않고 자신의 영혼을 구함은 물론, 다수의 일자리까지 지킬 수 있었다.

션은 대형 통신회사에서 빌링 시스템billing system, 프로젝트 관리, 지식 공유 툴 등에 관한 컴퓨터 교육훈련 프로그램을 만드는 일을 한다. 8년 전에 그의 팀은 인사부 안에서 일하는 것이 가장 효율적이라고 생각했지만, 매사를 좌지우지하는 윗사람들은 생각이 달랐다. 그래서 션의 팀을 CIO(최고정보책임자) 휘하에 배치했다. 이후 조직 개편이 진행되면서 신임 CIO가 비용감축 계획안을 들고 나타났다. 해고 경보가 발령된 위험천만한 순간이었다. 션이 일반적인 중간관리자였다면 팀원들 중에 상당수는 회사를 나갔을 테지만 다행히도 션은 해커였다.

션은 CIO에게 비용감축 차원에서 자기 팀을 인사부로 통합시키는 것이 좋겠다고 말했고, 한편으로 인사부 부장에게도 당근을 내걸었다. 자기 팀의 정보력을 활용하면 회사 핵심 사안에 대한 인사부장의 영향력이 한층 증대되리라는 보장이었다.

해킹 1라운드를 보면 관계 변화라는 2가지 우회 해법의 결과, 다수의 직원들을 구했다. 얼마 뒤, 션의 팀은 진행 중이던 프로젝트 하나를 중지하라는 명령을 받았다. CIO가 외부 컨설팅회사에 의뢰한 프로젝트와 정면으로 충돌했기 때문이다. 션은 비용을 들이지 않고 '간단한 시제품'만 만들어 컨설팅회사에 전달할 피드백을 취합하는 용도로 쓰겠다고 했다. 그런데 1년 뒤에 CIO가 공식 인가한 프로젝트는 아무런 결과물을 내놓지 못한 채 취소되었고, 션이 만든 '간단한 시제품'은 회사 전체에서 널리 사용되었다. 그로부터 6년이 지난 지금도 회사 사람들은 션의 팀에서 내놓은 결과물(시제품)을 사용하고 있다.

해킹 2라운드는 절차를 우회하는 해킹 방법, 즉 프로그램 시제품을 만든다는 것은 일종의 책략일 뿐이었다. 션은 일단 사용자들이 자기 팀에서 만든 프로그램을 접하고 나면, 큰 인기를 얻을 것이라고 확신했다. '당장' 해결책을 달라고 아우성치는 외부 시장과 마찬가지로, 자기 아이디어를 신속히 채택하게 만드는 해커의 능력은 회사가 내놓는 시시한 해결책들보다 훨씬 강력하고 오랜 생명력을 지닌다.

그리고 경제위기가 찾아왔다. 별도의 지시가 있을 때까지 팀의 지출을 중지하라는 명령이 떨어졌다. 션은 당시 상황을 이렇게 말한다. "팀원은 많고, 내부 고객과의 약속도 쌓여 있었지만, 월급 이외에는 쓸 돈이 하나도 없는 상황이었습니다. '그럼 무엇을 해야 하지?'라는 생각을 계속했습니다. 고민 끝에 떠오른 생각은 질문을 바꿔야 한다는 것이었습니다. '무엇을 하지 말까?'로 말입니다. 시키면 뭐든지 해야 살아남는다는 생각에 따분한 프로젝트나 영혼을 갉아먹는 기분이 드는 프로젝트도 마다하지 않고 해왔지만, 이제는 '못한다'고 말해도 되는 상황이었습니다. 이제 우리 팀은 성공 가능성이 높은 프로젝트에 집중하게 되었고, 조직에 진짜로 필요한 일을 하게 되었습니다. 경제 불황이 사실은 우리에게 새로운 모험을 안겨준 셈이지요."

션은 이단 행위를 하지는 않았다. 프롤레타리아 해방 혁명에 나서지도 않았고, 지속적으로 규칙을 어기거나 사람들의 부아를 돋우지도 않았다. 단지 현상 유지를 받아들이는 대신, 우회적인 해법을 찾고자 했다. 해킹이란 바로 그런 것이다. 나은 결과를 창출할 우회 해법을 고안함으로써 스스로 최고의 기량을 발휘하는 데 필요한 조건을 확보하는 것이다.

그는 결국 성공했다. 지난 8년간 자신은 물론 팀원들의 일자리까지 지켜냈고, CIO나 비싸게 고용한 컨설턴트보다 좋은 실적을 올리면서 팀원들과 함께 회사를 구했다. 션과 동료들이 회사를 구해냈다는 말은 지나친 과장이 아니다. 션의 상사 입장에서는 인정하고 싶지 않겠지만, 션은 CIO보다 큰 기여를 했다. 훌륭한 해킹은 자기가 살기 위해 회사에 해를 끼치는 것이 아니다. 회사와 자신 모두를 살리는 길이다.

마지막으로 션은 심각한 자금 압박에 직면하자 새로운 가능성의 세계로 뛰어들었다. 다수를 차지하는 불합리한 업무 지시를 거부하고 알짜배기 업무에 집중할 수 있는 그런 세계로 뛰어든 것이다. 평범한 우회 해법에서 나온 결코 평범하지 않은 결과다. 지금 여러분이 손에 쥐고 있는 것이 바로 그런 힘이다.

권력 구조 우회하기

업무 해킹은 각종 일터에서 일어나고 있다. 리앤 델 리오LeeAnne Del Rio는 교육 시스템을 바꾸려고 하는 교육자다. 그녀의 말을 직접 들어보자. "우리 중에 상당수는 학생들이 '답이 정해진 문제'를 푸는 접근법을 졸업하고, 스스로 더욱 많은 것을 알아내는 탁월한 능력을 지녔다는 것을 가르치려는 LISTA의 노력을 지지합니다. LISTA는 '행동을 통해서 답을 상상하는 리더Leaders Imagining Solutions Through Action'의 약어입니다. 우리 목표는 대대적인 변화입니다. 하지만 나는 지금의 일자리도 지켜야 하고, 돈도 벌어야 합니다."

지역 전문대학에서 사회학 강사로 일하는 리앤은 종종 학부라는 테두리 안에 끼지 못하고 겉도는 듯한 소외감을 느꼈다. 캘리포니아 대부분의 대학에서 일하는 시간강사는 교원의 75퍼센트를 차지한다. 그러나 교수 회의나 이사회에 참여하지 못하고 학부의 의사결정에도 참여하지 못한다. 리앤은 제도 안에서 진정한 변화를 시도할 기회를 거부당하자 독자적으로 일을 추진해보기로 했다.

"사회학이나 심리학 강사들이 특별한 권한이나 허가 없이 자유롭게 자료와 강의 계획안을 공유하고, 아이디어에 대한 의견을 나누고, 이런저런 대화를 나누는 웹사이트 겸 온라인 커뮤니티를 만들었습니다. 오프라인에서 제가 끼지 못하는 모임의 구성원들이 너나없이 저를 찾아오기 시작했습니다. 이제 저는 대학에서 상담을 해주는 컨설턴트로서 정식 교원과 시간강사가 모두 참여하는 커뮤니티를 만들고, 전체 교직원과 정보를 공유하는 일을 돕고 있습니다."

아무리 관료적이고 위계질서가 분명한 권위적인 상황이라 하더라도 나름의 우회 해법이 있다. 이를 통해 여러분의 목표를 달성할 수 있다.

해킹은 필요하다

이미 말한 것처럼 우리는 해킹을 통해 배우는 유전자를 태어나는 순간부터 가지고 있었지만, 그런 유전자가 일터에서 발현될 수밖에 없는 데는 기업의 책임이 크다. 기업이 우리의 욕구보다는 주로 기업 자체의 욕구 충족에만 초점을 맞추기 때문이다.

회사 지도자들은 '생산성'이나 '효율성'이라는 단어를 조직 입장에서 정의한다. 즉 최소 인원과 최소 시간, 최소 비용으로 최고의 성과를 내는 것으로 본다. 하지만 해커들이 개인적으로 정의할 때는 용어의 의미가 사뭇 달라진다. 자신이 일상적으로 바라는 것들, 구체적으로는 자기 자신, 가족, 상사, 동료, 고객, 회사, 자신이 속한 공동체에 대한 약속과 개인적인 꿈을 최소의 노력과 시간을 활용하여 최대한 효율적으로 달성하는 것이다. 그것도 가장 중요한 가치를 실현하고 스스로를 속이지 않는 진실한 방법으로 말이다.

속성 해킹

현장에서 듣는 우회 해법

규칙 바꾸기

회사 교육훈련 담당자인 라비나는 훈련생들 앞에서 예산 제약 때문에 자기가 제공하는 많은 프로그램이 '형편없다'고 솔직하게 털어놓는다. 이런 이유로 라비나는 훈련생들에게 외부에서 진행되는 무료 온라인 교육 프로그램을 듣게 했다. 그리고 그들이 배운 내용을 테스트한 후 사내 교육 프로그램을 이수하지 않았어도 필수 자격증을 인정해주었다. 결과적으로 훈련생들은 이런 방식으로 더 많은 것을 배웠다.

방화벽 뛰어넘기

세계 최대 신용카드회사의 어느 팀은 일부 자료를 외부 서버에 두고 관리하면서 방화벽을 넘나든다. 회사 IT로 인한 제약이 직원들이 기한을 지키고 책임을 완수하는 과정에 걸림돌이 된다는 불만에 아무도 귀를 기울여주지 않았다. 결국 몇 해 전에 팀원들은 해킹을 통해 우회 해법을 찾아냈다.

그때 이후로 경영진은 자원과 예산 삭감에도 업무 완수 능력을 보여주는 모범 사례라면서 해당 팀을 치켜세우고 있다. 그런 결과를 내기 위해서 팀원들이 무슨 일을 하고 있는지를 모를 뿐이었다.

지출품의서 새 단장

대니는 출장 내내 주머니 가득 영수증을 갖고 다니는 일에 질려 있었다. 더욱 심각한 것은 회사 정책에 따라 지출품의서를 작성하는 데만 한 달에 6~8시간을 쏟았다는 사실이다. 반드시 영수증은 특정한 방식으로 전달되어야 했고, 서식도 정해진 방식대로만 작성해야 했다.

"정말 미친 짓입니다. 고객을 만나 돈을 벌어도 시원찮을 귀중한 시간을 한 달에 8시간이나 까먹게 하다니요. 나는 개인 재정관리 서비스를 제공하는 민트닷컴 Mint.com을 이용하고 있습니다. 이미 한 번 이런 작업을 했습니다. 이게 필요한 모든 것이 담겨 있는 한 페이지짜리 인쇄물입니다."

이제 대니는 영수증들을 모아두는 대신 세일즈리시트스토어닷컴 Sales ReceiptStore.com에서 자신의 경비와 일치하는 복사본을 요청한다. 세일즈리시트스토어닷컴은 지출품의서에 필요한 영수증 복사본을 복사해서 메일로 보내주는 서비스를 하는 사이트. 그리고 민트닷컴에서 얻은 한 페이지짜리 인쇄물에 이것들을 붙여서 회계부서에 제출한다. 이후로 대니는 정확하고 신속하게 지출 금액을 지급받고 있다. 뿐만 아니라 매주 2시간에 달하는 불필요한 잡무 시간도 줄일 수 있었다.

더 읽어보기

당신의 모자는 무슨 색인가?

화이트 햇 해커 도덕적인 해커들이다. 주로 시스템 개선을 목적으로 자체 시스템을 해킹해야 하는 내부인일 때가 많다. 좋은 사람들이라고 보면 된다.

그레이 햇 해커 더 나은 시스템을 만들고자 현재 시스템의 취약점을 들춰내는 해커들이다. 이들 역시 좋은 부류다. 시스템 주인이 그런 식의 거친 사랑 표현에 개의치 않는 개방적인 사람들이라면 좋은 사람들이다.

블랙 햇 해커 남에게 손해를 끼치면서 자신의 이득이나 재미를 위해 혹은 주장을 관철하기 위해서 시스템을 공격하는 부류다. 말할 필요도 없이 나쁜 사람들이다.

여러분은 최선의 성과를 바라는 회사의 욕구를 충족시키기 위해서뿐만 아니라, 여러분 스스로 최선을 다하기 위해 필요한 도구와 체계, 과정 등을 누릴 자격이 있다. 여러분은 개인 차원의 생산성에 대한 나름의 생각을 견지해야 한다. 개인 차원에서 생산성이란 당연히 최소 노력으로 자기에게 최대 보상이 돌아오게끔 하는 것이다. 그래야 계속해서 최선을 다할 수가 있다. 회사에 대한 기여는 물론 자신의 성공을 보장하는 유일한 방법이 바로 그것이다.

여러분이 현재 업무에서 그 이상의 것까지 달성하고 있다면 아주 훌륭하다. 그런 상황이라면 당연히 해킹이 필요 없다. 하지만 여러분

> 더 읽어보기

해킹의 부정적인 측면

이 책은 긍정적인 측면에 초점을 맞추고 있다. 하지만 해킹을 이용해 나쁜 일을 저지르는 블랙 햇 해커들이 있고 그로 인해 해킹이 욕을 먹는 것도 사실이다. 나쁜 해킹에도 해악의 정도에 따라서 구분이 있다.

예를 들면, 법률회사 필스베리윈스로쇼피트먼Pillsbury Winthrop Shaw Pittman은 관리자들이 감봉 대상자에게 통보도 하기 전에 블로그에 대상자 명단을 공개한 적이 있다. 이는 비교적 온건한 해킹에 속한다 할 수 있다.

반면 2008년 해커 알베르트 곤살레스와 러시아인 공범 2명은 무려 1억 3000만 건의 신용카드 사용 기록을 해킹한 혐의로 기소되었다. 이는 악랄하고 심각한 해킹으로 볼 수 있다. 2009년 이라크 반군은 단돈 26달러짜리 소프트웨어로 미군의 지상 조종 무인 항공기를 해킹했었고, 2010년 이스라엘 군인은 소속 부대의 비밀 공격 작전 계획을 페이스북에 올려 적을 포함한 전 세계에 알리기도 했다.

보안 소프트웨어 및 하드웨어 개발 업체인 소포스Sophos가 최근에 발표한 보안 위협 보고서에 따르면 무방비 상태의 자료들이 가장 우려되는 사항이며, 컴퓨터를 이용한 첩보 활동과 사이버 범죄가 증가하는 추세라고 한다. 보고서는 해커들이 저지른 영국 최대의 은행 강도 사건과 노트북 하나를 도난당해 10만 9000명의 연금 가입자들을 위험에 빠뜨린 사건을 예로 들었다. 또한 기업 4곳 중에 하나는 직원들의 소셜 네트워크 사용 때문에 컴퓨터 시스템을 파괴하는 소프트웨어에 공격을 당하거나 피싱당하는 사건을 경험했다.

그렇다. 해킹은 부정적인 측면이 있으므로 항상 경계해야 한다. 우리는 해로운 해킹이 존재하며, 그것이 적지 않은 해를 끼칠 수 있음을 인정해야 한다. 하지만 그런 악당들 때문에 선의의 해킹까지 못하게 되는 상황은 막아야 한다. 결국에는 선량한 해커들이 이긴다는 사실을 명심하자.

에게 필요한 도구와 절차 등이 주어지지 않는 상황이라면, 지금이 그것들을 확보하기에 알맞은 시기다. 이제 여러분 내면의 해커를 깨울 시간이다. 우리는 그 방법을 알려주고자 한다.

2부
해킹하라

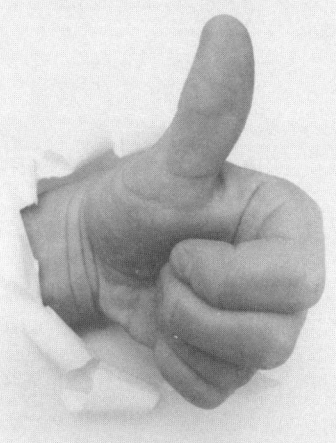

회사의 멍청한 규칙들 때문에 일만 잔뜩 떠안고, 적절한 대가를 받지는 못하는 안타까운 상황이 벌어지고 있다. 타인의 관료주의, 타인의 잘못된 결정의 대가를 여러분이 치르는 셈이다.

멍청한 규칙들을 타파하면 여러분 자신과 팀, 회사는 훨씬 똑똑한 결과를 얻을 수 있다. 그 방법이 무엇인지 살펴보자.

4장

똑똑한 결과를 위해
멍청한 규칙 타파하기

> 유용하지 않은 것, 아름답지 않은 것,
> 즐겁지 않은 것들은 모두 버려라.
> — 작자 미상, 바이럴 이메일에서

시작하기

니나가 바란 것은 그저 새 프린터였다. 회사에서 프린터를 새로 사주지 않는 이유는 무엇일까? 그리고 우리가 거기에 신경을 써야 하는 이유는 무엇일까? 니나가 처한 곤경이 우리 모두가 일을 해킹해야 하는 바로 그 이유이기 때문이다. 자세히 살펴보면 니나의 이야기는 곧 우리 모두의 이야기다.

니나는 의료기관에서 프로젝트를 관리하는 재택근무자다. 2009년 봄, 수명이 다한 컬러 프린터를 새 것으로 교체해달라고 했지만 회사는 거부했다. 회사는 흑백 프린터를 고집했다. 1년에 프린터 한 대당 300달러의 토너 비용을 절감할 수 있기 때문이다. 프린터가 수천 대나 된다는 점에서 회사 전체로 보면 타당한 방침일 듯하다. 어떤 기업이든 비용절감은 중요하기 때문이다.

하지만 니나가 컬러 프린터를 고집하는 이유에는 아무도 관심을 갖지 않았다. IT부서가 니나의 프로젝트 관리 시스템을 만들어놓은 방식을 보면, 니나와 연락을 주고받는 모든 사람이 컴퓨터에서는 각기 다른 색깔을 하나씩 부여받는다. 따라서 종이로 출력하는 파일과 프로젝트 현황도 등을 위해 여러 색의 형광펜 세트를 샀고, 사람들의 개인별 기여도와 변동 사항을 색깔을 바꿔가면서 형광펜으로 종이에 직접 표시해야 했다. 그러나 회사의 대차대조표에는 1년에 300달러를 아끼려고 니나에게 추가로 업무를 부과한 사실은 기록되지 않는다. 부가가치를 만들지도 않는 이런 추가 업무는 니나의 월급에도, 보너스에도, 직무 기술서에도 전혀 반영되지 않는다. 회사 생산성과 관련된 수치에서도 마찬가지다. 회사가 1년에 몇백 달러를 아끼려고, 결과적으로 니나 개인의 생산성을 떨어뜨리고 능력을 최대한 발휘할 기회를 축소시켰다는 사실은 어디에도 기록되지 않는다.

이런 식으로 생산성을 떨어뜨리는 비용 전가는 이례적이기보다는 일반적인 현상에 가깝다. 우리 중에 누구를 붙잡고 물어도 니나처럼 회사 중심적인 절차 때문에 개인에게 전가되는 크고 작은 비용이 전혀 고려되거나 반영되지 않았던 사례들을 가지고 있을 것이다. 또한 니나처럼 개인에게 과도한 업무를 부과하고, 회사는 보다 저렴한 비용으로 보다 많은 통제력을 갖게 해주는 경직된 절차나 형식, 소프트웨어 등을 경험한 적이 있을 것이다.

누구나 해커의 자질을 가지고 태어나기 때문에 해킹을 하는 이유를 결코 잊어서는 안 된다. 회사에 비용관리가 필수이듯이 여러분에

| 똑똑하게 시작하자

해킹 대상 정하기

1. 여러분을 가장 짜증스럽게 하는 3가지를 골라라. 적이 누구인지는 이미 알고 있다. 멍청한 규칙, 상식 결여, "내가 그렇게 말했으니까" 식의 강압적인 지시들이 우리의 적이다. 여러분의 생산성을 떨어뜨리는 가장 짜증 나는 업무 수단이나 규칙, 절차 3가지는 무엇인가?
2. 각각의 문제점을 좀 더 파악하라. 문제되는 서식이나 절차, 방법에 대해서 여러분이 모르는 것은 무엇인가? 남들이 그렇게 하라고 하는 이유는 무엇인가? 해킹을 해서 우회 해법을 찾아내면 누구에게 혹은 무엇에 영향을 미치게 되는가?
3. 처음에는 간단한 해킹 대상을 선택하라. 첫 번째 해킹 대상은 우회 해법 찾기가 얼마나 쉬운지 알 수 있도록 쉽고 간단한 것으로 정하라. 어려운 해킹은 팀의 도움을 받거나 해킹 경험을 쌓은 후에 하는 것이 좋다.
4. 시작할 때부터 결과를 염두에 두라. 어떻게 하면 성공인가를 분명하게 규정하라. 해킹을 통해서 무엇이 바뀔 것인가? 구체적으로 해킹이 업무량이나 스트레스 또는 좌절감, 생산성, 시간 활용 방법 등에 어떤 변화를 가져올 것인가? 해킹으로 얻은 시간과 에너지로 무엇을 할 것인가?

게도 비용관리가 필요하다. 그리고 해킹은 비용에 대한 스스로의 통제권을 행사하는 하나의 방법이다. 니나처럼 생산성을 떨어뜨리는 비용 전가를 당했을 경우 어떻게 해야 할지 알아보자.

골칫거리가 무엇인가?

해킹의 첫 단계는 아주 쉽다. 어떤 일을 하려는데, 정해진 방식으로 하라는 통에 짜증이 났다. 그래서 '정말 멍청한 방법이야'라거나, '멍청한 회의에다 멍청한 서식이야'라면서 속으로 투덜거렸다. 바로 거기서 시작하라. 여러분에게 애로 사항이 있을 때가 해킹의 시작점이다. 괴롭히는 뭔가가 있다는 사실이 아니라(그것으로는 충분하지 않다), 문제점이 무엇인지 여러분이 인식하게 되었다는 점이 중요하다. 매일 그 일을 하면서 생활하는데, 상식과는 전혀 맞지 않는 그런 방식으로 해야 한다면 그것을 바꿔야 한다.

상하좌우를 두루 살펴라

'해킹이란 시스템을 분해해서 개선 방법을 찾을 만큼 충분하게 시스템을 이해하는 과정을 포함한다'고 정의한다면 이때 '시스템'이란 무엇인가? 좀 거창한 주제이지만 해킹 실행을 위해 여러분이 알아야 하는 것은 작은 것일 뿐이다. 바로 '연결'이다.

어떤 업무, 과정 혹은 방법을 해킹하려면 먼저 그것이 다른 것들과 어떤 식으로 연결되어 있는지를 파악해야 한다. 예를 들어, 여러분이 예일대학 학생이고, 나중에 페덱스FedEx라는 운송회사에 발전 가능성이 있는 아이디어를 가지고 보고서를 쓴다고 가정해보자. 먼저 1907년에 설립된 운송회사 UPS가 보스턴에서 빌링스로, 베를린에서 베이징으로 화물을 보낼 때 어떻게 했는가를 살펴볼 것이다.

여러분은 전체 화물 배달 시스템에서 하나하나의 업무들이 어떻게 연결되어 있는지 찾아볼 것이다. 즉 고객이 "화물 하나 보낼게요"라고 말한 시점과 "방금 도착했습니다"라는 결과 메시지 사이에 진행된 모든 업무를 일일이 분석한 뒤에 해킹할 방법을 찾아나설 것이다. 실제로 페덱스의 창업자이자 CEO인 프레드 스미스Fred Smith는 그렇게 했다. 그는 기존의 화물 운송 시스템을 해킹함으로써 독창적이고 획기적인 변화를 일궈냈다. 그는 운송 시스템을 상세히 분석하여 비용을 낮추고 화물 이동 시간을 크게 단축시킬 새로운 시스템을 만들어냈다.

이 책을 읽는 대부분의 독자는 스미스처럼 시스템 전체를 해킹할 필요는 없을 것이다. 가장 필요한 것은 가까운 곳을 살피는 일이다. 즉 여러분이 취급하는 것들 사이의 연관성, 여러분에게 일이 넘어온 방식, 타인에게 어떻게 넘겨줘야 하는지 등을 살피는 일이다. 예를 들어, 쓸모없어 보이는 지출 보고 양식을 해킹한다면, 양식에 포함된 모든 요소와 바꾼 뒤에 거기 숫자들이 어떻게 될 것인지도 충분히 숙지해야 한다. IT 관련 해킹도 마찬가지다. 현재 툴의 한계점은 이미 알고 있을 것이므로, 해당 툴의 장점을 파악하여 새로 내놓을 툴에 반영해야 한다. 새로운 툴이 기존 툴의 장점을 상실해서는 곤란하다. 또한 여러분의 새로운 접근법이 상사나 동료에게 미칠 영향에 대해서도 생각해봐야 한다.

이런 과정에 수반되는 잠재적인 위험 요소가 하나 있다. 그런 것들을 충분히 이해하게 되면 '스톡홀름 증후군'이 생길 수 있다. 이는 자신의 의사에 반해 어떤 일을 강요당한 사람이 나중에는 가해자를 동정하게 된다는 이론이다. 스톡홀름 증후군은 1973년 스톡홀름에서 6일간 인질로 잡혀 있던 은행 직원들이 인질범에게서 풀려난 뒤에 그들의 범행 동기가 정당하다며 변론하는 것을 보고, 범죄학자 닐스 베예로트가 붙인 이름이다. 기존 시스템에 대해 이런저런 것을 속속들이 알고 나면 이렇게 생각할 수도 있을 것이다. "진짜 불쌍한 회사야. 하루

종일 포르노 다운로드에 열을 올리고, 경쟁 회사에 기밀을 넘기고, 심지어 파워포인트를 안 쓰려고 하는 직원들에게서 회사의 IT 툴들을 지키기가 얼마나 힘들겠어. 그러니까 나는 회사의 구식 시스템을 사용해서 2배로 열심히 일해야지. 안 그러면 회사가 더 힘들어질 거야."

이중으로 희생자가 되는 이런 상황은 없어야 한다. 해킹이 필요해서 시스템을 이해하는 상황이라면, 인질로 잡힌 상태나 마찬가지임을 망각하지 말자. 인질이 되는 것은 결코 좋은 경험이 아니다.

상하좌우를 두루 살펴라. 여러분을 힘들게 하는 애로 사항들과 연관된 것들을 충분히 이해해야 한다. 여기까지 이해했다면 이제 해킹을 시작해보자.

2가지 해킹 방법

통제권을 되찾을 방법은 많지만 시간은 많지 않다. 그러므로 에너지를 집중해야 한다. 우리는 집중을 도울 방법을 알려주고자 한다. 업무 해킹에는 크게 2가지가 있다. 전문 용어로 '하드해킹^{Hard Hacking}'과 '소프트해킹^{Soft Hacking}'이라고 부른다. 하드해킹은 주로 사물을 바꾸는 것이고, 소프트해킹은 주로 업무 관계를 바꾸는 것이다.

하드해킹은 무생물 시스템에 변화를 주는 것이다. 으레 따르도록 정해진 업무 절차를 우회하게 해주는 조치들이 있다. 하드해킹은 회사에서 지원하는 툴이나 업무 방식, 서식, 과정들을 개량해 여러분과 팀원들에게 맞는 작업 방식을 만들어내는 것이다. 스마트폰이나 노트북, 무선 인터넷만 있으면 가능한 하드해킹의 예를 들어보자. 휴대전화 생산회사의 중간관리자인 히로키는 회의가 끝나면 매번 별도의 회의를 연다. 그래서 처음 회의에서 결정했어야 했던 사항들을 다시 논의하는데, 이 방식을 고수하는 상사 때문에 짜증이 났다. 뭔가를 결정할 때마다 여러 차례 회의를 거듭하는 회사 문화 때문에 시간이 10배는 더 걸렸다(따라서 이런 경우에는 절차 해킹에 초점을 맞추고 기술을 우회 방법으로 사용하게 된다).

상사가 장황한 이야기를 늘어놓는 동안 히로키와 팀원들은 회의 시간에 은밀히 인스턴트 메시지를 주고받는 방법으로 팀원들끼리 신속하게 의견을 모았다. 회의가 끝날 때쯤 히로키가 결론이 될 만한 제안을 하면 모두 동의했다. 그러자 결정 사항을 확인하려고 여러 번 열리던 소모적인 회의가 불필요해졌다.

하드해킹의 매력은 히로키의 사례보다 높은 기술적인 노하우나 툴이 필요한 경우라도 굳이 컴퓨터 도사일 필요가 없다는 점이다. 인터넷 검색만 잘 활용하면 웬만한 것들은 거의 해결이 가능하다. 검색을 통해 얻게 되는 다양하고 깊이 있는 해결 방법들을 보면 놀라울 정도다. 수많은 이들이 영상을 올리고, 상세한 설명을 제공하고, 다양한 우회 해법을 찾는 집단 토론도 아주 활발하다. 그러니 해킹에 필요한 기술 지식이 부족하더라도 걱정할 필요가 전혀 없다. 누군가가 이미 비전문가를 위한 설명을 올려놓았기 때문이다.

하드해킹의 예를 몇 가지 더 들어보자.

- 회사 방화벽 때문에 팀원들 사이에 정보 교류가 어렵다고 생

각하는 이들이 있지만 문제가 되지 않는다. 지메일이나 구글 독스, 오픈소스 웹 툴들을 매개로 사용하면 된다.
- 회사 IT가 크랙베리Crackberry는 지원하는데 아이폰, 노키아, 혹은 안드로이드는 지원하지 않는다고 걱정할 필요가 없다. 해킹으로 우회할 방법을 찾아내면 된다. 필요한 정보는 모두 인터넷에 있다. 어느 공개 토론장을 가면 아이폰에서 그룹웨어인 로터스 노츠Lotus Notes를 이용하는 방법이 다음과 같이 설명되어 있다. "'컴패니언 링크Companion Link'라는 프로그램을 이용해서 내 노츠 계정과 구글 계정을 동기화한 다음에 내 아이폰에 집어넣으면 된다."
- 회사 IT 시스템 때문에 업무에 필요한 자료에 접근하기가 쉽지 않은가? 문제없다. 컴퓨터에 정통한 사람이라면 누구든 고객 데이터베이스를 스프레드시트로 옮기는 프로그램을 설치하는 작업을 도와줄 것이다.

이제 1장부터 3장까지를 되돌아보며 하드해킹이 사용된 경우를 찾아보자. 회사 경영진이 요구하는 자료를 신속하게 만들어주기 위해 은행 IT 시스템을 해킹한 리처드 손더스, 자금 부족으로 본인의 교육훈련 프로그램이 '형편없'지자 훈련생들을 다른 기관으로 보낸 회사 교육훈련 담당자, 회사에서 버리는 쓰레기나 다름없는 물건들을 이베이에서 판매해 본인이 진행하는 프로젝트에 돈을 댔던 대학 직원, 본인의 고객만족 기획안을 승인하지 않는 경영진의 마음을 돌리고자 유튜브를 이용했던 관리자, 내부 정보를 외부 서버에 몰래 게시한 팀 등 이런 것들이 모두 하드해킹 사례다.

하드해킹은 종류도 많고, 상대적으로 안전한 것부터 위험 부담이 있는 것까지 다양하다. 하지만 모두 무생물 시스템에 변화를 준다는 공통점을 가지고 있다.

소프트해킹이란 여러분과 다른 사람 혹은 다른 집단과의 관계나 업무 관련 계약에 변화를 주는 방법이다. 여러분의 개입 때문에 회사의 업무 진행에 대한 합의 사항이 바뀌는 것이다. 많은 소프트해킹이 아주 자연스럽게 느껴진다. 소프트해킹은 기술적인 면에서는 우회적인 방법이 아니더라도 관계를 형성하고 강화한다. 또한 업무를 추진하고, 좋은 결과를 끌어내기 위해 똑똑한 사람이면 누구나 하는 것들이다.

소프트해킹은 하드해킹보다 쉬우면서도 한편으로 더욱 까다롭다. 쉬운 이유는 상대와 마주앉아서 "어이, 이걸 한번 해결해볼까?" 하는 식으로 이야기하면 되기 때문이다. 그런 이야기를 나누는 데는 어떤 서식이나 툴 혹은 정해진 공정이나 절차 따위가 필요하지 않다. 한편, 소프트해킹이 까다로운 이유는 상대의 영역을 어지럽힐 위험이 있기 때문이다. 아무튼 소프트해킹은 사람을 중심으로 이루어지기 때문에 대부분의 경우 하드해킹보다 복잡하다.

소프트해킹은 보통 2가지로 나뉜다. '근무 여건 협상'과 '관계 변화'다. 전자에는 일을 본격적으로 시작하기 전에 규칙을 정하는 것이 포함되고, 후자는 여러분과 상대방 사이에 이미 형성된 일반적인 관계와 그에 따른 기준에 변화를 주는 것이다.

코트니는 갑작스레 집안 사정이 바뀌는 바람에 두어 가지 '근무 여건 협상 해킹'을 했다. 그녀는 재택근무를 할 수 있도록 상사를 설득해야 했다. 코트니가 제일 먼저 한 일은 상사에게 어떤 점이 득이 되는가를 제시하는 것이었다. 그녀는 재택근무가 가장 중요한 프로젝트 3개 중에 2개의 업무 처리 기한을 앞당길 방법이라고 그럴싸하게 설득했다. 사전에 계획을 세우고, 상사에게 말하기 전 몰래 팀원들과 판매업자들을 설득하는 데만 한 달이나 걸렸다. 코트니의 제안에는 업무 처리 순서를 일부 조정하는 것도 포함되었다. 이런 준비 덕분에 많은 이들이 그녀가 필요로 하는 변화를 달성하도록 돕는 것에 동의할 수밖에 없었다.

결과적으로 원하는 바를 100퍼센트 달성하지는 못했다. 하지만 일주일에 사흘은 집에서, 나머지 이틀은 회사에서 근무하기로 상사와 타협했다. 코트니가 다니던 회사에서 재택근무 사례는 그녀가 최초였다.

근무 여건 협상의 예를 더 들어보도록 하자.

- 다른 프로젝트 평가 척도 찾기.
- 봉급이나 수당에 대한 전면 협상하기. 많은 해커들이 고전적인 수단은 물론 IT 발달로 인한 새로운 수단들을 이용하여 회사에 대해 꼼꼼히 사전 조사를 한다. 그리고 조사 결과를 토대로 협상에 있어서 강경 자세를 취하고 있다. 예를 들어, 브라이트스코프닷컴BrightScope.com은 수백 개 기업의 퇴직연금 보장 계획을 상세히 비교하고 순위까지 알려주는데, 어떤 해

커들은 취업하려는 회사가 상위 25퍼센트에 들지 못하면 브라이트스코프닷컴의 자료를 근거로 기본급이나 수당을 올려 받아 다른 부분에서 보다 유리한 협상 결과를 이끌어낸다.

- 본인에게 적합한 맞춤형 교육훈련을 받거나 개발 프로그램에 참가하기. 봉급이나 수당 협상과 크게 다르지 않다. 회사 면접 전에 교육훈련이나 자기계발과 관련된 항목을 꼼꼼히 조사하고, 해당 회사가 취약한 부분을 파악한다. 그다음 자료를 토대로 전체적으로 유리한 협상 결과를 끌어낸다.

위에 소개된 사례들이 흔히 말하는 기브앤테이크이다. 즉 공평한 교환이나 타협이 아니라 일종의 해킹인 이유는 각각이 회사의 일상적인 절차에 견주어 명백한 예외이기 때문이다. 예를 들어, 코트니는 회사에서 관리감독 업무를 맡고 있기 때문에 재택근무는 꿈도 꾸기 힘든 상황이었다. 그래서 기존 규칙에 예외를 만들어야 했다. 또한 급여처럼 엄격하게 통제되는 분야에서 해킹은 상대적으로 적은 편이지만 점점 늘어나는 추세임은 분명하다. 경기가 안 좋은 상황에서도 그런 해킹이 가능하다. 해커들은 어떤 분야에서든 충분한 사전 조사만 한다면 일반적으로 협상 대상이 아닌 표준화된 관행들도 대부분 해킹이 가능하다는 사실을 알게 되었다.

근무 여건 협상 해킹은 여러분도 다른 고위임원만큼 특별한 사람임을 전제로 한다. 고위임원들에게 비밀 협상은 흔한 일이다. 회사는 중요한 사람들에게는 온갖 예외를 인정해준다. 요즘은 직장에서 모두가 동등한 대우를 받는 시대가 아니다. 때문에 근무 여건 협상 해킹은 여러분이 누구 못지않게 중요한 사람임을 확인하고, 누구 못지않은 대우를 받게 보장해주는 유일한 방법이다.

회사에 복잡한 상황을 야기하는 것은 아닐까? 많은 이들이 여러분처럼 개인별로 맞춤형 협상을 하려고 드는 경우에는 두말하면 잔소리다. 그렇다고 여러분이 그런 것에 신경을 써야 할 필요는 전혀 없다. 그동안의 일을 생각해보라. 회사 중심 업무 환경 때문에 곱절로 힘들게 일해야 했고, 본인은 물론 가족까지 스트레스를 받았다. 또한 회사가 동료를 해고하기라도 하면 업무량이 배로 늘어나기 일쑤였다. 그런 경우에 회사에서 신경을 써줬는가? 회사가 생각하는 최선이라는 것은 인사와 관련해서 개인별 맞춤 협상을 어떻게든 피하고 공장의 조립라인처럼 똑같은 방법을 일괄 적용하는 것이다. 여러분에게도 그것이 최선인가? 아마 그렇지 않으리라.

우리가 만난 베이비붐 세대는 대부분 근무 여건 협상 해킹이라는 것을 원하는 바를 얻기 위해 다른 무언가를 포기하는 것이라고 생각했다. 코트니의 표현을 빌리자면 이렇다. "재택근무를 허락해주시면 이런저런 것들을 더욱 잘 하겠습니다." 베이비붐 세대는 '식초보다는 꿀로 더 많은 파리를 잡는다'는 옛말을 그대로 따르는 모양이다. 정말 협상에서 뭔가를 얻어내는 데는 반드시 공손하고 부드러운 태도와 꿀처럼 달콤한 단어들을 써야 유리한 것일까? 하지만 밀레니엄 세대는 훨씬 대담하다. "내가 왜 애원조로 나가야 하지? 이건 업무에 필요한 거잖아." 또한 이들은 모든 것이 협상 가능하다고 생각한다. 그러므로 이런 유의 해킹은 앞으로도 지속적으로 증가할 것이다. 또한 원하는 맞춤형 협상 결과를 얻으려면 더욱 치열한 경쟁을 뚫어야 할 것이다.

협상이란 양쪽이 각자의 입장을 주장하는 것이므로 강경 투쟁이 불가피하다고 생각하는 이들도 있다. 하지만 협상을 굳이 거창하게만 생각할 필요는 없다. 서류를 팩스 대신 이메일로 보내달라거나, 이메일보다 전화로 직접 말해달라는 부탁처럼 간단한 일이 협상 대상이 되기도 한다. 성공적인 업무 수행을 위해서 프로젝트 시작 전에 원하는 업무 조건 제공이 가능한지를 타진하는 것도 협상이다. 만약 상사가 원하는 대답을 해주지 않으면 상사의 상사에게 요청해도 된다. 근무 여건 협상은 성공적인 업무 수행을 위해 회사가 아닌 여러분이 필요로 하는 것들을 얻어내는 선례를 만들어가는 일이다.

핵심은 바로 그것이다. 회사에서 정한 조건들은 거의 대부분 회사의 성공을 보장할 뿐, 여러분의 성공은 보장하지 않는다. 하지만 해킹은 여러분에게 최선의 결과를 보장할 것이다.

또 다른 소프트해킹은 '관계 변화'다.

- 사기 진작을 위해 뭔가를 조직하고 준비하는 일. 회사 소프트볼 팀을 후원하는 위험 부담이 적은 방법부터 아랫사람들이 수행한 자체 조사 결과를 가지고 독한 상사와 정면으로 맞서는 대담한 접근법까지 다양하다.
- 형식적인 360도 다면 평가 및 실적 평가 제도를 무시하고 잘한 사람을 승진시키고, 못한 사람은 제재를 받도록 만드는 것.

- 관계 변화 해킹은 궁합이 맞는 상사를 둔 사람에게 좋다. 실제로 많은 해커들이 상사의 협조를 받으며 해킹을 했다고 이야기했다. 해킹 과정에서 상사들이 '윗선'의 감시를 피하게 해주었고, 발각되었을 때는 해커들을 보호해주었다고 진술했다.
- 회사에서 정해준 사람들 이외에 자체적인 소셜 네트워크를 활용하는 일.

모든 소프트해킹은 일종의 사회공학social engineering을 수반한다. 사실 사회공학이란 그리 거창한 말이 아니다. 모든 사람이 긍정적 혹은 부정적인 강화 요건에 영향을 받는 욕구와 바람, 욕망 등을 가지고 있다는 말을 재치 있게 표현한 것뿐이다. 그런 사회공학을 생각하면 속이 거북하거나 교활한 술책이라는 생각이 먼저 드는가? 그런 느낌을 극복해야 한다. 회사는 지금 이 순간에도 여러분을 해킹하고 있다. 각종 보상이나 표창이 도대체 무엇을 위한 것이라 생각하는가? 그렇다. 그것이 바로 회사의 사회공학이다.

전형적인 예로 조시가 마이크로소프트에서 일했던 이야기를 해보자. 그는 파란 배지 노동자였다. 쉽게 말해 계약직 노동자였다. 붉은 배지를 단 사람들은 정규직이었고, 그들은 스톡옵션이라는 중요한 보상을 받고 있었다. 정규직 노동자들은 오전마다 모여 커피를 마시면서 주가株價에 대해 이야기했다. 그들은 머지않아 부자가 될 꿈에 부풀어 깔깔거리면서 계약직 노동자들 위에 군림하고 있었다. 그런 식의 사회적 압력은 분명 효과가 있었다. 파란 배지 노동자들은 빨간 배지 노동자가 되면 많은 보수를 받는다는 희망에 더욱 열심히 일했다. 파란 배지 노동자들이 기대 이상으로 열심히 해준 덕분에 마이크로소프트는 많은 이득을 보았다. 하지만 계약직 노동자 중에 빨간 배지를 다는 경우는 드물었다.

많이 들어본 익숙한 이야기가 아닌가? 이 사례처럼 극명하게 드러나는 경우도 있고, 그렇지 않은 경우도 있다. 하지만 대부분의 회사는 정규직과 비정규직의 대립 구도라는 사회공학을 적절히 이용하고 있다. 우리는 지금 이런 문제를 어떻게 해킹할 것인가? 즉 어떻게 공평한 경쟁의 장을 만들 것인가?

더욱 중요한 것은 이것이 사회공학이라고 불리는 이유가 있다는 사실이다. 보통 우리는 어떤 상황이 발생하면 깊이 생각하지 않고 관계를 조율하거나 타협하려는 경향이 있다. 하지만 관계에 변화를 주는 해킹은 그렇지 않다. 그런 해킹에 성공하려면, 원하는 최선의 결과를 얻기 위해 관계를 어떻게 가져가야 하는가를 적극적으로 생각해서 행동해야 한다.

모든 소프트해킹 시에 반드시 명심해야 할 마지막 사항이다. 관계 변화로 개선된 결과를 얻으려 한다면, 여러분도 상대에게 상응하는 대가를 주어야 한다. 해커들은 능력주의 사회에서 빛을 발한다. 이는 여러분이 내놓는 우회 해법을 실제 가치로 뒷받침할 능력을 갖추어야 한다는 의미다. 그렇지 않으면 자신의 이익을 위해 남을 이용하는 것이 된다. 해커 식으로 말하자면 '몹쓸 놈'이 되는 것이다. 그렇게 되지는 말아야 한다.

간단한 해킹 팁

1장에서 실적 평가 방법에 불만을 품고, 직접 새로운 안을 만들어 승인을 얻어냈던 신입사원 매트를 기억하는가? 여기서 퀴즈를 내보겠다. 매트는 하드해킹 방법을 썼는가, 소프트해킹 방법을 썼는가?

사실, 질문 자체에 속임수가 있다. 매트는 둘 다 사용했기 때문이다. 회사의 실적 평가 방법을 새로 만든 것은 무생물을 변화시킨 것이므로 하드해킹이다. 하지만 새로운 평가 방법을 실제로 적용할 수 있었던 것은 소프트해킹 덕분이다. 먼저 매트는 소셜 네트워킹 툴인 링크드인을 통해 해킹 결과물을 검토하고 다듬어줄 사람을 찾았다. 그런 뒤에 일부 동료들의 지지는 물론 적절한 협상 전략을 준비해 인사부서 및 상사를 찾아갔고, 새로운 근무 여건 협상에서 승리했다.

이처럼 효과적인 해킹은 대개 하드해킹과 소프트해킹이 결합되어 있다. 3장에 나온 예들도 마찬가지다. CIO가 비용삭감안을 들고 나오자 팀원들을 해고하는 대신 자기 팀을 인사부로 통합하는 협상을 벌이고, 자기 팀에서 만든 시제품을 가지고 CIO에게 새로운 대안을 제시했던 션의 예가 그렇다. 웹사이트를 이용해서 시간강사와 정식 교원의 관계를 변화시킨 리앤 델 리오의 예도 하드해킹과 소프트해킹이 결합되어 있다.

이런 방법이 잘 통하는 이유는 무엇일까? 대개는 일을 수월하게 해주기 때문이다. 즉 회사에서는 문제점에 대한 해결책을 듣고 "OK"라는 말만 하면 되기 때문이다.

간단한 해킹 팁 3가지를 살펴보자.

간단한 해킹 첫 번째 팁은 '하드해킹과 소프트해킹을 함께 사용하라'는 것이다. 무생물을 해킹한다고 해도 분명 누군가의 세계를 변화시킨다. 누군가가 가지고 있던 서식이나 과정에 변화를 주는 것이다. 가능하다면 여러분의 해킹이 영향을 미칠 사람들과 함께 행동하는 것이 좋다. 매트가 그랬듯이, 다른 사람의 지지를 얻으면 혼자 일하지 않아도 된다. 해킹 성공을 가로막는 최대 적은 사람들을 깜짝 놀라게 만드는 일이다. 유능한 해커들은 대개 직속 상사가 해킹에 가담했다고 한다. 해킹에 가능한 한 많은 사람을 끌어들이고, 해킹을 통해서 가능한 한 많은 사람에게 권한을 부여하는 것이 좋다.

간단한 해킹 두 번째 팁은 '하드해킹이 종종 위험하다'는 것이다. 하드해킹은 단시간에 크나큰 권력 이동을 초래할 가능성이 있다. 많은 사람들이 복제할 수가 있고, 장시간 감추기가 쉬운 경우도 많기 때문이다. 그러므로 하드해킹은 아주 효과적이면서도 매우 위험하다. 더구나 윗사람들은 자기가 만든 제도에 이의를 제기하는 것을 달가워하지 않는다. 그런 의미에서 작업 툴을 재설계하겠다는 말은 황제에게 옷을 갈아입으라고 말하는 것만큼 위험할 수도 있다.

마지막으로 간단한 해킹 세 번째 팁은 '성공할 수 있는 상황을 선택하라'는 것이다. 니나는 컬러 프린터 지원을 요청했지만 거절당한 뒤에 다른 방법을 써보기로 했다. 자신이 회사에 없어서는 안 될 핵심 인재임을 증명하는 방법이었다. 그다음 자신의 업무량과 우선순위를 재조정하는 근무 여건 협상 해킹을 시도했다. 색색의 형광펜을 칠하는 유치한 가외 업무를 좀 더 수월하게 해볼 방안을 강구하기보다는

> 속성 해킹

현장에서 듣는 우회 해법

컴퓨터 전문가들의 휴가 협상
제시카의 말을 들어보자. "최근에 일했던 회사는 휴가를 주는 것에는 인색하면서 초과 근무만은 강요했습니다. 시도 때도 없이 초과근무를 하는데, 상사는 최소한의 일만 하면서 사장이 퇴근하자마자 자기도 퇴근하더라고요.

당시 우리 작업이 하나의 네트워크를 사용해 이루어지고 있었고, 내가 네트워크 책임자였기 때문에 스크립트를 써서 상사가 로그인하거나 로그아웃할 때마다 나에게 자동으로 이메일이 오도록 조치를 해두었습니다. 데이터를 스프레드시트에 저장해서 비교해보니 나는 주당 60여 시간을, 상사는 주당 40여 시간을 일하고 있더군요.

나중에 상사와 사장이 함께한 자리에서 크리스마스 연휴에 해외에 사는 친척들을 만나러 가야 하니 일주일을 더 쉬겠다고 했죠. 한바탕 고성이 오가자 저는 근무 시간을 비교한 스프레드시트를 내밀었습니다. 결국 내가 요구했던 일주일보다 많은 열흘을 추가로 쉬게 해주더군요. 휴가에서 돌아온 뒤에는 전보다 존중하는 태도로 대해주었고, 내가 스스로 회사를 그만둘 때까지 계속 거기서 일할 수 있었습니다."

애플에서도 해킹은 필요하다.
루카스의 말을 들어보자. "고객 인터페이스 쪽에 코딩 문제를 해결하기 위해 나는 애플의 표준 명령 체계를 따르지 않고 곧장 CEO인 스티브 잡스에게 메일을 썼습니다. 몇 달 동안 계속된 문제였는데도 아무런 진전이 없었기 때문입니다. 다음 날 그 문제는 거짓말처럼 해결되었습니다."

업무 자체를 조정하는 편이 훨씬 현명하기 때문이다.

이제 여러분은 해킹을 시작할 기본기를 갖추었다. 이어지는 5장에서는 똑똑한 결과를 얻기 위해 멍청한 규칙들을 어기는 방법을 보다 상세하게 살펴볼 것이다. 자기만의 해킹 툴을 어떻게 개발할 것인지, 반드시 시도해봐야 하는 5가지 해킹은 무엇인지 알아보자.

5장

누구나 해야 하는 5가지 해킹

> 이 모든 것의 뒤편에는 커다란 행복이 숨어 있다.
> — 예후다 아미차이Yehuda Amichai, 이스라엘의 현대 시인

자신만의 도구 세트를 개발하라

해킹 초보들이 가장 길을 잃기 쉬운 부분이 바로 이 대목이다. 대개는 "어떻게 회사가 해킹을 받아들이게 만들지? 어떻게 허가를 받아낼까?"라는 문제로 곧장 건너뛰려 한다. 하지만 그런 것들은 나중에 생각해도 된다. 중요한 것은 왜 해킹을 해야 하고, 어떻게 하면 진정으로 유익한 해커가 될까를 고민하는 것이다(회사가 해킹을 받아들이게 하는 방법을 알고 싶다면 11장을 참고하라). 당장은 자신만의 해킹 도구 세트를 개발하는 데 집중하라. 회사의 동참 여부에 상관없이 이것이 모든 해킹의 기초가 되기 때문이다. 그렇다면 자신만의 해킹 도구 세트란 무엇인가? 그리고 그것이 왜 중요한가?

회사에서 제공하는 업무 수단 중에서 자기에게 맞지 않는 것들을 찾아낸 다음, 자신만의 도구로 교체해야 한다. 특정 회사의 인프라

안에 갇혀 있어서는 안 된다. 자발적으로 그렇게 한다면 업무 흐름 관리가 한결 수월해지고, 더욱 많은 업무를 보다 빨리 처리할 수 있으며, 단순히 업무 진행 상황을 확인하기보다 부가가치 창출에 집중할 수 있게 된다. 자신에게 최적화된 방법으로 일하기 때문에 이런 모든 것들이 가능해진다.

모든 회사에는 고유한 절차, 공정, 업무 처리 방식이 있다. 또한 그런 절차 운영에 필요한 소프트웨어 애플리케이션과 장치들이 있을 것이다. 대개의 경우는 회사에서 제공하는 특정 애플리케이션이나 장치를 반드시 사용해야만, 그리고 특정 절차를 반드시 따라야만 업무 수행이 가능한 것은 아니다. 알고 보면 무수히 많은 다른 옵션들이 있다. 더구나 무료인 경우도 많다.

여기서 도구 세트란 자신에게 가장 잘 맞는 애플리케이션 및 장치, 작업 방식처럼 언제 어디서라도 사용 가능한 자기만의 인프라를 뜻한다. 항상 멀리 내다보면서 자신에게 맞는 새로운 방법들을 찾아낸다는 목표를 가져야 한다. 의사소통이나 프로젝트 관리, 팀과 커뮤니티의 구축 등 모든 부분에서 말이다. 이런 태도는 21세기에 각자의 경력을 능동적으로 관리하는 데 필수적이다.

물론 그렇게 해도 우리는 항상 회사 인프라 '일부'에 갇혀 있을 것이다. 하지만 자신만의 도구를 지속적으로 개발하면 상당수 회사 인프라가 불필요해지는 놀라운 경험을 하게 될 것이다. 반가운 소식은 직장을 벗어나면 어디에서든지 사용자 중심 툴들이 보편화되는 추세라 필요한 것은 무엇이든 쉽고 빠르게 찾을 수 있다는 점이다.

자기만의 도구 세트를 개발하라. 그리고 어디를 가더라도 항상 휴대하라!

자신만의 도구 세트에 대한 알파 해커의 조언

그렇다면 어떻게 시작해야 할까? 알아두면 좋을 정보를 제공해준 해커들이 많았지만, 특히 우리의 마음에 와 닿는 말을 해준 사람이 있었다. 자신만의 도구 세트를 만드는 과정과 함께 단계별로 적합한 도구 사용이 중요한 이유를 명쾌하게 설명해주었기 때문이다.

개리 콜링은 세계적인 전자제품 판매업체인 베스트바이Best Buy에서 신규 플랫폼을 관리하는 책임자다. 그는 약 10만 명의 베스트바이 사원들을 위한 안전한 소셜 네트워크인 블루셔츠 네이션Blue Shirt Nation, 즉 BSN을 만들었다. BSN은 쉽게 말해서 사내 페이스북 정도로 생각하면 된다. 사원들이 서로를 알게 되고, 매장의 모범 사례나 고객 질의에 대한 답변 방법 등을 공유한다. 또한 고객을 대하는 새로운 방법에 대해 대화를 나눈다. "회사 문화는 밖으로 새어나가면 안 됩니다. 그것은 회사 방침이기도 하죠. BSN은 회사 방침을 따르면서도, 직급이나 부서를 뛰어넘는 공유를 가능하게 하는 자체적인 툴입니다. 고객들도 그런 차이를 느낄 겁니다."

개리의 해킹에서 우리가 배울 중요한 교훈은 BSN 구축과 관련된 세부 내용이 아니다. BSN을 구축하기 전에 개리가 자신만의 도구 세트를 개발하는 과정에서 힘들게 얻은, 회사와 자신 모두에게 득이 되는 방법을 찾아내는 과정에서 얻어낸 교훈들이다.

> 똑똑하게 시작하자

모두에게 권하는 5가지 해킹

하드해킹은 주로 사물을 바꾼다. 반면, 소프트해킹은 주로 업무를 처리하는 사람들 사이의 관계를 바꾼다.

다음 5가지는 다수에게 적합한 이상적인 조합이다. 휴대용 해킹 도구 세트를 활용하여 이를 실행해보자.

1. 신규 채용 과정을 해킹하라(소프트해킹). 신규 채용 시에 근무 여건 협상 해킹으로 얻는 성과가 가장 클 것이다. 회사와의 관계를 가능한 한 여러분에게 유리하게 가져가도록 하라.

2. 쓸데없이 여러분의 에너지를 빼앗는 사소한 것을 해킹하라(하드해킹). 우회 해법을 통해서 정해진 절차에서 한 단계를 없애고 업무 효율성을 높여라. 쉽게 성공하리라는 확신이 드는 작은 규모로 하라. 작은 일로 시작해서 단시간에 성공하면 해킹에 자신감을 갖게 된다.

3. 신규 프로젝트를 시작할 때마다 해킹하라(하드해킹과 소프트해킹의 결합). 프로젝트 하나하나가 성공적인 업무 경력을 쌓을 새로운 기회다. 보다 명료한 목표 설정에서 시작하라. 더욱 유용한 정보를 확보해야 한다. 필요하다면 누구나 무엇에든 접근 가능하도록 하라. 점점 규모가 크고 대담한 해킹들로 성공적인 해킹 경험을 쌓아가라.

4. 업무 효율을 떨어뜨리는 중요한 것을 해킹하라(하드해킹). 이제 경험이 많아졌으므로 업무 효율을 떨어뜨리는 주범이라고 생각되는 멍청한 절차나 업무 수단을 해킹 대상으로 삼고 실행하라. 회사 윗사람들에게서 격찬을 받을 것이다. 해킹 사실을 모르는 그들은 여러분이 그들이 정한 규칙 안에서 2배의 성과를 내고 있다고 생각할 것이기 때문이다.

5. 보다 나은 세상을 만들기 위해서 해킹을 하라(하드해킹). 모든 일터를 좋은 방향으로 바꾸고자 하는 누군가의 하드해킹에 여러분의 시간, 에너지, 재능을 기부하라. 문제가 되는 서식, 절차, 업무 수단을 바꾸고, 해킹워크닷컴(HackingWork.com) 같은 공개토론 장소를 통해 해킹 결과를 알리고 세계와 공유하라.

"회사에서 제공하는 업무 수단들은 가능하면 멀리하는 것이 좋습니다. 자신만의 도구 세트를 만들지 않고 회사 네트워크며 툴을 사용하는 것이 어떨지를 묻는다면, 내 대답은 '아니오'입니다. 물론, 시도해보는 것은 각자 자유입니다. 본인이 원하면 자기 눈에 바늘을 꽂아도 말릴 수가 없지요. 어디까지나 선택은 자유니까요."

개리의 말이다. 이제 자기만의 도구 세트 만들기와 관련해서 개리가 제안하는 구체적인 방법을 살펴보자.

"프리마인드^{FreeMind} 같은 무료 마인드맵 소프트웨어를 다운받으세요. 고객 문제, 작업 흐름, 프로젝트, 기타 무엇이든 소프트웨어를 이용해서 도식화할 수가 있을 겁니다. 그리고 자기 생각이 놀랄 만큼 분명해질 겁니다. 웹브라우저 파이어폭스^{Firefox}를 다운받고, 추가 설치 요소들을 찾으세요. 그리고 프로젝트 관리 툴인 베이스캠프^{Basecamp} 계정을 만드세요. 당연히 무료입니다. 베이스캠프는 토론장이 되기도 하고, 해야 할 일의 목록을 적어서 관리할 수도 있습니다. 또한 화이트보드나 파일 저장 공간이 되기도 합니다. 게다가 사용 방법도 쉽죠. 캠프파이어^{Campfire}나 딤딤^{Dimdim} 같은 프로그램을 쓰면 다른 곳에 있는 동료들과 회의를 할 수가 있습니다. 이것들은 가상 회의 프로그램들인데 구글의 지토크^{GTalk}나 비슷한 유의 메시지 클라이언트로도 가능합니다. 그리고 매킨토시를 쓰는 분이라면 아디움^{Adium}도 괜찮습니다. 요즘은 비싼 화상회의 장치가 있어야만 회의를 할 수 있는 세상이 아닙니다."

그런 툴에 익숙하지 않거나 컴퓨터 용어들이 낯설다면 인터넷 검색을 통해 상세 정보를 알아보라. 또는 라이프해커닷컴^(LifeHacker.com) 같은 사이트에 올라온 글들을 찾아보라. 온라인에는 자신의 삶에 대한 통제력을 높여주는 해킹에 필요한 자원들이 얼마든지 있다.

필요한 것들은 대부분 인터넷에서 찾을 수 있다. 회사에서 제공하는 하드드라이브나 받은 편지함 공간 등이 너무 부족한가? IT부서 감시자들이 몰랐으면 하는 파일들이 있는가? 인스트럭터블스닷컴^(Instructables.com)에 가면 지메일 계정을 7기가바이트짜리 외장 하드디스크처럼 사용하는 방법이 나와 있다. 단계별로 꼼꼼하게 설명해 놓았다. 지메일 계정을 여러 개 가지고 있으면 사실상 무제한의 외부 저장소를 갖게 되는 셈이다.

기술은 계속 발전한다는 사실을 잊지 마라. 이보다 더 중요한 것은 기술적인 요소가 아니라 각자에게 적합한 휴대 가능한 도구 세트를 개발하는 것임을 명심해야 한다. 기술적인 툴들은 각자의 삶에 대한 통제권을 되찾는 과정에서 도움을 주는 요소에 불과하다는 것을 잊어서는 안 된다. "기술적인 도구들이 중요한가?"라고 묻는다면 대답은 "예"다. 그렇다면 기술적인 도구 세트를 개발하려면 '컴퓨터 도사'가 되어야 하는가? 아니다. 결코 그렇지 않다.

자신만의 위키^(wiki)나 블로그 또는 개리가 언급했던 툴들을 지속적으로 사용하라. 언젠가는 여러분의 프로젝트 가치를 회사 윗사람에게 설명하는 데 지금까지 게시한 내용과 관련 사이트들이 아주 유용하게 쓰일 때가 있을 것이다. 필요한 것들을 대부분 무료나 아주 저렴한 가격으로 확보할 수 있으니 얼마나 좋은 일인가. 공짜나 다름없는 저렴한 비용으로 매우 개별화되고, 자기에게 최적화되어 있는, 그리고 어디를 가더라도 가지고 다닐 수 있는 도구 세트를 개발할 수 있는 것이다.

만일 회사가 해당 사이트나 툴들을 금지시키면 어떻게 해야 하는가? 이 물음에 개리는 이렇게 말한다.

"스스로에게 한 번 물어보세요. 내 성공의 가치는 얼마일까? 회사 네트워크 안에 갇혀서 빈둥거리는 것이 조금이라도 가치가 있을까? 무선 인터넷 카드는 한 달에 60달러 정도면 쓸 수 있어요. 다른 사람들하고 비용을 분담하고 싶다면 무선 인터넷 카드를 크래들포인트Cradlepoint에서 나온 장치에 꽂아 무선 네트워크를 만들어낼 수 있습니다. 100달러만 들이면 될 겁니다."

우리는 다음 질문들에 대한 답을 알고자 비해커non-hacker들과 충분한 대화를 나누었다. "그래도 회사가 정한 규칙 안에서 잘해낼 방법도 있지 않을까? 기존 회사 툴과 절차에 보다 잘 융화되는 개인 도구 세트를 만들 방법은 없을까?"

개리는 이 물음에 한 치의 망설임 없이 이렇게 대답한다. "그런 툴은 못 만들죠. 대부분 회사들이 틀린 방식으로 업무 설계를 한다는 사실을 인정해야 합니다. 그것 때문에 중간관리자들도 미치려고 하지요. 회사에서는 뭐든지 관리하고 통제하기 편하게 만드는 데 초점을 맞춥니다. 한마디로 회사 중심corporate-centered 설계지요. 당신의 성공은 회사와의 성공적인 협력 관계도 포함됩니다. 그리고 이는 사용자 중심user-centered이 되어 항상 사용자에 관심을 기울이는 데서 나옵니다. 내 말대로 하세요. 생각보다는 직관에 어긋나지 않습니다. 스티브 벤트와 내가 처음 BSN을 만든 것은 사소한 문제를 해결하기 위해서였죠. 직원들이 고객에게서 들은 말을 우리도 들을 수 있었으면 했습니다. 바로 그것이 이유였습니다. 우리는 사용자들에게 구체적인 질문에 답하라고 요구할 권한은커녕, 우리가 만든 네트워크나 특정 툴들을 사용하라고 요구할 권한도 없었습니다. 우리가 가진 권한은 문제에 접근할 방법을 선택하는 것이었습니다.

우리는 오픈소스, 공개된 표준 소프트웨어와 원칙들을 이용했습니다. 그리고 주의 깊게 살피고 귀를 기울였지요. 그렇게 하니 사용자들이 프로젝트의 향후 방향을 알려주더군요. 상상이 가겠지만 회사 중심 사고를 갖고 회사 자원을 사용하는 이들은 누구도 우리 접근법을 승인하지 않았을 겁니다. 우리는 그들이 묻는 질문들에 답할 수가 없었으니까요. '장기적인 비전이 뭡니까?' '어떻게 측정하죠?' 혹은 모든 일의 추진 근거가 되는 'ROI(투자수익률)가 어떻게 되죠?' 같은 질문에 말입니다."

개리의 행동을 미친 짓이라고 볼 수 있는가? 아니다. 결코 그렇지 않다. 사실, 우리가 인터뷰한 대부분의 해커들이 사용하는 명석한 전략이다.

개리의 설명을 들어보자. "우리 상사는 당신의 상사와 다르지 않습니다. 결과에 집중하지요. 그러므로 관건은 성과를 내는 겁니다. 우리의 경우는 ROI에 관한 온갖 토론에 돌입하기 전에 고객에 보다 집중했습니다. 사용자 중심이란 바로 거기서 시작하는 것이니까요. 저럼

속성 해킹

현장에서 듣는 우회 해법

서기를 자원하라

중간관리자인 알렉스의 말을 들어보자. "나는 세계적인 기업으로 꼽히는 회사에서 일하고 있습니다. 5년 정도 해킹을 계속했는데 정말 간단하면서도 위험이 낮은 것입니다. 사내의 여러 부서가 참여하고, 해외 지사까지 포함하는 핵심 실무 회의가 열리면 나는 서기書記나 사회자를 자원합니다. 왜냐하면 상사들이 알지 못하고, 생각하지도 못하며, 자신들이 신경 써야 한다고도 생각하지 않는 모든 집단 및 개인들과 연락을 하고 어울릴 수 있으니까요.

그런 방법으로 나는 무수히 많은 은밀한 관계들을 유지했습니다. 그리고 이런 관계들을 이용해서 의제는 아니지만 토의되어야 할 사항들을 회의 안건으로 올려놓았습니다. 정말 간단한 방법 아닙니까? 하지만 대부분의 대기업에서는 해킹이 아니고서는 그렇게 할 수가 없습니다."

카펫 청소기 해킹

은퇴 후 사업으로 성공한 토머스의 말을 들어보자. "20년 동안 나는 유럽의 어느 항공사 관리자로 일했습니다. 9·11 테러 이후 어려운 시기가 닥쳤고, 나는 조기 퇴직을 했습니다. 퇴직 후, 미국으로 왔고 프랜차이즈 카펫 청소 사업에 투자했습니다. 해당 업체에서 제공하는 청소 도구들은 훌륭했습니다.

하지만 최고 수준은 아니었지요. 그래서 나는 표준 분무기를 바꿔서 좀 더 넓은 범위까지 퍼지도록 했고, 테플론을 덧대어 거친 표면에서 움직이기 쉽게 했습니다. 흡입관을 바꿔서 흡입 길이를 줄이고 기계가 빨아들이는 오물의 양은 많게 했습니다. 분말 세제도 회사에서 제공하는 것보다 얼룩 제거가 잘 되도록 바꿨습니다. 이렇게 도구와 공정들을 재설계하자 우리만의 차별화된 강점을 갖게 되었지요."

한 비용으로 일하면서 신속하게 배우고, 사용자들한테서 배운 것을 신속하게 흡수해서 회사 중심 설계보다 실질적인 성과들을 빠르게 냅니다. 그러면 결국 승인이 납니다. 여러분의 계획에 근거해서가 아니라 이미 이룩한 성과에 근거해서 승인을 하는 것이지요. 금지된 방법을 썼다는 사실은 금방 잊어버립니다. 상사를 돋보이게 만드는 성과를 올렸으니까요."

나만의 도구 세트 만들기에 관한 몇 가지 조언

성과는 매우 중요하다. 옳은 방식으로 일했을 때보다 신속하게 더 좋은 성과를 올리면 해킹이라는 위반 행위가 용서된다. 상사가 여러분의 도구 세트 이용을 허락할지를 놓고 걱정하기보다는 해킹 방법을 배워서 눈에 띄는 성과를 내는 것이 훨씬 중요하다. 다른 이야기가 나오기 전에 성과를 내면 그만이다.

마지막으로 해킹의 장점은 주변 사람들 대부분이 시도하지 않는다는 점이다. 대부분 사람들은 행동하기보다 계획을 세운다. 그게 무슨 의미라고 생각하는가? 신속하게 해킹하고, 빠른 성과를 내는 자신만의 도구를 사용하는 것은 직장 생활 내내 여러분을 도와줄 중요한 강점이라는 것이다.

누구나 해야 하는 5가지 해킹

이제 이번 장의 핵심으로 돌아가보자. 다음은 대부분의 사람에게 이상적인 조합이라고 생각되는 5가지 해킹에 대한 설명이다.

- 해킹을 시작하기에 가장 좋은 상황은 신규 채용자일 때다. 팀에 합류하기 전인 신규 채용 절차를 완료하기 전이다. 처음에 상황을 자기에게 맞게 조절하는 것이 나중에 그런 이야기를

다시 꺼내는 것보다 쉽다. 이는 근무 여건 협상 해킹이다. 여러분의 책임 소재가 어디까지인지, 어떻게 평가받을 것인지, 어떻게, 누구에게 책임을 질 것인지 등을 조율하는 과정이다. 하드해킹(툴과 시스템을 해킹하는 것)은 그 뒤의 일이다.

- 이어서 'KISS'를 적용하라. KISS는 간단하고 작게 하라는 의미의 문장 'Keep It Simple and Small'에서 머리글자를 딴 표현이다. 한두 달 뒤에 쓸데없이 여러분의 에너지를 빼앗는 사소한 것을 해킹하라. 엉터리 회의 도중 문자 메시지를 보내거나 동료에게 터무니없는 일을 피하는 방법을 묻는 것 등이 있을 것이다. 지금은 전체 시스템을 바꾸려는 것이 아니다. 당장의 주요 목표는 신속한 승리를 거두는 것이다. 그래야 자신감을 가지고 규모가 크고 과감한 해킹에 임할 수가 있다. 처음으로 여러분의 도구 세트가 유용하게 쓰이는 상황일 것이다. 해킹 여부에 따라서 회사 이메일이나 인스턴트 메시지 서비스가 아니라 여러분 자신의 것들을 사용할 수도 있고, 여러분 자신의 위키를 이용해서 자기 식대로 아이디어를 정리할 수도 있을 것이다. 회사에서 운영하는 단일한 구조 안으로 무조건 편입되지 않고 말이다. 아무튼 해킹 대상을 아주 적은 노력으로 해결이 가능한 사소한 일로 정하는 것이 중요하다.

- 새로운 해킹을 위한 가장 좋은 기회에 항상 주의를 기울여야 한다. 바로 모든 새로운 프로젝트의 시작이다. 각각 별개로 취급되면서 해킹 대상이 될 수가 있다. 새로운 평가 척도를 협상

하라. 다른 정보 흐름을 준비하라. 의사결정자, 고객, 동료들에 대한 접근 수단을 바꿔라. 자신만의 도구 세트를 활용하여 회사에서 제공하는 것보다 나은 커뮤니케이션을 하고, 아이디어들을 정리하고 타인들과 공유하는 것도 보다 원활하게 하라. 업무에 따라서 매년 대여섯 가지부터 수십 가지까지 다양한 프로젝트들이 있을 것이다. 프로젝트 하나하나를 발전된 해킹을 할 새로운 기회로 생각하라. 1년이 지날 무렵이면 여러분은 이미 회사에 중요한 영향을 미치고 있으리라.

- 이런 경험들을 쌓은 상태에서 큰 건수로 가보자. 쓸데없이 여러분의 에너지를 빼앗을 뿐만 아니라 주변 사람의 효율과 능률을 떨어뜨리는 가장 멍청한 절차를 해킹하라. 용기를 가져라. 과감해져라. 여러분 자신의 도구 세트를 가능한 한 많이 활용하라. 회사에서 자체적으로 바꾸기를 거부하는 여러 가지 툴과 인프라를 바꿔라. 해킹 결과를 가능한 한 많은 동료와 공유하라. 그러면 동료들도 회사의 불합리한 업무를 피하면서 일할 수 있으리라. 모든 해커가 이런 단계에 도달하는 것은 아니다. 하지만 여러분이 여기까지 온다면 정말로 기업 자체로부터 기업을 구하고, 모든 사람의 생활을 한층 낫게 만들 것이다.

- 마지막으로 세상에 알려라. 생면부지인 사람들과 연결시켜주는 블로그를 비롯한 기타 미디어를 통해서 여러분이 배운 교훈을 공유함으로써 보다 나은 세상을 만들어라. 어디선가, 누

군가가 똑같은 불합리한 업무를 붙잡고 씨름하고 있다. 그들은 도움이 필요한데 여러분은 그들에게 필요한 경험을 가지고 있다. 모든 일터를 아주 조금 나은 장소로 만드는 작업에 여러분의 에너지와 시간을 자발적으로 제공하라.

| 6장 |

해킹의 윤리적 딜레마

악마가 당신의 집으로 가는 길에 길을 잃고 혼란스러워 하길.
– 조지 칼린George Carlin

선한 일을 훌륭하게 해내고, 악한 일을 지양하는 윤리 지침

조종이 불가능한 상태가 된 시가전차가 선로를 따라 달리고 있다. 앞에는 선로에서 작업을 하는 5명의 인부가 있다. 불행 중 다행으로, 전차를 멈출 수는 없지만 스위치를 올려 다른 선로로 방향을 돌릴 수는 있다. 하지만 안타깝게도 다른 선로에도 일을 하는 인부 한 명이 있다. 이런 경우 우리는 스위치를 올려야 할까?

이는 영국의 철학자 필리파 루스 풋Philippa Ruth Foot이 만들어낸 유명한 윤리적 딜레마의 예다. 풋은 현대 덕 윤리virtue ethics의 창시자이자 국제구호단체인 옥스팜의 창시자다. 이런 시가전차의 예가 너무 시대에 뒤떨어지는 것이라면 21세기에 어울리는 다음과 같은 딜레마는 어떨까?

요즘 플래시몹 해킹이 대세가 되고 있다. 불특정 다수의 군중이 미리 정한 시각에 특정 장소에 모여 짧은 시간 동안 약속된 행동을 하고 바로 흩어지는 것이다. 나름 파괴적인 시위가 벌어지는 장이지만 아주 일시적이라는 한계를 지닌다. 진짜 강력한 것은 즉각적으로 국제 여론을 결집시키기 위해 유튜브에 이를 올리는 데 있다. 캘리포니아 주 오클랜드에 있는 홀푸드 마켓 하나가 사실상 영업을 멈추는 일이 발생했다. 플래시몹이 몰려들어 카트를 동원해 모든 통로를 막고, 상점의 의료 서비스 관행을 규탄하는 노래를 불렀다. 2010년 5월, 샌프란시스코에 있는 웨스틴세인트프랜시스 호텔에는 레이디 가가의 노래에 맞춰 "이용 거부, 이용 거부 … 노동자 권리가 짱이야 … 악덕 호텔, 악덕 호텔"을 외치는 플래시몹 때문에 한바탕 난리가 났다.

시위는 항상 있었다. 하지만 규칙은 달라지고 있다. 여기서 한 가지 딜레마를 발견할 수 있다. 만약 여러분의 관리자나 회사가 방해가 된다면, 그들과 직접 협상을 해서 효율적으로 일할 환경을 만들 것인가, 아니면 유튜브 비디오가 여러분을 대변해주게 할 것인가?

윤리적 딜레마로서 또 다른 기회를 살펴보자. 현재 디아스포라 프로젝트가 개인 소유로 설계되는 최초의 오픈소스 소셜 네트워크 툴을 만들고 있다. 프로젝트가 성공하면 우리는 머지않아 트위터, 페이스북 계정을 포함하여 각자의 콘텐츠를 사용하고, 보고, 접근하는 권한을 스스로 규정하고 관리할 수 있게 된다. 각자가 원하는 정확한 조건을 가지고서 말이다. 중앙에 집중된 권한이 더 이상 필요 없어진다. 직장 '밖에서만' 그러리라고 누가 장담하겠는가[페이스북이 지닌 단점과 한계를 극복하고자 뉴욕대학 학생 4명이 만든 SNS. http://en.wikipedia.org/wiki/Diaspora_(social_network)−옮긴이]?

누구의 생산성이 먼저인가?

선의의 해커들은 엄격한 도덕률을 따른다. 하지만 안타깝게도 비해커들 대부분은 상당히 다른 렌즈를 통해서 윤리를 정의한다. 그러면서 해킹이 윤리적인 행동이 아니라고 간주해버린다. 하지만 우리는 해킹으로 인한 선한 행동이 이미 일어나고 있다고 생각한다. 그리고 여기서 이를 보는 공통된 관점을 구축하고 유용한 방법을 찾아보고자 한다.

"업무 해킹은 규칙을 깨는 것이므로 나쁘다"라는 주장은 완전히 잘못된 것이다. 이런 주장은 근면 성실하게 일하는 선량한 사람들이 단지 맡은 바 일을 해내기 위해 해킹을 해야만 하는 상황을 부정하고 무시하기 때문이다.

우리는 시가전차 시나리오 같은 도덕적 딜레마를 생각할 때도 보다 현실성 있는 주제로 접근하고자 한다. 여러분이 특정 상황에 던져졌다고 생각해보자. 터무니없고 부가가치도 생산하지 못하는 일을 하거나, 해킹을 통해 우회적인 해법을 찾아내면서 상사를 열 받게 할 위험을 감수해야 하는 상황이다. 이런 상황에서 여러분은 어떻게 해도 승산이 없는 절망적인 상황이라는 도덕적인 딜레마를 경험한다. 하지만 이는 불쌍한 희생자라는 의식을 가지고 업무에 접근하는 방법이다. 해도 욕먹고, 하지 않아도 욕먹는다는 식이다. 그러므로 어느 쪽도 쓸모 있는 렌즈가 아니다.

여기서 벌어지는 상황의 역학을 이해하기 위해 "누가 1루수지?Who's on first?"라는 유명한 코미디 장면을 떠올려보자. 버드 애봇은 이 문장을 평서문으로 써서 1루수의 이름이 곧 "Who"가 된다. 하지만 루 코스텔로는 이 문장을 의문문으로 써서 "누가 1루수인가?"라는 의미로 생각한다. 이와같이 둘이 마주보고 대화를 주고받는 상황에서 각자의 입장만 생각하면 둘 다 옳다. 문제는 어느 쪽도 상대의 말에 귀를 기울이지 않는다는 사실이다.

생산성, 효율성, 비용절감. 여기서 누구의 관점이 우선인가? 나는 4장에서 이런 질문을 제기했다. 자신에게 요구되는 업무 수행을 위해서는 특정 유형의 프린터가 필요했지만, 회사는 300달러를 절약하기 위해서 그녀의 요구를 거절했다. 생산성, 효율성, 비용절감 논의에서 누구의 관점이 옳은가? 최소 인원이 최소 시간과 비용을 투자하여 최고의 성과를 올려야 한다는 회사의 관점인가? 아니면 최소의 노력과 시간에 번거로움도 최소화하여 최대의 가치를 생산하되, 회사의 비용절감 노력이 개인 업무량 증가로 이어지지 않도록 하고, 주어진 업무들을 효율적으로 처리하고자 하는 개인의 관점인가? 앞서 "누가 1루수지?"에서처럼 양쪽의 관점 모두 옳다. 그리고 업무 해킹을 논의할 때는 반드시 이런 역설을 고려해야 한다.

사회 생활에서 흔히 행해지는 해킹을 예로 들어보자. 바로 문자 메시지 보내기다. 열 살 전후의 여자아이들 여러 명이 영화관에 있다. 아이들은 잡담을 하면서 소음을 내지는 않는다(그런 점에서 그들은 일반적으로 용인되는 사회적 기준을 충실히 따르고 있다). 하지만 아이들의 해킹은 상영 내내 말없이 서로에게 문자 메시지를 보내 이야기를 나누는 것이다. 그들 뒤에 앉아 있는 베이비붐 세대 부부는 신경이 거슬릴 수밖에 없다. 아이들의 행동 자체가 문제가 아니라, 문자 메시지 보내기가 그들 세대에서 용인되는 기준이 아니기 때문이다. 결국 부부는 아이들에게 그러지 말라고 말한다. 누구의 윤리적 기준이 우세한가?

업무와 관련된 상황에서 동일한 딜레마가 발생한다. 휘하의 모든 사람을 회의에 참석시킬 권한을 가진 관리자는 언제나 그렇듯이 자기 일을 하고 있다(누구도 도움이 된다고 생각하지 않는 방식으로 회의를 진행하고 있다). 참석자들은 관리자의 발언을 무시하고, 스마트폰으로 문자를 보내느라 바쁘다. 누구의 윤리적 기준이 옳은가? 상사의 것인가? 그는 본인이 정당한 지위에 있고, 자기가 하는 말이 중요하기 때문에 아랫사람들이 회의에 참석하여 마땅한 존경을 표해야 한다고 생각한다. 회의에 참석한 해커들의 생각은 다르다. 그들은 그렇게 시간을 낭비할 여유가 없다고 생각한다.

선의의 해커들은 해킹을 할 때 극도로 윤리적이다. 주변 환경이 허락하는 것보다 개인적으로 효율적이고 생산적으로 일을 할 필요가 있기 때문이다. 그들이 효율적인 방법을 만들어내면 모두가 이득을 본다. 상사, 회사, 고객……. 그러므로 윤리적 딜레마 따위는 없다. 그저 해킹하라!

뭉쳐라! 양쪽 모두 옳다. 업무 해킹과 관련된 진짜 문제는 이것이다. 의견이 다른 사람들이 서로 대화를 하지 않는다는 점이다. 그러므로 해킹으로 야기되는 잠재적인 악영향뿐만 아니라, 잠재적인 이익까지 검토하는 그런 토론만이 서로가 합의하고 지속성과 강제력을 가지는 윤리 강령을 만들어낼 것이다.

우리는 이 책의 나머지 부분에서 그런 대화에서 무엇을 토론해야 하는가를 이야기할 것이다. 당장 고쳐야 하는 것이 무엇이고 대처해야 할 향후 업무가 무엇인지, 상사와 직원 모두의 입장에서 규칙이 어떻게 바뀌었는지 등을 말이다. 그런 토론들이 결실을 맺을 때까지 이번 장이 여러분의 윤리적인 나침반 역할을 해주리라 생각한다. 우리는 수백 명의 해커를 인터뷰하면서 그들이 생각하는 선의의 해킹과 악의적인 해킹의 차이를 알아보았다.

다음은 직장에서 이루어지는 윤리적인 해킹의 십계명이다.

1. 쿨하라

만약 '쿨cool하지' 못하다면 사람들은 여러분을 쫓아낼 것이다. 글자 그대로 혹은 감정적으로 쿨해야 한다. 해커들은 쿨한 상태인지 아닌지 스스로 모른다면 쿨한 상태가 아니리라고 본다(기본적으로 해커들은 자신의 철학이나 윤리를 명확히 밝히기를 그리 좋아하지 않는다).

해커가 되는 것은 여러분 혹은 여러분의 자존심을 위한 것이 아니다. 최소한 여러분이 선의를 가지고 있다면 결코 그렇지 않다. 오히려 각자 맡은 업무를 최선을 다해 처리하고, 즐기고, 모두에게 도움이 되는 방향으로 상황을 개선하기 위함이다. 법을 어기는 것은 안 되지만 규칙을 변칙 적용해서 상황을 호전시킬 방법, 사장이 필요한 도구나 지원을 제공하지 않아도 성과를 달성할 생산적인 우회 방법들이 항상 있게 마련이다.

해커들은 또한 쿨해야 한다는 규칙이 있다. 얼간이처럼 굴지 마라.

> **똑똑하게 시작하자**
>
> ### 계명을 해킹하라
>
> 여기서 말하는 십계명은 수백 건의 인터뷰 결과에서 뽑아낸 초보자용 도구일 뿐이다. 말하자면 신성한 계시 따위가 아니라는 말이다. 그러므로 계명들을 해킹하라. 불필요하면 빼고, 다른 것들을 추가하라. 자신의 것으로 만든 다음 결과를 게시하라.
>
> 해커로서 우리가 확실하게 아는 것이 있다. 집단의 지혜, 즉 여러분의 지혜가 소중하다는 사실이다. 다수의 지혜가 더해지면 우리만으로는 불가능한 더욱 유용한 방법들이 나올 것이다. 그리고 그로 인해 더욱 많은 사람들이 득을 볼 것이다.

이 규칙은 모호하고 불완전하다는 점 때문에 유용하다. 여러분이 하는 일이 쿨하고 좋다는 확신이 들면 계속 그렇게 하라. 확신이 없으면 어떤 해킹을 생각하고 있든 아마도 좋은 아이디어가 아닐 것이다.

대부분 해커들은 우리에게 그것 이상의 상세한 내용을 말해주려 하지 않았다. 하지만 해커들은 모호함을 좋아해도 독자 여러분은 그렇지 않으리라 생각한다. 때문에 우리는 보다 상세한 내용을 알리기 위해서 책을 출판하기로 했다. 우리는 해커들이 말하는 쿨하다는 내용에 살을 붙이고 9가지 계명을 추가했다. 이 계명들이 지금까지 우리가 들은 여러 가지 우려들 중에 일부를 해결해주리라 믿기 때문이다.

'쿨하다'는 것은 알고 보면 아주 간단하다. 1986년에 출간된 로버트 풀검Robert Fulghum의 저서 《내가 정말 알아야 할 모든 것은 유치원에서 배웠다 All I Really Need to Know I Learned in Kindergarten》에서 말한 내용을 따르면 된다. 그의 충고 중에 일부를 살펴보면 이렇다.

- 모든 것을 공유하라.
- 정정당당하게 승부하라.
- 남을 때리지 마라.
- 물건을 제자리에 가져다 놓아라.
- 자신이 어지른 것을 치워라.
- 누군가에게 상처를 주었으면 미안하다고 하라.
- 신호등을 보고, 서로 손을 잡고, 뭉쳐라.

쉽게 말하면 우리가 윤리적인 해커가 되기 위해 알아야 할 모든 것은 이미 유치원에서 배웠다.

'쿨해지는 것'의 의미를 구체적으로 알고 싶다면 돈 미겔 루이스$^{Don\ Miguel\ Ruiz}$의 저서 《네 가지 합의$^{The\ Four\ Agreements}$》를 참고하면 된다. 이 책에서 제시한 다음의 보편적인 진리들을 포함시켜라.

- 결점 없는 언어를 사용하라.
- 뭔가를 기분 나쁘게 받아들이지 마라.
- 가정을 하지 마라.
- 항상 최선을 다하라.

그래도 더 많은 정보가 필요하다면 스티븐 코비$^{Stephen\ Covey}$의 《성공하는 사람들의 7가지 습관$^{The\ 7\ Habits\ of\ Highly\ Effective\ People}$》을 확인하라. 그런 모든 것들이 쿨해지는 데 도움이 된다.

쿨한 상태에서 해킹을 한다면 여러분은 더 나은 미래를 만들어가는 것이다. 여러분은 개인이 정말로 변화를 가져올 수 있는 미래, 개인의 효율성과 생산성이 조직의 효율성과 긴밀히 연결되어 있는 미래, 모든 일터가 훨씬 즐거운 공간이 되는 그런 미래에 살게 될 것이다. 쿨한 해커들은 변화시켜야 할 것을 투명하게 공유하고, 토론하고, 보여주는 방법을 안다. 또한 어렵긴 하지만 우리를 보다 나은 미래로 이끌 방법을 안다.

2. 해킹이 아닌 방법을 먼저 시도하라

'망치를 든 목수에게는 모든 문제가 못으로 보인다'는 말이 있다. 해킹이 여러분의 도구함 안에 있다는 이유만으로 불필요하게 해킹을 하지 마라. 사실 많은 문제가 해킹 없이도 해결된다.

3. 해가 되지 않게 하라

누군가의 심기를 불편하게 하는 일을 일절 하지 말라는 의미는 아니다. 해킹을 하면 누군가를 화나게 할 가능성이 높다. '해가 되지 않게 하라'는 남들이 정해진 방식대로 시스템을 사용하지 못하게 만드는 행동을 하지 말라는 의미다. 그래도 여러분이 사용할 때는 훨씬 편하게 쓸 수가 있다. 해킹을 통해서 시스템을 나름대로 개선했기 때문이다. 몇 가지 예를 들어보자.

- 지출품의서를 해킹한다면 다른 사람들이 회사 규칙을 안전하

고 확실하게 따르지 못하게 하는 어떤 행동도 하지 마라. 자신이 제출하는 수치를 속이지도 마라.

- 엉터리 회의에서 발표자에게 집중하는 대신 문자 메시지를 보낸다면, 발표자를 경멸하는 행동은 하지 마라. 어디까지나 일에 집중해야 한다. 놀이는 근무 시간 이후로 미뤄라.
- 회사 IT의 방화벽을 뛰어넘는 때도 마찬가지다. 해킹을 원치 않는다면 IT부서가 의도하는 대로 해당 시스템 사용을 막을 어떤 행동도 하지 마라.
- 소위 '7대 죄악(포르노, 탐욕, 축재, 복수나 징벌, 나태, 업무 회피, 자만심)'에 해당하는 어떤 해킹도 하지 마라.
- 가장 흔한 해킹은 승인받은 절차와 달리 정보를 전달하고, 사람들과 관계를 맺을 때 조직의 위계질서를 곧이곧대로 따르지 않는 것이다. 그렇더라도 여러분이나 동료가 최선을 다해서 일하는 것을 힘들게 만들 그런 방식으로 정보나 관계를 이용하지 마라.

해를 끼치지 않는 해킹이란 현재 회사의 조직적인 효율성에 방해가 되지 않으면서도 여러분 자신의 효율성과 생산성 개선에 도움이 되어야 한다. 그렇지 않으면 선의의 해킹이 아니라 일종의 절도가 된다. 자신에게 이득이 되게끔 다른 사람에게서 뭔가를 빼앗는 행위인 것이다. 해가 되지 않게 하는 핵심 중에 하나는 작게 시작하고 간단하게 하는 것이다. 여러분과 동료들의 일상생활에서 사소한 부분의 개선에 집중하고 거기서 점점 발전시켜야 한다.

4. 다른 사람들의 정보를 위태롭게 하지 마라

IT부서의 윗사람들이 그들이 정한 규칙과 보안 못지않게 개인의 효율성도 중요하다는 사실을 이해할 때까지, 방화벽을 뛰어넘는 해킹은 지속적으로 증가할 것이다. 하지만 지켜야하는 선이 있다. 회사 IT 시스템이 여러분에게 맞게 작동하기 전까지, 여러분이 시도하는 선의의 해킹들은 다음 4가지 면에서 최고의 성실성을 유지해야 한다.

- 고객 자료를 방화벽 밖에서 관리하거나 저장하지 마라. 어떻게든 보안 유지 능력을 위태롭게 하는 그런 정보를 방화벽 밖에 두면 위험하다.
- 회사의 지적 재산을 방화벽 밖에서 관리하거나 저장하지 마라. 관리자들은 여러분이 절대로 회사만큼 안전하게 그것을 지키지 못할 것이라면서 여러분의 보안 유지 능력 자체를 의심할 것이다. 애석한 일이지만 회사 시스템에 대한 관리자들의 믿음은 대부분은 허풍일 뿐이다. 그래도 특정 자료들을 밖에 두는 데는 위험이 따른다. 만약 실수라도 하면 그로 인한 타격이 여러분 개인의 일자리를 잃는 정도로 끝나지 않을 수도 있다. 이와 관련해서 여러 해커들한테서 들은 충고가 있다. "안전하게 지킬 수 있다면 해킹하라. 하지만 조금이라도 의심이 들면 해킹하지 마라."

- 고객 정보나 회사의 지적 재산을 권한이 없는 그 누구와도 공유하지 마라.
- 이중 삼중으로 확인하라. 위에서 말한 경고들이 지켜지고 있는지 끊임없이 자신의 해킹을 재검토하라.

여러분의 해킹이 위의 4가지 면에서 최고 수준의 성실성을 담보하지 못한다면, 부적절하거나 불법적일 가능성이 있다.

5. 다른 사람들과 어울려라

여러분의 해킹이 악의가 없다면 타인과 공유할 수 있을 것이다. 그렇게 하라. 팀을 구성하라. 다양한 재주를 가진 사람들을 모아라. 그리고 가능하면 관리자의 지원을 받아라. 업무 해킹의 목적은 최고의 기량을 발휘할 환경을 만드는 것임을 잊지 마라. 뒤를 받쳐주는 강력한 팀이 있으면 일은 당연히 수월해지는 법이다.

6. 세상에 알려라

해킹을 했고 그것으로 이득을 보았다면 이익과 노하우를 세계와 공유하라. 사람들과 회사 정보를 누설하지 않고, 실제 고객 정보나 회사의 지적 재산을 공유하지 않는 선에서 여러분의 해킹에 대해 가능한 한 많이 공유하라. 블로그, 트위터 등 모든 곳에 여러분의 해킹 내용을 올려라. 해커들은 진정한 투명성과 정보 민주화가 고차원적인 목표 달성에 도움이 된다고 믿는다. 해킹에서 얻은 이득을 세상을 향해 내밀어라. 많은 사람들이 여러분이 깨달은 교훈과 지식을 알고 싶어 할 것이다. 그리고 그들은 자신의 해킹을 여러분과 공유함으로써 여러분에게 돌려줄 것이다.

7. 해킹에서도 매력의 법칙은 작용한다

최근 이런 법칙이 작용하는 사례를 많이 보았다. 유튜브에 올린 영상의 조회 수가 수백만을 넘고, 주요 언론이 앞다투어 소개한다. 그러면 여기저기서 토론이 벌어진다. 어떤 이는 경력 발전의 돌파구가 되는 결정적인 순간을 맞게 되고, 어떤 이들은 즐거운 눈요깃거리를 향유한다. 이런 문화가 과하면 지구촌 전체 지능지수가 떨어지지 않겠느냐는 나름 설득력 있는 우려는 잠시 접어두도록 하자. 여기서 중요한 것은 매력의 법칙이 해킹에 적용했을 때도 유효하다는 사실이다.

- 여러 아이디어는 사람들의 관심과 적용을 놓고 서로 다투는 세상이다. 여러분의 해킹을 사람들이 충분히 관심을 가지고 적용할 만큼 매력적인 것으로 만들어라. 그러면 여러분의 해킹은 회사의 어리석음을 격파할 만큼 많은 관객을 찾을 것이다. 그리고 아마도 그만한 대가를 받을 것이다.
- 여러분이 비해커와 해커 모두를 존중하고, 해커의 윤리 강령을 존중한다는 사실을 보여주어라. 그러면 양쪽 진영 사람들 모두를 끌어들이고 뭉치게 할 것이다. 원하던 변화를 보다 신속하게 달성하고, 선구적인 사상가로서 존경을 받게 될 것이다.

- 자원도 매력의 법칙을 따르게 마련이다. 보다 좋은 해결책과 자원들을 해킹하라. 그러면 다른 이들이 여러분을 찾아올 것이다. 기존의 성공은 새로운 성공을 부른다.
- 세상에 내놓고 공유하라. 그러면 모르는 사람들이 여러분에게 돌려줄 것이다. 해킹에 투여하는 만큼 보답을 받을 것이다.

8. 타고난 기질에 충실하라

해커로 태어나지 않았다면 그런 자신을 받아들여라. 이 책을 다른 누군가에게 넘기고 무엇이 되었든 여러분이 일하는 곳의 규칙을 따르라. 반대로 뭔가를 해부해서 다시 조립해야만 직성이 풀리는 사람이라면 해킹을 천직으로 생각하라. 화이트 해커들로 이루어진 조직 및 컨설팅회사를 비롯해서 여러분을 자기 팀에 두고자 하는 사업가들은 무수히 많다.

9. 재능이 과대평가되어 있다

〈포춘〉 편집장인 제프 콜빈의 저서 제목이다. 연습, 힘든 노력, 인내 등이 적절하게 분석되어 일상에 통합되면 위대한 업적을 이룰 수 있다는 것이 콜빈의 주장이다.

재능은 분명 중요하다. 그리고 일부 기술적인 능력도 확실히 도움이 된다. 하지만 대다수 해커들은 오로지 부단한 자기계발, 신중한 연습을 통해 헌신적으로 일을 함으로써 위대한 업적을 이룬다.

어떻게 훌륭한 선의의 해커가 될까? 바로 연습만이 살길이다.

10. 해킹은 자기 발견의 여정이 될 수 있다

여러분에게 진정 중요한 것은 무엇인가? 최선을 다한다는 것을 여러분은 어떻게 정의하는가? 여러분은 무엇을 지지하는가? 일자리를 지키기 위해 얼마나 많이 희생하고 타협할 준비가 되어 있는가? 도대체 어느 정도가 지나치게 많이 타협하고 희생하는 것인가?

이번 장의 시작 부분에서 말한 윤리적인 딜레마를 다시 생각해보라. 그리고 앞으로 계속 언급될 또 다른 딜레마를 생각해보라. 선의의 해커들에게 현재 좋고 옳은 것이 다른 이들에게는 나쁘고 틀리다는 것을 말이다.

인간으로서 우리는 항상 윤리적인 딜레마와 더불어 산다. 그리고 고민 속에서 결국에는 자신만의 결론에 도달한다. 우리는 그런 과정을 통해 성장하고 스스로에 대해, 자신의 가치관, 행동, 믿음에 대해 더욱 많이 알게 된다.

여러분이 해킹을 하는 쪽을 택하면, 해킹은 여러분 자신에 대해서 많은 것을 말해줄 것이다. 그것이 아니더라도 해킹은 여러분의 생활과 업무를 지금보다 재미있게 만들어줄 수 있다. 즐거워지는 것 역시 쿨해지는 길이다.

우리는 어느 지점에서 윤리적 딜레마에 빠지는가?

해킹에 반대하는 이들의 행동뿐만 아니라 해킹 자체도 현상을 다시 정의하고 바꿀지, 아니면 그대로 유지할지를 놓고 벌이는 전쟁이다. 캐롤라인의 예를 살펴보자. 캐롤라인은 규모가 큰 비영리조직에서 일하는 자원활동가 담당자다. "자원활동가 표창 프로그램을 책임지고 있었습니다. 물론 책정된 예산은 없었지요. 우편물을 열어보는 일도 내 책임이었습니다. 어느 날 나는 사무총장에게 온 편지를 보았습니다. 무슨 설문 조사에 응해서 레스토랑의 25달러 상품권을 2장 받게 된다는 내용이었지요. 사무총장은 이미 고액의 봉급을 받고 있었고, 오만한 데다 성차별주의자에 사람들 위에 강압적으로 군림하는 인간이었습니다. 그래서 나는 사무총장 앞으로 온 상품권을 그달의 자원활동가로 뽑힌 2명에게 주었습니다. 조직에서 주는 것처럼 말하면서요. 별것 아닌 단순한 조치였는데 그들한테는 아주 중요했습니다. 자신들이 존중을 받는다고 느꼈지요. 지금도 약간은 죄책감이 들지만 옳은 일을 했다고 생각합니다."

우리는 그녀를 영웅으로 생각한다. 캐롤라인의 해킹은 예산이 전혀 없는 곳에서 예산을 만들어냈다. 그리고 조직을 위해서 열심히 일하는 자원활동가들을 표창해주었다. 하지만 어떤 사람들은 캐롤라인을 도둑으로 생각할 것이다. 과연 어느 지점에서 각지의 캐롤라인들이 도둑질을 하게 되는 것일까? '적은 비용으로 더욱 많이 생산하라'는 요구가 과연 어느 지점에서 선을 넘어 가족과 개인 생활에서 시간과 에너지를 훔치고, 업무에 필요한 지원은커녕 불필요한 스트레스만 가중시키는 것일까?

이런 현상은 아주 해로운 비용 전가다. 과연 어느 지점에서, 실제 비용을 보여주는 문서조차 없이 기업 이익을 창출하는 것이 잘못으로 드러나고 하나의 윤리적 딜레마가 될까?

속성 해킹

선의의 해킹인가, 아니면 선을 넘었는가?

선의의 해킹과 도를 넘은 해킹 사이의 선은 어디에 있을까? 윤리적 해킹의 십계명을 이용해 평가해보자.

자물쇠로 인한 적지 않은 시간 절약
데이비드의 말을 들어보자. "몇 년 전에 나는 보험회사 노사관계 부서에서 일했습니다. 급여 등급 제한 때문에 내 밑의 직원 2명은 방에 자물쇠를 채울 수가 없었습니다. 급여 수준에 따라서 그런 특권이 주어지니까요.

 하지만 그들은 직원과 관련된 기밀 문서들을 다루고 있어서 매일 업무를 끝낸 다음, 서류나 전자 파일을 안전한 장소에 가져다두는 데만 30분을 소비해야 했습니다. 다음 날 업무를 시작하려고 해당 자료를 찾아오는 데만 다시 30분을 소비해야 했지요. 그래서 나는 회사 정책을 무시하고 두 직원의 문에 자물쇠를 달아주었고, 결과적으로 주당 10시간의 낭비를 없앴습니다. 10시간은 두 직원 입장에서도 낭비지만 회사 입장에서도 낭비였습니다."

천리안
마리아의 예를 보자. 그녀는 '유리천장(여성이나 다른 소수 집단이 높은 자리에 올라가지 못하게 막는 눈에 보이지 않는 장벽)' 아래서 신음하는 데 질린 중간관리자 격의 프로그래머다. "나는 자동으로 메시지가 오도록 방화벽에 이메일 필터를 설치했습니다. 수신인 메일 주소에 내가 포함되어 있지 않지만, 내용에는 내 이름이 포함된 모든 이메일이 자동으로 나에게 전달되도록 했습니다. 나에게 보내지 않았어도 나를 거론하는 모든 이메일이 아무도 모르게 나한테 오게 되는 것이지요.

 덕분에 나는 인사부서에서 말해주기 전에 파악하여 인사 관련 현안을 미리 저지할 수가 있었습니다. 아무도 모르는 비밀 정보로 감원을 막고, 그것이 문제라고 알려주기 전에 먼저 해결책을 제시해서 우려를 덜기도 했지요."

 분명 이는 기술과 밀접한 관련이 있는 해킹이었다. 하지만 좁은 분야의 전문적인 지식만 있으면 무엇을 할 수 있는가를 보여주는 더없이 좋은 예다. 인터넷에서 질문 몇 번만 던지면 이 정도 지식은 금방 얻을 수가 있다.

> **휴대전화 관리**
>
> 보험회사 중간관리자인 아지트의 말을 들어보자. "우리 회사는 이메일 서버로 마이크로소프트 익스체인지 서버를 씁니다. 익스체인지 서버는 스마트폰 중에서는 블랙베리Black Berry 제품만 지원하고, 이 외에는 아웃룩만을 지원합니다. 이것이 내게는 큰 골칫거리였습니다.
>
> 블랙베리 제품에는 내가 일을 하는 데에 필요한 툴들이 내장되어 있지 않았습니다. 회사는 아이폰도 사이드 킥스Side kicks도 지원하지 않는데, 직원 대부분은 그런 툴들을 이용해서 일을 처리했습니다. 그래서 나는 스크립트를 실행해서 익스체인지 메일 서버를 확인하고, 거기 메일들이 지메일에 있는 '진짜' 계정으로 전달되게끔 했습니다."
>
> 구체적으로 어떻게 하는 것인지 궁금한가? '아웃룩 메일을 ○○에 있는 지메일로 전달하는 방법'이라는 문구를 검색해보라. 여기서 ○○은 여러분이 가지고 있는 휴대전화의 제조사 혹은 모델이다. 방법을 상세히 알려주는 글들을 많이 볼 수 있을 것이다.

현재 기업의 많은 관행이 문제가 많다는 사실을 인정해보자. 그렇다면 우리는 새로운 진실, 새로운 도덕률, 그리고 새로운 가능성을 보게 되리라. 평범한 수준에 머무르는 안이함을 강요하고, 어리석음을 강요하는 현실에 대해 바보 같은 관리 운용 규정들이 얼마나 많은지에 대해 솔직하게 이야기할 때, 우리는 해킹의 지혜를 터득하게 될 것이다.

바로 여러분이 지금 우리가 필요로 하는 리더다

최근 경제 붕괴는 단계적으로 급속하게 진행되는 파탄 과정의 한 징후에 불과하다. 말하자면 "도와주세요!"라는 외침이 아닌가 싶다. "재시동을 걸어주세요. 내가 다시 살인을 저지르기 전에 누군가 나를 나에게서 구해주세요."

여러분은 변화의 순간에 가장 필요한 리더다. 여러분 수준에서, 사무실의 좁은 칸막이 자리에서, 노트북이나 휴대전화에서, 작업대, 지게차, 조리대, 화물 트럭, 판매·서비스·감독 역할에서, 여러분의 머리와 가슴에서, 한 번에 하나씩 나쁜 관행을 고쳐가며 기업을 바로잡기 위해 여러분이 필요하다.

3부
사고를 전환하라

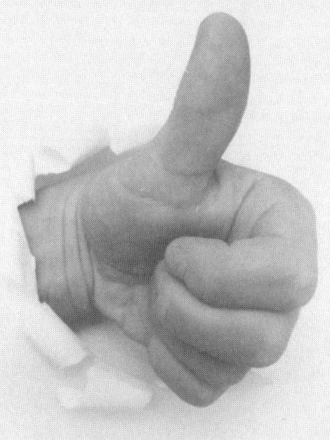

업무 설계가 그렇게 엉망이 아니라면, 게다가 나날이 악화되고 있지 않다면 선의의 해킹이라도 반드시 필요하지는 않을 것이다. 하지만 '지금 망가진 것, 머지않아 우리를 덮칠 것, 무시해서는 안 될 것'들이 여기 있다.

| 7장 |

지금 무엇이 문제인가?

정신을 바짝 차릴 때까지 매질을 계속하라.
– 업무 설계에 대한 현재의 접근법에서

업무 해킹이 증가하는 이유

우리는 최근 좋지 않은 경제 때문에 큰 타격을 입은 디트로이트에서 변화를 주제로 워크숍을 진행했다. 참석한 모든 관리자에게는 바로 지난달에 해고당한 친구나 친척이 있었다. 이제는 각자의 미래가 자기 손에 달렸다는 사실을 말해주기 위해 우리는 1장에서 나온 이야기를 들려주었다. 우선 스물네 살의 매트가 실적 평가 방법을 재설계함으로써 자신의 업무와 경력을 자기 의지대로 꾸려나갔던 구체적인 방법을 설명했다. 우리 기대와는 정반대의 반응이 나왔다. 항의의 아우성으로 귀가 먹먹할 정도였다. "그 젊은이가 원하는 대로 되지는 않을 거요! 일자리를 지키고 싶다면 입을 막고 복종해야 할 겁니다."

나중에 참석자 중에 한 명은 현실이 어떻게 돌아가는지를 모른다면서 우리의 잘못된 생각을 바로잡아 주려고 안달이 났다. "우리 팀원 중에 혼자 아이를 기르는 엄마가 있습니다. 한 달에 한 번 주말에는 육군 예비군으로 근무합니다. 인사고과 시기가 되면 우리 상사는 그녀에게 이렇게 말합니다. '육아니 모성이니 빤한 변명에 신물이 나는군. 자네 일자리를 지키고 싶으면 지금보다 훨씬 많은 시간을 투자해야 할 거야'라고 말입니다. 세상 돌아가는 이치가 그렇습니다. 항상 그런 식으로 인사고과가 진행된다니까요. 제가 일하는 데도 그렇고 다른 데서도 마찬가집니다. 당신이 말한 그런 젊은이가 대체 어디서 일자리를 잡을 수 있을까요? 회사 규칙에 복종해야 할 겁니다."

안타깝게도 우리는 비슷한 이야기를 수없이 들었다. 우리는 세계 최고의 기술 관련 국제회의 중에 하나인 TED에 참석했는데, 빌 게이츠와 아마존닷컴 대표이사 제프 베조스Jeff Bezos 같은 거물급 인사들이 참석했다. 거기서 세계적인 소비재회사에서 아시아 전역을 담당하고 있는 어느 임원과 이야기를 나누게 되었다. 우리는 많은 현장 노동자들이 IT부서에서 강요하는 우스꽝스러운 제약들을 피해 해킹을 할 수밖에 없다는 이야기를 했다.

"무슨 말인지 잘 압니다." 그가 말했다. "보안상의 이유로 우리 IT부서는 내 노트북에서 USB 메모리를 사용하지 못하게 합니다. 그들의 감시 하에서가 아니면 업무 파일들을 옮겨서도 안 됩니다. 그래서 동네 전자제품 상가에 가서 파일을 옮길 수 있게 해주는 25달러짜리 장비를 하나 샀지요."

얼마나 불합리한 상황인가? 이 남자는 대륙 전체를 아우르는 회사 운영을 책임지고 있다. 한편 기술이라는 거대한 영향력을 가진 존재와도 가까이 지내고 있다. 이런 상황에서 회사는 장난감 하나도 믿고 맡기지 못할 두 살짜리 아이를 보듯이 그를 취급하고 있었다.

최근에 우리는 비행기 안에서 노인의료보험공단의 고위관리인 줄리아나 옆에 앉게 되었다. 의료 서비스 이야기가 뉴스에 워낙 많이 등장하던 터라 의료 관광의 영향에 대해서 물어보기로 했다. 놀랍게도 그녀는 그런 말을 들어본 적이 없다고 했다. 그래서 우리는 설명했다. "국경 없는 세상에서 이뤄지는 사실상의 국제적인 의료 서비스지요. 미국보다 훨씬 저렴한 가격에 훌륭한 치료를 해주는 다른 나라를 찾아가는 겁니다. 미국에서 보험에 가입되어 있지 않거나 가파르게 상승하는 치료비를 감당하지 못하는 많은 사람들에게는 비행기를 타고 가서 특정 치료를 받는 편이 더 저렴할 수 있답니다."

"이봐요. 지금 나한테 제일 중요한 문제는 모든 의사가 기록 보관 요청에 따라서 팩스를 사용하게끔 만드는 거예요." 그녀가 대답했다.

이것이 무슨 상황인가? 어떻게 일국의 의료 서비스 체계를 관장하는 핵심 관리가 10년 전의 구식 기술 사용을 장려하려고 동분서주한단 말인가? 감당할 수 있는 의료 서비스를 찾아서 점점 많은 환자들이 시스템 자체를 완전히 우회하고 있는 상황에서 말이다.

기업은 여러분의 욕구, 즉 스스로의 삶을 통제하려는 것에서부터 업무에 맞는 최적의 툴을 원하는 데 이르는 폭넓은 욕구를 쫓아오지 못하고 있다. 그러는 사이 여러분은 인프라의 노예가 되었다. 여러분을 돕자고 만들어진 것이 이제 '하면 안 되는 금기 사항'만 잔뜩 강요하고 있다. 아니, 특정 방식으로만 일을 해야 한다며 너무 많은 것들을 일일이 지시하고 있다.

처음에 말한 것처럼 악의는 없다. 누구도 여러분을 일부러 해코지 하려 하지는 않는다. 하지만 시스템이 여러분을 방해하고 있고, 여러분의 기여를 오히려 축소시키고 있다. 해커들이 해킹을 하는 이유가 바로 그것이다. 시스템과 개인의 욕구 사이에 간격은 점점 넓어지고 있다. 때문에 해킹은 급속하게 증가하고 있다.

망가진 3가지

여러분은 직관적으로 뭔가 크게 잘못되었다는 사실을 알고 있다. 매일 뼈저리게 느끼기 때문이다. 하지만 정확히 무엇이 우리를 힘들게 하는가? 여기서 우리는 현재 문제가 되는 것들을 살펴보고, 이어지는 8장에서는 해킹을 더 중요하게 만드는 문제들을 살펴보고자 한다.

똑똑하게 시작하자

망가진 3가지

1. 기업이 개념을 이해하지 못하고 있다. 기업은 여전히 너무나 회사 중심적이고 여러분의 욕구에 초점을 맞추는 데는 형편없는 재주를 보이고 있다.

2. 여러분의 일을 도와야 하는 도구들이 필요 이상으로 여러분을 통제하고 있다. 기업의 트로이 목마는 여러분이 스스로를 제한할 수밖에 없게 만드는 업무 수단과 절차들을 제공하고 있다. 우리가 가능과 불가능을 판단하는 방법 자체도 이미 대부분의 일상 업무에 내재되어 있다.

3. 직원은 고위험 직업이다. 직원과 거대한 시장의 힘 사이에 완충 장치가 전혀 없다. 고용주와 직원 사이에 이루어지는 거의 모든 고용 계약이 전적으로 회사에 유리하게 진행되고 있다.

문제 1. 기업이 개념을 이해하지 못하고 있다

기업은 사용자 중심이 된다는 개념을 이해하지 못한다. 수십 년 동안 변화 기회가 있었음에도 업무 처리와 관련하여 우리에게 주어진 대부분이 여전히 회사 중심적이다.

사용자 중심 설계는 여러분의 욕구와 목표에서 시작한다. 고객 입장에서 우리가 보는 전형적인 예들은 고급 리조트나 호텔, 아니면 정말로 잘 설계된 소비자 중심의 일부 온라인 상품들일 것이다. 지메일이나 트위터 등은 사용하기 편하다는 느낌이 든다. 써보면 '누군가가 설계를 시작할 때부터 우리를 생각하고 있었구나' 하는 생각이 저절로 든다. 반면 회사 중심 설계는 조직의 욕구에서 시작하며, 여러분의 욕구에는 부차적으로만 신경을 쓴다. 전형적인 예로 거의 모든 정부 절차나 서식, 끝도 없이 이어지는 고객 서비스 전화 연락망, 대부분의 마이크로소프트 상품들, 여러분이 가장 최근에 겪은 최악의 고객 경험 등이 있다.

회사 중심 설계는 하나의 중요한 원칙에 봉사한다. 대강의 논리를 보면 다음과 같다. 때로 모든 사람이 같은 방식으로 일을 하게끔 만드는 데는 아무런 문제가 없다. 우리는 일관성 없이 아무 때나 마음 내키는 대로 일하는 항공 관제사나 핵발전소 관리자, 흉부외과 의사, 경찰관, 출납원 등을 원치 않는다. 기업의 모든 비용을 절감하고 품질을 유지하기 위해서는 일관된 공정이 필요하다. 또한 일부 중앙집권화된 통제는 반드시 필요하다. 그렇지 않으면 끔찍한 결과를 보게 될 것이다.

문제는 정도에 있다. 사실상 거의 100퍼센트에 가까운 일터의 업무 수단, 절차, 보고 체계 등이 여전히 회사 중심적이다. 말하자면 회사의 욕구 실현에 맞게 설계되었을 뿐 개인의 욕구를 고려하지는 않는다. 쉽게 개인에게 맞추고 권한을 줄 수 있는 기술들이 가히 '폭증'했는데도 기업의 관심은 여전히 자체 욕구에만 쏠려 있다. 그리고 여러분의 욕구에는 관심을 기울이지 않는다.

기업이 얼마나 심각하게 말귀를 못 알아듣는지 알고 싶은가? 〈이코노미스트〉 계열사 경제정보연구소에서 2007년에 조사한 바에 따르면, CEO들이 다국적기업 경영에서 '가장 위험한 요소'가 인적 자본 관리라고 생각하는 것으로 파악되었다. 말하자면 그들은 여러분을 잃거나 여러분이 업무를 적절히 처리하게끔 필요한 것들을 갖춰주지 못하는 상황을 가장 우려하고 있었다. 그것이 실적을 위험에 빠뜨릴 가장 중요한 요인이라고 보았기 때문이다.

그들이 생각하는 중요도와 실제 행동을 비교해보자. CEO들이 스스로 가장 효과적으로 관리했다고 믿는 2가지 위험은 무엇일까? 바로 자금 조달과 신용상의 위험이었다. 그들이 최악으로 관리했다고 생각하는 위험에는 어떤 것들이 있을까? 그렇다. 인적 자원, 바로 여러분이다. 그러므로 CEO들이 훌륭하게 관리했다고 믿었던 재정과 신용 문제는 걷잡을 수 없이 통제를 벗어났고, 우리의 생계를 위험에 빠뜨렸다. 그리고 그들은 가장 우려했던 한 가지, 즉 여러분이 업무를 적절히 처리하게끔 필요한 것들을 갖춰주는 일을 내내 잘못 하고 있었고 그런 사실을 인지하고 있었다.

IBM은 〈글로벌 인적 자원 연구 2008$^{Global\ Human\ Capital\ Study\ 2008}$〉에서 어떤 점이 개선되어야 하는가를 고민했다. 그들이 찾은 결론은 전혀 놀랍지 않다. 조직에서 가장 큰 문제는 인적 자원 시스템과 업무 처리 수단, 공정 등에 있었다. 이는 여러분이 최선을 다하게끔 도우려고 마련된 것이다. 하지만 작업대부터 훈련 및 개발, 팀의 동료와 보고를 올리는 상사까지 모든 것이 엉성하게 통합되어 있고, 품질도 훌륭한 것부터 끔찍한 것까지 다양하다는 사실이 밝혀졌다. 업무 처리에 필요한 어떤 것도 충분한 응집력을 가지고 긴밀하게 작동하지 않고 있었다.

이는 오랫동안 계속된 결정적인 문제다. 그리고 그만큼이나 결정적으로 과소 취급되어온 문제다. 젠슨그룹$^{Jensen\ Group}$은 20년 전부터 '보다 단순한 방법을 찾아서$^{The\ Search\ for\ a\ Simpler\ Way}$'라는 주제로 조사 연구를 진행하고 있다. 이 연구에서 젠슨그룹은 이미 20년 전에 업무를 복잡하게 만드는 첫 번째 원인이 사용자 중심 설계가 전무하다시피 한 상태에서 운영되는 작업 시스템상의 통합 결여임을 밝혀냈다. 예를 들어 지금까지 6만 5000명이 넘는 연구 참석자들(6만 5000명 중에 20퍼센트는 고위임원, 45퍼센트는 중간관리자, 나머지는 일반 직원이다)에게 질문을 했는데 다음과 같은 대답이 나왔다. 단순화 작업에 투여되는 관심을 '가장 많이' 받는 집단은 어떤 집단인가의 질문에 85퍼센트가 고위임원이라고 답했고, '가장 적게' 받는 집단에는 87퍼센트가 일반직원이라고 답했다.

20년 동안 우리는 이런 문제를 다양한 각도에서 살펴보았다. 그런

데 결과는 항상 같다. 회사의 업무 수단, 체계, 절차 등이 여전히 업무 복잡성의 가장 큰 원인이다. 말하자면 작업 시스템은 오랫동안 형편이 없었고, 전혀 나아지지 않고 있다.

물론 놀라운 예외들이 있긴 하다. 예를 들어, 미국 최대 온라인 쇼핑몰인 자포스Zappos는 조직 문화가 자기에게 맞지 않음을 재빨리 간파하고 그만두는 직원에게 2000달러를 준다. 구글에서는 직원들이 각자 시간의 20퍼센트를 본인이 직접 선택한 프로젝트에 쓸 수 있다. 하지만 우리들 대부분은 결코 그런 회사나 그런 환경에서 일하지 못할 것이다. 여러분이 직장에 다니는 대다수에 속한다면, 여러분 회사는 여러분과 여러분의 작업상 욕구를 우선적으로 고려하는 것과는 거리가 멀 것이다. 이는 대기업, 중소기업, 비영리단체, 정부 등에도 똑같이 적용되는 현실이다. 유일한 차이는 조직의 목적과 태도상의 차이다. 중소기업과 비영리단체는 진심으로 여러분의 작업과 관련된 욕구들을 보다 많이 충족시키기를 바란다. 하지만 그들이 거기에 필요한 자원을 확보하기는 아무래도 힘들어 보인다.

우리의 욕구가 너무나 자주 무시되기 때문에 우리 대부분은 쉬운 쪽으로 업무에 집중하지 않는 방법을 택한다. 타워스왓슨Towers Watson, 갤럽Gallup 등과 기타 기관에서 수행한 직원의 업무 몰입도 연구를 보면, 전 세계의 직원들 중 20퍼센트 미만만이 자기 일에 전적으로 몰입하고 있었다. 체스 챔피언이나 전문 등반가, 과학자들 중에 자기가 하는 일을 몹시 싫어하는 사람이 있을까? 하지만 노동자의 80퍼센트는 대가를 받고 하는 일을 몹시 싫어하거나 어쩔 수 없이 참고 있다.

똑똑하게 시작하자

자기 회사 평가하기

0~5 사이의 점수를 선택하시오.

0: 우리 회사는 이 점에서 정말로 형편없다.

5: 우리 회사는 이 점에서 기막히게 좋다.

1. 우리 관리자는 내가 더욱 똑똑하고 신속하게 업무를 처리하는 데 도움이 되는 방식으로 정보를 조직화하고 공유한다.
2. 업무를 충분히 똑똑하고 신속하게 처리하는 데 필요한 사람이나 사물을 쉽게 찾을 수 있다.
3. 올바른 정보, 올바른 방법 등 업무 처리에 필요한 것을 얻기 쉽다.
4. 회사가 제공하는 업무 수단, 교육훈련, 절차 등이 사용하기 쉽다. 그리고 필요한 업무를 가능한 한 신속하게 처리할 수 있도록 해준다.
5. 우리 회사는 내 시간을 존중해주며, 이를 현명하고 효율적으로 사용하는 데도 신경을 쓴다.

평가 결과

0~5: 당장 그만둬라. 서둘러라. 아직 가능할 때 도망쳐라.

6~10: 공격적으로 해킹하라. 성공적인 경력 쌓기에 중점을 둬라. 향후 일자리 옵션을 늘려라.

11~20: 선택적으로 해킹하라. 팀과 회사가 가능한 효율적으로 일하게끔 돕는 데 집중하라.

21~15: 내가 그 회사에 들어가면 안 되겠는가?

그렇다면 일을 좋아하고 완전히 몰두하는 일부는 누구일지 생각해 보라. 해커들은 부분적으로는 해킹이 일을 좋아하게 해주기 때문에 해킹을 한다. 적어도 쓰레기 같은 업무들을 감당할 수 있게 해주기 때문이다.

기업이 자발적으로 하지 않으려 하는 것을 여러분은 할 수 있다. 엉망인 상황을 해킹으로 바꿀 수가 있다. 모든 해커의 혈관 속을 흐르는 열정 하나는 바로 '언제나 보다 나은 방법이 있다'는 변치 않는 믿음이다.

문제 2. 기업의 트로이 목마

여러분을 도와야 할 도구들은 사실 여러분을 통제하고 있다. 우리는 처음부터 해킹이 권력과 통제권을 재분배한다는 사실을 알고 있었다. 기업이 일터에서 통제권을 휘두르는 방법에는 여러 가지가 있다. 합병과 구조조정, 전략 계획과 예산, 정책, 절차, 공정, 해고, '적은 비용으로 더욱 많이 생산하라'는 칙령 등이 모두 포함된다. 모두 시장의 힘을 개인에게 곧장 전달하려는 목적으로 만들어진 것들이다.

우리는 해커들이 이런 힘을 우회한 방법들을 수집하는 작업에서 시작했다. 하지만 그런 과정에서 보다 중요한 것이 등장했다. 바로 기업의 트로이 목마. 여러분이 하는 모든 것에 은밀하게 퍼지고 있는 통제 방법을 말한다. 해킹 용어에서 트로이 목마란 좋은 무언가로 위장하고 컴퓨터의 통제권을 앗아가는 프로그램이다.

우리는 기업이 묘한 매력이 있지만 결국에는 이런 유의 해로운 트로이 목마를 여러분의 일상 업무 속에 집어넣는다는 것을 알게 되었다. 기업의 트로이 목마는 여러분의 업무 수단과 공정 등을 여러분에게 불리하게 이용하고 있다. 여러분을 돕는다는 미명 하에 만들어진 것들이 알고 보면 여러분을 통제하는 데 훨씬 유용하게 쓰이고 있다.

이는 책을 쓰기 위해 조사를 시작했을 무렵만 해도 생각하지 못한 문제였다. 우리가 처음 이쪽으로 관심을 돌리게 된 계기는 개리 콜링이라는 해커 때문이었다. 그는 베스트바이의 신규 플랫폼 관리책임자로 5장에서도 이미 언급했던 인물이다.

개리는 여러분도 회사에서 경험해봤을 법한 트로이 목마의 공격을 폭로한다. "왜 회사에서 제공하는 대부분의 툴을 이용하지 않고 우회합니까?"라는 질문에 개리는 이렇게 대답했다. "그래야 맡은 업무를 거기에 정말로 맞는 방식으로 처리할 수 있으니까요. 업무를 조직하는 방식이 중요합니다. 이는 내가 누구인가, 당신들이 누구인가, 우리 관계가 어떤가, 당신들 관계가 어떤가 등에 영향을 미칩니다. 무엇보다 그것은 당신이 할 수 있다고 믿는 것에 영향을 미칩니다. 산업혁명 초기부터 우리는 생계유지에 필요한 수단은 물론, 우리 능력을 규정하는 업무 수단들의 제공을 고용주에게 의존해왔습니다. 그들이 제공하는 수단은 우리 것이 아닙니다. 당연히 그들의 한계도 우리 한계가 아닙니다. 지난 100여 년 동안 그런 식이었지요. 지금도 그렇고요. 하지만 그런 흐름이 바뀌고 있습니다. 우리는 흐름이 바뀌는 변곡점에 있습니다. 업무를 처리하고 사람들을 조직하기 위해 이용하는 수단을 고용주들이 배타적으로 소유하거나 통제하던 시대는 지났습니다. 그런 수단들이 엄두도 내지 못할 만큼 비싸거나 복잡하지도 않습니다. 사실 요즘의 수단들은 저렴하고, 사용하기 쉽고, 누구나 접근이 가능합니다. 또한 35세 이하라면 누구나 구석구석까지 환히 알 만큼 그런 것들에 친숙합니다."

노동자들이 사방에서 회사의 업무 수단과 절차들이 얼마나 자기들의 욕구에 도움이 되지 않는가를 알아가고 있다. 그리고 일터 밖으로 나가 자기 업무에 대한 통제권을 되찾고 있다.

개리는 이렇게 결론을 내렸다. "회사에서 제공하는 만큼 좋은, 혹은 그것보다 나은 업무 수단에 직접 접근이 가능하다는 사실을 깨달으면 일하는 방식이 근본적으로 바뀌게 됩니다. '누가 내 관리자인가?' '관리자란 어떤 존재인가?'부터 시작해서 '일이란 무엇인가?' '왜 이런 식으로 일을 하는가?' 등 모든 것에 의문이 제기됩니다. 이런 의문에 답을 하다 보면 너무 많은 회사의 통제 때문에 원하는 방식대로 하지 못한다는 사실을 깨달을 것입니다."

이처럼 스스로를 제한할 수밖에 없게 만드는 업무 수단과 절차들을 제공하는 것이 바로 기업의 트로이 목마다. 우리가 가능과 불가능을 판단하는 방법은 이미 대부분의 일상 업무에 내재되어 있다. "글쎄요. 저는 30일 뒤에는 모든 메일을 삭제해야 합니다. 이쪽 팀과 일해야 하고 저쪽 팀과는 일하면 안 되고, 여기에 시간을 써야 하고 저기에는 안 되고, 프로젝트는 이렇게 관리해야 하고 저런 방법으로 관리하면 안 되고……. 그런 모든 것이 업무 수단과 절차 등에 이미 프로그램화되어 있습니다."

우리가 사용하는 수단은 결정을 내리고 업무를 처리하는 방식에 영향을 미친다. 심지어 선의에서 나온 인프라도 결국에는 업무 처리를 수월하게 하기는커녕 더욱 힘들게 만들 수 있다. 여러분이 업무를 처리하는 데 필요한 방법과 회사에서 정한 방법이 다르다면 말이다.

거듭 말하지만 여기에 악의는 없다. 어떤 회사도 여러분을 해코지하려고 덤비지 않는다. 직장 내에 감춰진 음모도 없다. 하지만 기업의 우선순위가 여러분을 예정된 길로 몰아갈 가능성이 높다. 회사 입장에서 예측 가능성과 수익성이 가장 높고, 관리하기도 수월한 결과로 이어지리라고 생각되는 길로 몰아갈 것이다. 이는 통제가 단순화된 기업이 우선시하는 사항 중 하나다. 업무 수단과 공정에 변형이 적다는 것은 복잡성이 덜하다는 의미다. 또한 여러분의 윗사람들이 일을 덜 해도 된다는 의미다.

우리가 업무 수행에 사용하는 인프라는 예산, 기획, 서열이다. 이는 여러분의 상사보다 중요한 통제 수단이 되어가고 있다. 여러분이 사용하는 업무 수단과 인프라는 얼핏 봐서는 보이지 않는 방식으로 여러분을 통제하고 있다. 때로는 무엇이든 가능하다고 상상하게 (그리고 상상 가능한 것은 무엇이든 할 수 있다고 상상하게) 풀어주기도 하고, 의도적으로 다른 누군가가 정해놓은 길로 가게끔 우리를 구속하기도 한다.

한편, 이것은 우리가 새로운 방식으로 일할 좋은 방편을 찾는 데도 도움이 된다. 여러분이 사용하는 인프라는 회사 시간을 귀하게 여기는 만큼이나 여러분의 시간도 소중하게 여겨야 한다. 또한 각자의 에너지와 아이디어들을 공유하기 쉽게 해야 하며, 여러분의 수고를 미리 정해진 길로 전달하는 것이 아니라 상상 가능한 것을 성취하게끔 도와야 한다. 현재 여러분 회사의 인프라는 그렇게 해주고 있는가?

| 속성 해킹

현장에서 듣는 우회 해법

21세기에 과학을 가져오라.

중간관리자인 매트의 말을 들어보자. "나는 대형 과학박물관에서 일하는데 하는 일이 정말로 마음에 듭니다. 과학에서 영감을 얻고, 배움에 대한 열정을 얻는 것은 누구에게나 중요하다고 믿으니까요. 하지만 가끔 일을 하는 과정에서 전통적이지 않은 기술, 때로는 사용이 전면 금지된 일부 기술들을 사용해야 합니다.

예를 들면 이렇습니다. 멀티미디어를 학습 툴로 사용하지만 직장에서 유튜브 사용은 제한되어 있습니다. 최근에 나는 모금용 비디오를 제작하라는 지시를 받았습니다. 자체 비디오 생산 장비를 가지고 5주에 걸쳐서 비디오를 만드는 대신, 하룻밤 동안 집에서 만들어 유튜브에 올린 다음 링크를 졸업생과 기부자들에게 보냈습니다. 과거 어느 때보다 반응이 좋았지요.

그리고 나는 구글 캘린더 같은 허락되지 않는 툴을 사용해서 일정관리를 합니다. 플리커를 이용해서 사진을 전송하고, 위키를 써서 공동 작업을 하지요. 편지함 용량이 너무 작아서 지메일 계정을 이용하여 업무 관련 메일을 저장하기도 합니다.

구매 및 회계 시스템도 폐쇄적입니다. 이와 관련해서는 관계를 이용하는 소프트 해킹을 시도했습니다. 회계부서 책임자와 점심을 같이하면서 구매 과정이 얼마나 복잡한가에 대한 이야기로 대화를 끌고 갔습니다. 회계부서 책임자는 내 계정에 손을 써서 구매를 쉽게 해주겠다고 했습니다. 그녀는 '당신은 원래 그런 걸로만 알고 있는 거예요'라는 경고와 함께 가벼운 윙크를 보내더군요."

해커들은 모든 업무 수단이 이런 모든 것을 이루어주어야 한다고 믿는 사람들이다.

문제 3. 직원은 고위험 직업이다

직원으로서 기업이 맞닥뜨리는 여러 위험과 시장의 힘에 최고 수위로 노출되어본 경험은 누구나 가지고 있을 것이다. 어떤 회사도 그런 상황에서 여러분을 보호해주지 않는다. 예전에는 보호해주었을지 모르지만 이제는 아니다.

브리티시에어웨이즈는 2009년 4만 명에 달하는 모든 직원에게 강제로 무급 근무를 제시했다. 최대 한 달까지 무급으로 일하라고 했다. 지구촌 곳곳의 대부분 산업에서 비슷한 시나리오들이 펼쳐지고 있다. '일자리를 지키려면 이전보다 훨씬 많은 것을 희생해야 한다'는 명제 아래 말이다. 이는 부인할 수 없는 현실이다. 과거 2년 동안의 신문 헤드라인을 살펴보면 '1931년 이래 다우지수가 이렇게 나빴던 적은 없었다' '새로운 실직자: 이번에는 다른 이유' '70년 만의 최악의 경제위기' '새로운 세계 질서의 토대가 불안하다'가 주를 이루었다.

어떤 이들은 2009년을 '직원이 우리의 최대 자산이다'라는 말의 죽음을 공식적으로 선언한 해라고 말한다. 실제로 2009년에는 비슷한 사례들이 수도 없이 일어났다. 페덱스가 3만 5000명 직원의 급여를 대폭 낮췄고, 엔터프라이즈 렌트-A-카$^{Rent-A-Car}$가 51년 역사에 빛나는 무해고 전통에 종언을 고했다. 그리고 디트로이트 구제금융안이 타결되었다. 하지만 실제 사망진단서는 2007년 1월 10일 경제 붕괴 직전에 이미 나왔다. 여러분의 옷장 안에도 사망진단서 조각들이 조금은 있으리라 생각된다.

2007년 1월 10일은 몰든밀스$^{Malden\ Mills}$가 파산하고 남은 자산으로 폴라텍LLC$^{Polartec\ LLC}$가 세워진 날이다. 몰든밀스는 어느 집 옷장에나 한두 개는 있을 플리스 소재 옷을 만든 회사다. 1995년, 몰든밀스

공장이 화재로 소실되었다. 당시 CEO인 아론 포이어슈타인^Aaron Feuerstein은 공장을 재건하는 3개월 동안 전 직원에게 봉급의 100퍼센트를 지급했다. 일도 없고, 만들어지는 상품도 없고, 들어오는 수입도 없었지만 봉급을 지급한 것이다. 당시 그의 행동은 직원을 사랑하는 모범 사례로 널리 칭송을 받았다. 하지만 2001년 포이어슈타인은 채권자들에게 회사 지배권을 뺏겼고, 그가 애써 보호했던 일자리 대부분이 중국 연안으로 이동했다. 2007년 재정 부족에 시달리던 회사는 퇴직연금 계획까지 포기했고, 1500명 직원들은 깨진 약속 이외에 아무것도 없이 허허벌판에 남겨졌다.

몰든밀스에 일어난 일이 나머지 미국 기업들에서 한 번에 일어나는 데는 10년의 세월이 걸렸다. 엄청난 변화의 시기였던 2009년, 최악의 경제위기 속에서 아이러니하게도 '직원이 우리의 최대 자산이다'라고 선언하는 새로운 흐름이 나타났다. 홍보에 좋다는 통념 때문이었다.

회사에서 단기적으로 필요로 하는 것을 일종의 약속이라고 혼동하지 마라. 직원은 버스에서 바퀴를 계속 돌리는 그런 존재일지는 모르지만, 때가 되면 항상 아래로 내쳐진다. 직원은 회사가 위기에 봉착하면 제일 먼저 희생되어야 하는 자산에 포함된다. 2010년까지 살아남은 대부분의 회사들이 그렇게 했다. 회사의 생존이 거기서 일하는 누구보다 훨씬 중요하다는 사실을 몸소 입증하면서 말이다. 이를 엉망인 경제나 회사 탓이라고 비난하지 마라. 경제위기는 우리가 근거 없는 믿음에서 깨어나 현실을 받아들일 수밖에 없는 여건을 조성했을 뿐이다.

회사들은 생존을 위해 싸울 권리와 의무가 있다. 여러분 혹은 여러분의 친구를 내보내야 하는 상황에서 이를 행하는 것이 곧 리더십이었다. 직원을 가족처럼 생각하는 소규모 회사에서도 결국 직원은 가족이 아니다. 그들도 회사를 구하기 위해 나가야 한다.

이를 받아들여라. 누군가의 직원이 됨으로써 얻는 안전 보장 따위는 없다. 자본주의 운용 방식에 과감한 변화가 없다면, 현대 사회에서 자신의 성공과 회사의 성공을 연계시켜 생각하는 일은 바보들이나 하는 생각이다.

예전에는 위험이 따르는 기업가보다 안전한 상황을 바랐다. 때문에 누군가의 직원이 되는 길을 택했다. 직원이 되는 편이 보다 안전했기 때문이다. 그리고 예전에는 여러분의 연륜, 전문성, 리더십 역량이 중요했다. 회사에 대한 충성심이 중요하고 실적이 중요했다. 하지만 이제는 이들 중 어느 것도 중요하지 않다. 초인적인 성과를 냈다가도 다음 날 쫓겨날 수 있다. 회사에서 약속한 의료나 연금 혜택이 전혀 없는 스톡옵션만 안고 내팽개쳐질 수도 있다. 이제는 직원과 시장의 힘 사이에 완충 장치도 전혀 없다. 기업가나 대주주는 상황이 어떻게 돌아가야 하는가에 대한 발언권이라도 있지만 직원인 여러분에게는 그런 발언권도 없다. 온갖 결과를 직접 체감해야 하지만 결과에 영향을 미칠 수단이 없다.

이제는 누군가의 직원이 되는 것이 가장 높은 위험에 노출될 가능성이 있다는 의미가 되었다. 대부분 회사들이 시장의 어떤 변동성이든 직접적으로 직원들에게 전달되도록 회사를 재설계하고 있다. 이런 과정에 지연이나 망설임 따위는 없다. 고용주와 직원 사이에 이루어지는 고용 계약이 전적으로 회사에 유리하게 진행되고 있다.

〈타임스〉는 2009년 기사 '실업 국가 Unemployed Nation'에서 다음과 같이 지적했다. "미국은 지금 대공황 이래 가장 끔찍한 고용지표에 직면했다. 고용지표가 문제가 되는 것은 규모 때문만은 아니다. 이는 세계화와 기술, 금융위기 등에 의해 형성된 노동시장이 과거에 보던 것과 근본적으로 다르기 때문이기도 하다. 이런 일자리 위기는 일하는 방식과 이유에 대해서, 만족스러운 고용에 대해서, 우리 모두가 최고의 기량을 발휘할 수 있고 그래야 하는 일자리들에 대해서 깊이 생각해볼 기회를 제공한다."[1]

몇 달 뒤 〈비즈니스 위크〉는 '일회용 노동자 The Disposable Worker'라는 제목의 기사를 내보냈다. 동시에 〈월스트리트 저널〉에서는 "성장이 6년 만에 최고치를 기록했다. 하지만 고용주들은 여전히 고용에 신중한 태도를 보이고 있다"고 지적했다. 그런 이야기는 그만 하면 충분하다.

그렇다면 어떻게 해야 할 것인가? 정부나 기업이 깊이 생각해서 새로운 접근을 해주기를 마냥 기다릴 수는 없다. 각자의 고용 환경을 바꾼다고 모든 사람이 기업가, 프리랜서, 고액의 퇴직금을 챙기는 임원이 될 수도 없는 노릇이다. 아무튼 우리 중에 다수는 직원으로 남아야 한다. 그러므로 노사 계약이 바뀔 때까지는 누군가의 직원이 되는 것은 고위험 직업으로 남을 것이다.

여러분이 지금 누군가의 밑에서 일하는 직원이라면 다음 5가지 옵션이 있다.

1. 운이 좋다. 선별된 소수 회사들은 이미 고용 계약서를 고쳐 쓰기 시작했다. 그런 곳을 찾아라. 당신은 소중하기 때문이다.
2. 위험을 받아들여라. 가능한 한 좋은 일자리를 잡고 항상 기도하라.
3. 해킹으로 위험을 바꿔라. 가능한 해킹으로 계약 내용을 바꿔라. 해킹을 통해 업무 툴과 절차 등이 회사의 욕구만이 아니라 여러분의 욕구도 충족시키게끔 하라.
4. 부업으로 사업체를 운영하라. 정규직 일자리를 잡되, 부업으로 작은 사업체를 차려 만일의 사태에 대비하라.
5. 위에서 제시한 3번과 4번을 결합하라.

사실 운을 바라는 것은 믿을 만한 전략이라 볼 수 없다. 그러므로 누군가의 직원이 되어야 한다면 우리가 권하는 최선의 전략은 5번이다. 해킹을 통해 본업을 성공적으로 수행하는 데 필요한 것들을 확보하고, 부업으로 작은 사업체를 운영하는 꿈을 추구할 시간과 에너지를 확보하라.

불쌍한 희생자가 될 것인가, 스스로 방패를 만들 것인가?

기업은 사용자 중심이 아니다. 기업에서 우리가 사용하는 모든 업무 수단은 알고 보면 통제에 초점을 맞춘 트로이 목마들이다. 누군가의 직원이 된다는 것은 고위험에 스스로를 노출하고 이를 받아들인다는 뜻이다. 이런 상황은 우리 모두에게 스스로의 운명 통제와 관련

> **속성 해킹**
>
> ### 현장에서 듣는 우회 해법
>
> **케이블 없이 언제 어디서나 업무를 본다.**
> 낸시가 다니는 회사는 무선 네트워크 사용이 너무 큰 보안 위험이라고 보았다. 회사의 이런 결정 때문에 저렴하고 쉬운 대안이 있는데도, 인터넷을 사용할 때마다 번거롭게 케이블을 꽂아야 했다. 낸시는 바보 같은 짓이라고 생각했다. 그래서 베스트바이에서 무선 AP를 구매해 책상 밑의 문서보관함 뒤에 설치했다. 그리고 믿을 만한 동료들에게 비밀번호를 알려주었다.
> 덕분에 진취적이고 의욕이 넘치는 동료들이 사무실 어디서나 일을 할 수 있는 환경이 조성되었다. 모두의 생산성이 증대되었고 업무 이외에 각자의 삶에 대해 고민할 시간도 많아졌다.
>
> **변화에 유리하게 공정을 살짝 조작한다.**
> 에릭은 세계 최대 제약회사 중 한 곳에서 정보통신 기술을 이용한 이러닝e-learning을 담당하고 있다. 알다시피 이러닝은 아주 빠르게 변화하는 분야다. 그렇다 보니 기존에 자리를 잡은 업체들이 자사의 요구 사항을 만족시키는 경우는 드물다.
> 하지만 회사 구매정책에 따르면 그들을 선택할 수밖에 없다. 적어도 처음에는 그랬다. 하지만 그렇게 하면 관련자 모두에게 엄청난 시간낭비가 될 것이다. 그래서 에릭은 기존 업체들이 물러나고, 업무에 적합한 업체들을 쓸 기회가 보장되도록 제안 요청서를 작성했다.

된 선택을 강요하고 있다. 세계경제와 여러분의 회사는 여러분이나 여러분의 이익에는 신경을 쓰지 않는다. 이는 확실하다. 오로지 여러분만이 스스로에게 관심을 가질 수 있다.

해킹이 최선의 선택일까? 통제권을 되찾을 최선의 방법일까? 많은 이들에게 해킹은 최선의 선택이면서, 유일한 선택이 되어가고 있다.

몇십 년 뒤에는 기업이 지금까지 말한 중대한 문제점들을 고칠지도 모른다. 그러는 사이 우리는 선택을 해야 한다. 이런저런 세력들 속에서 아무 소리 못 하고 있을 것인가, 아니면 자신을 지키고 최선의 결과를 보장하기 위해서 행동할 것인가?

| 8장 |

미래의 4가지 흐름

전혀 필요 없는 업무를 효율적으로 하는 것만큼 쓸모없는 짓도 없다.
— 피터 드러커Peter Drucker, 경영 이론가

해커를 위한 미래의 새로운 흐름 4가지

권력자들이 새로운 가능성을 보려면 누군가의 도움이 필요할 때가 많다. 카를로스는 아주 재능 있는 IT 보안 전문가다. 고객들의 시스템 파괴나 외부로부터의 침투를 막는 일을 돕는다. 얼마 전에 카를로스는 대형 신용카드회사의 주문처리센터에 보안 시스템 설치를 권했다. 그쪽 시스템이 극도로 취약하다는 사실을 알았고, 아무것도 모르고 해당 회사 신용카드를 사용하는 일반 고객들에게는 억울한 일이라고 생각했기 때문이다(아마 여러분 지갑에도 그쪽 회사 카드가 하나씩은 있으리라고 생각한다). "고위경영진은 우리 서비스가 필요하지 않다고 생각했습니다. 기존 시스템이 100퍼센트 안전하다고 자신했지요." 카를로스가 당시를 회상하며 말했다.

"그래서 나는 그쪽 회사 고객 페이지로 들어갔습니다. 내 노트북을

똑똑하게 시작하자

해커가 결과에 영향을 미칠 4가지 새로운 흐름

1. 디지털 이용 기록이 중요해진다. 기업이 우리의 호흡, 행동 하나하나까지 모두 포착하고 분석하는 것이 괜찮다고 생각하는가? 해커들은 사전에 적극적으로 자신의 평가 척도들을 관리한다. 그리고 자신과 관련 있는 정보 활용에서도 보다 많은 통제권을 갖는다.

2. Y세대가 티핑 포인트에 도달한다. Y세대는 개인 효율성을 중요시한다. 현재 리더들이 개인 효율성에 대한 Y세대의 이런 관심을 저지하지는 못할 것이다. 또한 Y세대는 이전 세대들처럼 해킹을 윤리적 딜레마로 생각하지 않는다. 업무를 훌륭하게 해내는 데 필요하다면 얼마든지 해킹을 할 것이다.

3. 직장에 공동 창조의 시대가 온다. 해커들은 회사 구조며 업무 수단에 대해 실제로 '도움이 되는 방향으로' 설계하는 방법을 어떤 임원들보다 많이 알고 있다. 회사가 '더 많이, 좋게, 빠르게, 저렴하게'라는 모토를 진지하게 생각할수록, 해커 직원들이 나서서 업무 설계를 바로잡는 일이 쉬워질 것이다. 또한 그런 생각을 가진 리더라면 기꺼이 학생이 되어 해커들에게서 배우려 할 것이다.

4. 급진적 투명성이 곳곳에서 발전한다. 우리는 전례 없는 방식으로 새로운 미디어를 활용하는 시대에 살고 있다. 새로운 미디어 덕분에 쉽게 뜻을 모아 한목소리를 낼 수 있고, 전에는 불가능했던 다양한 방식으로 변화를 요구할 수 있다. 여러분도 그렇게 하고 싶은가? 그렇다면 이미 그렇게 하고 있는 해커 대열에 동참하라.

들고 그쪽 회사 로비에 앉아서 그들의 무선 네트워크에 접속했습니다. 그리고 우리 회사 보안 소프트웨어를 써서 고객들의 실시간 신용카드 거래 내역을 끌어와 임원들에게 메일로 보냈습니다. 내가 무엇을 했고, 그것이 얼마나 간단하고 쉬웠는지를 알려주는 메모도 곁들였지요. 회사 로비에 앉아 모든 일을 처리했습니다. CEO가 곧장 나를 만났고, 얼마 뒤에 우리는 계약을 따냈습니다."

해커들은 아직 실현되지 않은 무한한 가능성에 익숙할 뿐만 아니라 기존 인프라의 결점을 찾아내는 데도 워낙 익숙해서 관리직에 있는 사람들을 포함하여 다른 이들에게는 보이지 않는 것들을 능숙하게 본다.

7장에서 우리는 직원들의 입장에서 현재 고장 난 부분, 문제가 있는 부분이 무엇인지 살펴보았다. 여기서는 앞으로 다가올 4가지 새로운 흐름을 살펴보고자 한다. 우리 안의 해커들에게는 이미 보이는, 일의 양상을 바꿀 새로운 경향이다. 최종 결과에서 해킹이 중요한 역할을 할 가능성이 높은 부분이므로 여러분에게는 새로운 기회가 된다고 볼 수 있다.

미래는 해커들의 것이다.

흐름 1. 디지털 이용 기록이 중요해진다

무엇이 바뀌고 있는가? 우리를 통제하려는 기업의 다음 전쟁은 공격적으로 우리의 디지털 이용 기록 digital footprint을 포착하고 감시하는 것이다.

그런 변화 때문에 무엇이 달라질 것인가? 우리의 하루하루 행동과 결정에 따라 양산되는 수많은 데이터들이 우리 의지와 상관없이 수집되고 분석될 것이다.

누가 얻고, 누가 잃는가?[1] 신중하지 않으면 고용주가 여러분에 대해 훨씬 많은 통제권을 얻는다. 하지만 해커들은 3가지 핵심 전략을 구사하여 스스로의 정보를 관리하고 어느 정도 통제권을 되찾아 올 것이다.

　최고의 기술에 더없이 좋은 의도를 가졌어도 실제로 여러분을 알지 못한 채로 여러분이 남긴 자료만을 추적하는 누군가는 그것들이 말해주는 내용을 오해할 수 있다. 그리고 그로 인해 여러분의 삶이 엉망이 될 수 있다. 하산 엘라히 Hasan Elahi가 말하는 최악의 시나리오에서 이를 알아보자.

　엘라히는 러트거스대학 미술학과 교수다. 그의 삶은 2002년 6월, 완전히 바뀌었다. 당국의 오해로 디트로이트 공항 검색대에서 붙잡혀 이민귀화국 구류 시설에 억류된 채로 FBI의 취조를 받았다. FBI는 엘라히를 9·11 테러와 연관된 테러분자로 의심했다. 하지만 몇 달이 지나서야 실수로 인한 착오였음을 인정하고 엘라히를 풀어주었다. 엘라히의 신상 명세가 부정확하게 수집되었고, 완전히 잘못 해석되었다. 이런 과정은 그의 경력과 개인 생활에 회복 불가능한 타격을 주었다. 쉽게 말해 하나의 사무적 착오 때문에 이 모든 비극이 빚어진 것이다.

　이제 엘라히는 그런 일이 재발하지 않도록 트래킹트랜션스닷넷 TrackingTransience.net에 자신의 모든 생활을 올려 공개한다. 엘라히는 자기 생활과 관련된 모든 사진과 컴퓨터 스크린 캡처 등을 사이트에 올린다. 무엇을 먹었는지, 어디에 있었는지, 그가 쓰는 욕실은 어떤지, 각종 명단, 영수증 등 모든 것을 말이다. 사이트에 올린 글과 사진들을 보면 매순간 자신이 어디에서 무엇을 하는지를 입증할 수 있다.

물론 여러분의 직장 신상명세가 그런 문제를 야기하거나 엘라히처럼 대응해야 하는 극단적인 상황을 만들 확률은 높지 않을 것이다. 하지만 여기서 배워야 할 직장 생활의 교훈은 무척 중요하다. 지금 이 순간에도 여러분 혹은 여러분의 상황을 알지 못하는 소프트웨어 판매회사가 여러분의 디지털 이용 기록을 포착할 방법을 찾고 있다. 여러분의 로그인 시간, 이메일 사용 습관, 소셜 네트워크, 프레젠테이션, 여러분이 받는 교육 등 많은 것들을 찾고 있는 것이다. 여러분의 상사는 이런 수치들을 보고 훨씬 공격적으로 여러분을 통제할 수 있다. 그런데도 여러분은 그런 자료가 어떻게 이용되는지, 그런 소프트웨어가 상사에게 어떤 영향을 주어 어떤 결정을 내리게 할지 등을 전혀 통제할 수 없다. 그야말로 속수무책이다. 그런 상황이 괜찮은지, 아무 문제가 없는지를 먼저 판단해야 한다. 만약 괜찮지 않다면 어떻게 해야 할지에 대해서도 생각해봐야 한다.

엘라히의 말을 들어보자. "우리가 자신의 정보를 통제하지 않고, 스스로를 정의하지 않으면 타인이 우리를 대신해서 우리를 규정할 것입니다."

우리가 남긴 자료와 수치를 가지고 우리를 통제하고 정의할 완전히 새로운 방법들이 속속 등장하고 있다. 업무 시간은 얼마나 되는지, 얼마나 많은 제품들을 만들거나 판매하고 있는지 등을 파악하는 방법은 기본이다. 여기에 정확한 디지털 수치와 척도들이 더해지면서 고용주들에게 우리에 대한 완전히 새로운 시각을 제공하고 있다.

우리의 호흡, 행동 하나하나, 우리가 어긴 규칙은 물론 내딛는 걸음걸음까지 그들은 모든 것을 감시하고 있다. 수많은 측정점$^{\text{data point}}$들을 조사하고 분석하면서 감시한다. 구체적으로 살펴보자면 다음과 같다.

- 이메일, 음성 메일, 인스턴트 메시지, 트윗 등에 대한 평균 응답 시간.
- 주중에 여러분이 가장 생산적으로 움직이는 날, 하루에서 가장 생산적인 시간.
- 여러분의 소셜 네트워크 구성원, 지난해에 그들 중 누가 여러분을 가장 많이 도왔는지, 누가 가장 적게 도왔는지에 대한 정보.
- 여러분의 BMI(체질량 지수로 여러분이 얼마나 살이 쪘는지까지도 감시 대상이다. 식료품 체인점인 세이프웨이^{Safeway} 직원은 누구라도 BMI 30 이상이면 건강관리에 신경을 써야 한다).

포착하고 분석 가능한 것이면 무엇이든 우리를 통제하는 데 이용될 수 있다. 또한 그들이 생각하기에 마땅하다 싶은 방식으로 일하게끔 강제하는 데 이용될 수 있다.

'실적 분석' '실적관리 소프트웨어' 등을 검색해보면 우리가 말하는 것들이 아직까지는 완전히 현실화되지는 않았다는 사실을 알게 될 것이다. 그래도 소프트웨어 제공업체들은 어떤 방법이 자료 수집에 가장 효과적인가에 맞춰 일을 하고, 기업 리더들은 수집한 자료를 어떻게 이용할까를 고민하고 있다.

　인적자원연구소Human Capital Institute의 최근 연구 결과를 예로 들어보자. 연구소에서 조사한 회사 중에 절반 정도가 직원별로 이미 수집한 실적 자료와 업무상 필요한 기술을 연결시키지 못하고 있었다. 아직까지는 '자료 따로, 정책 따로'라는 말이다. 그래도 견딜 수 없이 괴로운 현실은 기업은 직원에게서 가능한 한 모든 생산성을 짜내야 하고, 직원의 디지털 이용 기록을 상세히 조사·분석하는 것이 거기에 도움이 된다 싶으면 그렇게 할 것이라는 사실이다. 2009년 IBM은 'CIO가 들려주는 새로운 목소리The New Voice of the CIO'라는 주제로 연구를 진행하면서 2500명이 넘는 CIO들을 인터뷰했다. 미래를 준비함에 있어서 가장 중요하게 생각하는 계획을 말해달라는 질문에, 그들은 비용절감 노력과 더불어 실적 분석 및 기업 정보 수집 활동을 최우선으로 꼽았다. 사용자 중심으로의 전환, 즉 직원들의 욕구에 초점을 맞춘다는 발상은 아예 목록에 포함되지도 않았다. 말하자면 우리 앞에 놓인 미래는 엄청나게 확대되고 세분화된 실적관리다.

　이것이 우려되는 이유는 기업이 결국에는 이런 접근법을 완성하리라고 생각해서가 아니다. 그들은 아마도 그러지 못할 것이다(바닥을 치기 몇 달 전까지도 금융 및 신용 위기를 잘 관리하고 있노라고 장담했던 그들임을 잊지 마라). 그들이 그런 노력을 경주하는 동안 우리는 그들의 기니피그가 되어 고통을 받아야 하기 때문이다. 그들이 몽매에도 잊지 못하는 성배는 우리를 관리할 보다 적합한 수치들을 찾아내는 것이다. 그들이 힘들게 길을 찾아가는 동안, 우리는 새로운 도구와 절차로 우리를 옭아

매는 온갖 새로운 지시와 엉터리 업무에 시달려야 한다.

여러분이 디지털 기술 면에서 네안데르탈인쯤 되는 환경에서 일한다 해도 결코 안전하지 않다. 좋든 싫든 우리 모두는 노동 생태계^{work} ^{ecosystem}의 일부이고 거기서 자유롭지 않다. 그러므로 이런 흐름이 외부 판매자, 고객, 심지어 경쟁자들과 여러분의 관련을 통해서라도 어떻게든 여러분의 행적을 추적하는 데 사용될 것이다. 어떻게든 회사는 여러분의 디지털 이용 기록을 추적하고 기록할 것이다.

직장에서의 디지털 이용 기록을 사생활에서 신용 점수처럼 생각하라. 합산 방법과 활용 방법은 다른 누군가가 통제하지만, 이는 여전히 우리의 프로필이다. 그러므로 우리가 나서서 가능한 것들을 적극적으로 관리해야 한다. 그것이 결국에는 우리를 평가하는 데 활용될 것이기 때문이다.

해커들은 자신의 정보를 관리하고 통제권을 되찾기 위해 다음 3가지 핵심 전략을 사용한다. 첫째, 근무 여건을 협상한다. 대다수 회사들은 일부러 직원들의 디지털 이용 기록을 추적하고 관리하는 방법을 감춘다. 영리한 신입사원들은 이에 맞서서 나름의 자구책을 내놓고 있다. 방법은 간단하다. 본인들의 실적관리 및 평가와 관련하여 어떤 부분이 디지털상으로 축적되며, 출처가 어디인지를 솔직하게 묻는 것이다. 이렇게 하면 이어지는 두 번째 전략에서도 보다 나은 위치를 점할 수 있다. 이런 소프트해킹은 아직까지는 드물다. 하지만 기업의 디지털 이용 기록 활용이 증가함에 따라 직원들 사이에 인기를 얻을 가능성이 높다.

둘째, 긍정적인 것들을 부각시킨다. 직장 밖에서 우리는 소셜 네트워크를 규합하고 그들을 이용해서 온라인에 긍정적인 리뷰들을 올리게 하는 방법을 알고 있다. 그렇지 않은가?

같은 일을 직장에서도 하라. 예를 들어, 회사가 추적하는 평가 척도 중에 하나가 소셜 네트워크를 사용하는 능력이라고 생각해보자. 그래서 여러분과 알게 됨으로써 그들의 업무 처리가 어떻게 달라졌는가를 여기저기 올리게 하라. 반응 시간이 중요하다면, 중요한 고객이나 친한 동료에게 여러분이 얼마나 빠르게 응답하는가를 언급하게 하라. 회사에서 수집한 정보에 따르면 여러분의 평균 반응 시간에 개선의 여지가 있다고 해도, 중요한 사람들에게서 새로운 정보가 추가된 셈이다.

회사가 이런 것들을 알아서 찾아내리라고 생각하는 소극적인 자세를 버려라. 정해진 인사고과 시기에 앞서 이런 자료들을 묶어서 중요한 관리자들에게 보내라. 그것들을 온라인에 올리면 더욱 좋다. 물론 핵심 인물들이 확실하게 찾아볼 만한 그런 공간이어야 한다.

1번과 2번 전략은 회사에서 원하는 것을 알고, 민첩하게 반응하는 데 초점을 두는 해킹 방식이다. 하지만 여러분의 목표가 자신의 운명에 대한 통제권을 되찾는 것이라면, 전략도 달라져야 한다.

셋째, 디지털 이용 기록의 양을 줄여라. 5장에서 개리 콜링이 했던 충고를 다시 생각해보라. 그는 회사에서 사용했으면 하는 도구나 절차가 무엇이든, 가능하면 그와 별개로 자신만의 도구 세트를 만드는 것이 좋다고 했다. 회사 인프라로부터 독립적일수록 업무 방식을 스스로 통제할 여지가 많아진다. 회사 인프라 사용은 또한 이용 기록을 남긴다.

　회사에서 제공하는 툴과 절차들을 많이 사용할수록 디지털 이용 기록의 양은 많아질 것이다. 이는 우리를 통제하는 데 사용될지 모르는 회사 소유 수치들이 많아진다는 의미다. 우리가 자신만의 도구를 많이 사용할수록, 회사 절차를 해킹하여 우회할수록, 우리가 남기는 디지털 이용 기록의 양은 줄어들 것이다. 이는 평가 척도, 프로젝트, 팀, 생활에 대한 우리 자신의 통제권이 커진다는 의미다.

　물론 우리는 항상 그들 인프라의 일부분에 갇혀 있을 것이다. 그리고 우리 이용 기록의 일부를 영원히 그들의 통제하에 남겨둘 것이다. 예를 들어, 맥도날드 매장 지배인은 회사가 정한 틀에서 크게 벗어날 수가 없다. 그녀가 만드는 햄버거 하나, 한숨 돌리는 순간들까지도 회사 인프라를 통해서 엄중하게 관리되고 있다.

　하지만 가능한 것들을 해킹하라. 중요한 의사소통이 회사의 셰어포인트SharePoint 서버가 아니라 지메일 같은 외부 서버를 통해서 진행된다면, 회사 입장에서는 직원들의 의사소통 자료를 캐내거나 메일함 크기로 통제하기가 한층 어려워질 것이다.

　중요한 회사 자료를 오용(혹은 분실)하는 일은 금물임을 명심하라. 하지만 지금까지 살펴본 바에 따르면 인사부에서 5년 전부터 밀고 있는 업체의 툴을 쓰기보다는, 구글이나 오픈소스 제공자들의 툴을 쓰는 편이 낫다. 스스로 디지털 이용 기록을 관리하는 것은 얼마나 성공적이냐와 상관없다. 향후에 누가 우리와 우리 업무를 규정하느냐라는 중요한 함의를 가지는 것이 문제다.

흐름 2. Y세대가 티핑 포인트에 도달한다

무엇이 바뀌고 있는가? Y세대(1980년대 초반 이후에 태어난 사람들)가 임계질량에 도달하여 일터에서 무시할 수 없는 세력이 된다.

그런 변화 때문에 무엇이 달라질 것인가? 산업혁명 이래 처음으로 노동력의 다수가 조직의 욕구만큼이나 개인의 생산성에 대한 욕구에도 관심을 가지게 될 것이다. 개인 생산성이라는 목표 달성을 위해 그들은 해킹하는 쪽을 택할 수도 있고 그렇지 않을 수도 있다. 하지만 Y세대에게 해킹은 윤리적인 딜레마가 아닐 것이다. "해킹은 하나의 옵션일 뿐입니다. 해킹이 필요하다면 받아들여야지요."

누가 얻고, 누가 잃는가? 사고 면에서 이런 변화를 받아들이는 방법을 터득한 회사들이 그렇지 못한 회사들에 비해 중요한 경쟁우위를 누리게 될 것이다. 누구나 이를 이해하는 회사에서 일하고 싶을 것이다. 전염병처럼 퍼지는 Y세대의 사고를 좋아하지 않는 그런 회사들을 피하라.

수 헤닝스Sue Henninges는 MFS인베스트먼트매니지먼트에서 학습 및 개발 분야를 담당하는 고참 컨설턴트다. MFS인베스트먼트매니지먼트는 미국 최초로 뮤추얼펀드를 설정한 회사다. 수는 좀 더 젊게 생각할 필요가 있음을 깨닫게 되었다. 그래서 팀원들에게 Y세대의 영향과 그들의 업무 해킹이 일터를 변화시키는 방법을 깊이 생각해보라고 했다. 또한 그녀는 노스이스턴대학 산학협동 프로그램의 일환으로 MFS인베스트먼트매니지먼트에 와서 일하던 학생, 비잔 잔드보드Bijan Zandbod의 관점에 결국에는 동의하게 되었다.

수(베이비부머 세대)는 비잔에게 이렇게 말했다. "나이가 있는 노동자들은 Y세대의 개인 효율성에 대한 주장을 무례하다고 오해합니다. 이 젊은이들은 본인들의 능력을 증명할 시간이 아주 짧습니다. 그들은 회사가 장벽을 제거하거나 필요한 것을 가져다줄 때까지 몇 주나 몇 달씩 기다리지를 못합니다. 우리의 대화에서 내가 뽑아낸 핵심은 융통성이 중요하고, 저마다의 욕구에 맞추는 것이 중요하다는 겁니다. 업무 과정에서 훨씬 많은 부분이 협상의 여지가 있어야 하고, 융통성이 있어야 합니다. 하지만 결국 중요한 것은 결과지요."

한편, 비잔(Y세대)은 이렇게 말했다. "업무 해킹에 대한 내 생각은 그건 단지 효율, 개인의 효율 문제라는 것입니다. 이는 우리의 신념이나 태도의 문제가 아닙니다. 그저 가능한 한 빨리 일하고, 많이 배워야 한다는 현실에서 나오는 겁니다. 우리는 CEO를 비롯해서 어떤 리더도 숭배하지 않습니다. 그들이 우리가 접근하기 힘든 대상이라 생각하지도 않고, 우리의 참여를 막는 규칙을 정할 권한을 가지고 있다고 보지도 않습니다. 오히려 우리는 그들을 미래의 나라고 생각합니다. 말하자면 우리는 그들을 접근 가능한 존재로 보고, 실제로 그들에게 다가갑니다. 가능한 한 빨리, 많은 것을 배우기 위해서입니다. 특히 무엇이 되었든 효과가 없는 것을 바꾸기 위해, 모든 것을 효율적으로 만들기 위해서입니다. 내가 여기서 끌어낸 가장 중요한 핵심은 현재 리더들이 개인 효율성에 대한 우리 세대 전체의 관심을 막지는 못하리라는 사실입니다. 개인 효율성은 우리가 자신의 가치를 정의하고 생각하는 방식과 직결됩니다. 뭔가가 그만한 가치가 있으면 우리는 즉시 알아채고, 반대의 경우도 마찬가지지요. 어떤 일이 우리 시간과 노력을 투자할 가치가 있는지 없는지도 마찬가지입니다. 대부분 회사에서 진행되는 많은 것들이 비효율적이고 투자할 가치가 없지요."

해킹 자체를 포함한 우리의 연구는 Y세대의 2가지 진실을 드러낸다. 수와 비잔의 대화는 우리가 2008~2009년 사이에 주관하여 세계 곳곳에서 진행한 350건이 넘는 대화들 중에 하나다. 노동의 세계에 대한 Y세대의 영향, 구체적으로 선의의 해킹과 관련한 그들의 영향을 보다 잘 이해하자는 취지에서 기획된 대화들이었다. 예를 들어, 돈 탭스코트Don Tapscott의 저서 《디지털 네이티브Grown Up Digital》같은, 다른 이들의 연구 결과에서 출발하여 우리는 Y세대 현상으로서 해킹을 조사하고 싶었다. 탭스코트의 말대로 Y세대는 디지털 네이티브 세대라고 불러도 무리가 없을 것이다. 퓨리서치센터Pew Research Center의 2010년 '퓨 인터넷 & 미국인 생활 프로젝트'에 따르면 12~17세까지 청소년의 93퍼센트가 정기적으로 인터넷에 접속한다. 요즘은 이들을 학교까지 데려가는 일부 스쿨버스에도 와이파이 중계기가 장착되어 있다. 그리고 교사들은 위키와 스마트폰을 비롯해 접근 가능한 여러 디지털 매체를 이용해서 요즘 아이들의 학습 스타일을 충족시키려고 한다. 아직 밝혀지지 않은 의문은 이렇다. '그들이 시스템의 헤비 유저 수준을 넘어설 것인가? 그리하여 적극적으로 시스템을 통제하려 할 것인가?'

우리의 가설은 이들은 해커들의 세대라는 것이었다. 총체적인 정보 민주화 안에서 성장한 최초의 세대는 그들을 방해하는 것은 무엇이든 확실하게 바꾸려들 것이다.

우리 가설은 부분적으로는 정확히 옳았지만, 부분적으로는 완전히 틀렸다. 우리는 조사 자체를 해킹에서 시작했다. 일단 해킹을 통해 대학과 취업 관련 사이트 데이터베이스에서 이메일 주소들을 끌어왔고, 35만 명이 넘는 잠재적 참가자 목록을 얻었다. 결과적으로 우리는 대략 한 시간 정도를 투자해서 800명이 넘는 Y세대 인터뷰 참가자를 확보했다(그렇다. 이는 해킹이다. 최고로 좋은 개인 효율성을 보여주는 해킹이다). 이어서 우리는 이들 Y세대를 이미 우리 데이터베이스에 있던 베이비부머 및 X세대와 짝을 지웠다. 우리는 모두 합쳐서 350개가 넘는 베이비부머, X세대, Y세대의 대화를 주관했다. 두 명만 참여하는 온라인 채팅부터 직장에서 Y세대와 해킹의 영향을 면밀히 검토해보자는 목적으로 기획된 직원 전체가 참여하는 워크숍까지, 규모와 형식이 다양한 대화들이었다.

해킹워크닷컴에 가면 그런 대화의 일부와 기타 내용들을 볼 수 있다. 하지만 여기서는 이를 통해 얻은 2가지 결론만을 소개하겠다.

첫 번째 결론은 Y세대는 언제, 어떤 식으로든 해킹이 필요할 때만 자신들의 일을 해킹할 의지가 있다는 것이다.

Y세대가 자신들의 개인적인 생산성을 가로막는 것을 해킹하리라는 비잔의 결론은 우리가 찾은 결론과 부합한다. Y세대가 생산성을 정의하는 방식은 이렇다. 만약 한 가지 절차를 우회하면, 베이비부머 부

모들처럼 주말과 밤까지 일하지 않아도 된다고 치자. 그런 경우 Y세대는 두 번도 생각하지 않고 그런 해킹을 감행할 것이다.

직장에서 Y세대의 해킹 영향은 매우 크다. 우선 그들은 자신을 방해하는 대부분의 것을 우회하는 툴과 기술 면에서 과거 어느 세대보다 많은 것을 갖추고 있다. 하지만 더욱 중요한 것은 그들이 이런 우회 방법을 윤리적인 문제로 보지 않는다는 점이다. Y세대는 생산성을 위해 해킹이 필요하다면, 해킹을 저지르는 그들은 아무 문제가 없다고 생각한다. 또한 그런 상황을 야기한 기관과 상사가 문제라는 식으로 생각한다. 거기다 Y세대가 목도한 부모 세대의 경험을 더해보자. 그들의 부모 세대는 회사에 충성해봐야 돌아오는 것은 아무것도 없다는 사실을 비싼 대가를 치러서야 깨달았고, Y세대는 이런 과정을 고스란히 지켜보았다. 부모 세대의 이런 경험 덕분에, Y세대는 일터에서 문제를 해결할 현실적인 방법으로 선의의 해킹을 받아들이기가 한결 쉬워졌다.

하지만 Y세대 전체가 해킹을 혁명적인 시각에서 받아들이라는 가정은 완전히 틀린 것으로 드러났다. Y세대 전체가 해킹에 대한 혁명적 시각을 가지고 대규모로 급속한 변화를 가져올 것이라고 생각했지만 그렇지 않았다. Y세대의 해킹에 대한 반응은 정상적인 종형 분포를 보였다. 일부는 개인과 팀의 욕구에 초점을 맞추는 데 혁명적인 시각을 갖고 있었고, 다른 일부는 점진적인 태도를 보이면서 무엇이 되었든 조직의 요구에 맞추려 했다. 나머지 대다수는 양자의 사이 어딘가에 자리하고 있었다.

우리의 결론은 2008년 MTV에서 진행한 Y세대의 행복에 대한 태도 조사 결과와도 일치했다. "젊은이들은 자신의 행복 만들기에서 아주 적극적인 역할을 할 것이다. 하지만 그들은 자신을 불행하게 만든다고 생각되는 것들에 대해서는 무관심할 것이다. 그들에게 직접 영향을 미치지 않는 커다란 문제 해결에는 나서지 않는 쪽을 택하면서 말이다. 이는 냉담한 것과는 다르다. 오히려 자신이 영향을 미칠 수 있다고 생각되는 것에 집중하는 현실감각에 가깝다고 볼 수 있다. 또한 자신들이 변화시킬 수 없다고 생각되는 것에 시간을 낭비하고 싶지 않다는 의미이기도 하다.[2]"

경제 혼란이라는 상황에 놓이면 Y세대는 분열된 모습을 보일 가능성이 높다. 2009년, 37퍼센트에 달하는 스페인 Y세대들이 일자리를 찾지 못했다. 프랑스에서는 24퍼센트, 미국과 영국에서는 대략 18퍼센트였다.[3] 취업시장의 위기가 특히 젊은 세대를 강타하면서 그들은 이미 '잃어버린 세대'로 불리고 있다. 이들 세대의 일부는 그들 부모처럼 행동할 것이다. 일자리를 지키기 위해 어떤 규칙이든 따를 것이다. 반면, 다수는 일단 고용된 뒤에는 열악하게 설계된 업무 수단과 절차들을 고치는 것이 개인적인 성공을 보장하는 유일한 방법이라고 생각할 것이다.

그러므로 언제, 어디서, 어떻게, 왜 Y세대가 해킹을 할 것인가에 대해서 예측하려 하지 마라. 지난주에 작성한 어떤 서류가 이번 주에 갑자기 성가시다 생각되면 그들은 해킹을 할 것이다. 만약에 시스템 전체에 걸친 어떤 과정을 해킹할 수 있겠다 싶으면 열정적으로 해킹할 것이다. 반면 다른 과정에 대한 해킹은 불가능하겠다 싶으면 불평이 많은 참여자 위치에 만족할 것이다.

외부인이 보기에는 이런 행태가 이해되지 않고 일정한 패턴이 없다 싶을지도 모른다. 하지만 Y세대에게는 그렇지 않다. 처한 상황에서 그 순간에 실용적이다 싶으면 한다는 것이 그들의 패턴이다. 그들은 자신이 변화를 줄 수 있다고 느끼는 경우 어떤 것이든, 어떤 순간에든 해킹을 할 것이다. 그리고 그렇게 하는 것이 타당하다 싶으면 회사의 절차들을 따를 것이다. 어디까지나 자신의 관점에서, 자신을 위해서 그런 것이다.

이런 사실이 여러분에게 의미하는 바는 무엇일까? 만약 여러분이 밀레니엄 세대라면 (적어도 타인이 보기에는) 변덕스럽고 일관성이 없어도 상관없다. 결과를 내기만 한다면 말이다. 나이가 있는 사람이라면 근본적인 원인을 찾기 위해서 고민하라. Y세대들은 도대체 어떤 이유 때문에 어떤 영역은 해킹을 하고 다른 영역은 하지 않는가? 이런 것들을 면밀히 검토하다 보면 직원의 생산성을 신속하게 개선할 방법을 찾을 수 있을 것이다. Y세대 이외의 세대에게는 흔치 않은 기회다.

두 번째 결론은 세대들 사이에는 분명한 긴장이 있지만 긴장의 출처가 Y세대는 아니라는 점이다. 우리가 주관했던 여러 대화에서 대표적인 예들을 인용하면 다음과 같다. "Y세대는 대단한 특권 의식을 갖고 있습니다. 예전보다 높은 초봉에 융통성 있는 업무 일정, 회사에서 제공하는 블랙베리 등을 당연하게 생각합니다." "그들은 끊임없이 피드백을 요구합니다. 즉각적으로 이루어지는 인사고과까지!" "Y세대는 자료를 수집하고, 매체에 맞게 변형하는 과정이 머리를 쓰는 사유 과정인 줄 착각합니다." "불평불만 좀 그만 늘어놓았으면 합니다. 젊은 친구들은 터무니없는 말들을 많이 합니다. '화요일마다 개를 데리고 출근해야 합니다' '사무실 색깔이 마음에 안 드는데요' 등등. 더 말해 뭐합니까?"

우리는 대부분의 대화에서 상당한 긴장과 편견, 세대 간의 격차가 느껴졌다. 세대들 사이에는 여전히 의견 차이가 존재한다. 하지만 Y세대의 입에서 나오는 불만은 거의 없었다. 전체적으로 베이비부머 세대와 X세대는 Y세대에 대해 부정적인 태도와 생각을 많이 가지고 있었다. 불만의 대부분은 젊은 세대의 특권 의식과 관련되어 있었다.

우리의 결론은 퓨리서치센터에서 수행한 2009년 조사 결과를 그대로 보여준다. 당시 조사 결과를 보면 조사에 참가한 약 80퍼센트가 젊은이와 노인의 관점에 중요한 차이가 있다고 생각했다. 1969년 이래 가장 높은 수치였다. 참고로 1969년은 베트남 전쟁과 시민권, 여성권 등을 놓고 사회 갈등이 최고조에 이르렀던 때다. 젊은이와 노인의 관점이 가장 큰 차이를 보이는 부분은 47퍼센트가 사회적 가치와 도덕성이라고 답했다.

그렇기 때문에 6장에서 논의한 선의의 해킹 정신과 11장에서 다룰 통합 방법 모색이 아주 중요하다. Y세대의 개인 생산성에 대한 집중은 일터의 분열을 심화시킬 수 있다. 우리가 공통분모를 찾으려는 노력을 게을리 한다면, 직장 안의 다수 집단이 베이비부머 세대에서 Y세대(양쪽 모두 중간에 있는 X세대에 비해서 인구 규모가 크다)로 이동함에 따라,

서로 대립하고 반목하는 두 집단의 공존이 대다수 회사에 재앙을 가져올지도 모른다.

티핑 포인트

언제 Y세대가 임계질량에 도달해서 무시할 수 없는 막강한 세력이 될까? 이를 밝히기 위해 젠슨그룹은 런던에 있는 인력개발회사 e3언리미티드^{e3 Unlimited}와 유럽경영기술학교^{European School of Management}에 연구를 의뢰했다. 일부 연구 결과를 소개해보겠다.

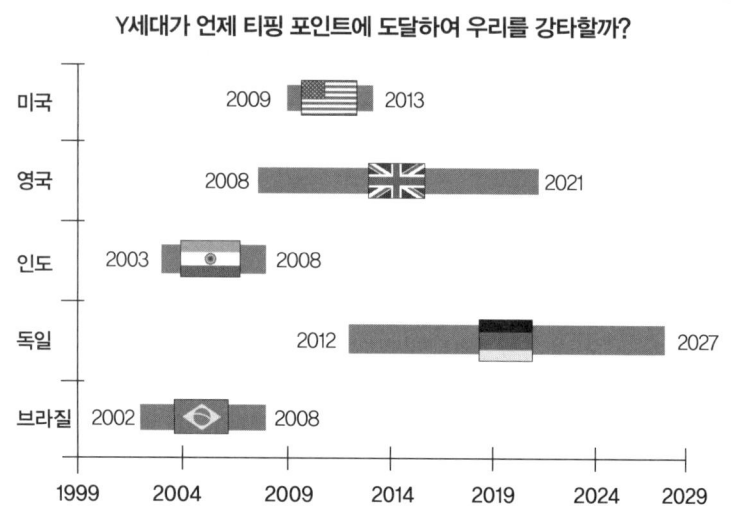

인도와 브라질은 이미 그런 징후를 느끼고 있다. 국가별 인구통계가 다르기 때문에 Y세대의 티핑 포인트도 국가별로 달라진다. 그래프에는 다섯 국가의 티핑 포인트가 나와 있다. 국가별 막대의 왼쪽 끝은 Y세대의 수가 중요해지는 시점이다. 구체적으로는 그들이 베이비부머 세대 수보다 많아지는 시점이다. 막대의 오른쪽 끝은 Y세대가 국가 전체 인구에서 최대 집단이 되는 때다.

더 읽어보기

창조적 파괴가 일터로 온다

서로 다른 사상을 가진, 오래전에 죽은 두 남자가 아이러니하게도 해킹의 미래를 이끌고 있다. 한 사람은 프롤레타리아 해방을 시도한 것으로 유명하고, 다른 사람은 자유시장 옹호 세력으로 유명하다.

정치적인 명성 이외에도, 칼 마르크스는 160년이나 시대를 앞섰던 아이디어를 가지고 있었다. 독일 철학자이자 경제학자, 마르크스주의의 아버지이기도 했던 그는 노동자가 사실상의 생산수단을 소유하고 있다고 주장했다. 그러나 이런 주장은 희망 사항으로만 남았고 이후 몇백 년 동안 산업혁명 시대 관점들이 사회를 지배했다. 하지만 지식과 서비스가 중심이 되는 경제로 진입하면서 이야기가 달라졌다. 개인의 노력이 중요해지는 지식 경제, 서비스 경제가 되고, 여기에 과거 수십 년 동안의 기술 발전이 더해지면서 노동자가 보다 많은 통제권과 생산수단을 가지게 되었다.

자본주의자들은 마르크스는 그다지 좋아하지 않는다. 하지만 조지프 슘페터Joseph Schumpeter라면 환영을 한다. 오스트리아 태생의 슘페터는 경제학자이자 정치학자로 20세기 전반에 걸쳐 이름을 날렸다. 특히 그는 경제학 분야에서 유명한 '창조적 파괴creative destruction'라는 아이디어를 내놓았다. 슘페터는 기존 제품과 산업을 사정없이 파괴하거나 쓸어버리는 신제품, 신산업을 창조함으로써 시장에 변화를 강제하는 주체가 기업가라고 보았다. 어디서든 월마트 매장이 들어서면 지역의 소매업 자체가 근본적으로 변하고, 아이팟과 아이폰이 등장해 음악과 스마트폰 산업을 근본적으로 바꾸고 있는데 이런 것들이 슘페터가 말한 '창조적 파괴'의 현대적 사례들이라 할 수 있다. 외부 시장을 변화시키는 기업의 노력을 이야기할 때면 어김없이 인용되는 것이 바로 슘페터의 아이디어들이다.

두 남자가 죽고 오랜 시간이 흐른 지금 어떤 일이 벌어지고 있는가? 해커들은 두 남자의 비전을 결합시켰다. 일, 사람, 아이디어들을 조직화하는 면에서 마르크스가 말한 프롤레타리아의 힘은 이제 고용주의 그것과 맞먹거나 때로는 능가한다. 그리고 해커들은 해킹을 통해 슘페터가 말한 창조적 파괴를 회사 내부로 가져오고 있다. 상사가 원하든 원하지 않든 말이다.

우선 2011~2014년에 세계적인 Y세대의 티핑 포인트가 시작될 것이다. 정확한 시기를 엄밀하게 예측하기는 불가능하다. 예측을 어렵게 하는 요인으로는 국가의 인구통계, 산업별 노동자 비율 등 여러 가지가 있다. 일부 틈새시장과 산업, 지역 등은 이미 오래전에 티핑 포인트를 지났고, 폭풍이 강타하기까지 몇 년의 시간이 남아 있는 곳도 있다.

하지만 노동의 신세계에 Y세대가 미치는 전체적인 영향 면에서 2011~2014년 사이 3년의 기간은 아주 중요하다. 이 시기 여러분은 어디에 살고 무슨 일을 하느냐에 따라서 차이는 있겠지만, Y세대의 영향이라는 거대한 파도를 목격하게 될 것이다. 이는 이후로도 계속될 것이다.

이는 리더들에게 Y세대의 해킹 능력에 어떻게 대처할까를 생각하느라 낭비할 시간이 없다는 의미다. 또한 우리 모두가 아주 가까운 미래에 노동의 모든 영역에서 더욱 많은 해킹이 일어날 것으로 생각해야 한다는 의미다.

흐름 3. 직장에 공동 창조의 시대가 온다

무엇이 바뀌고 있는가? 고용주가 직원을 훨씬 많이 믿어야 할 것이다. 직원들이 현재 고위경영진이 보호하고 있는 공정, 업무 수단, 절차 등을 바꾸고, 비틀고, 수정하고, 밀어낼 것이라고 믿어라.

그런 변화 때문에 무엇이 달라질 것인가? 더욱 신속하고 저렴하고 좋은 결과, 집중력, 참여도, 혁신성 제고, 그리고 많이 누그러진 고위경영진의 자만심이 달라질 것이다. 따라서 고위경영진은 지금보다 훨씬 많은 것을 손에서 놓아주는 법을 배워야 한다.

누가 얻고, 누가 잃는가? 두뇌 회전이 빠른 민첩한 사람들, 변화를 받아들일 의지가 있는 사람들이 전리품을 획득할 것이다. 그런 사람들은 손익계산서상의 수치를 호전시키는 능력 제고뿐만 아니라 동기부여와 만족감 제고를 통해 직원의 이직률을 줄일 것이다.

"200년 동안 교범을 작성할 수 있는 자는 선택된 소수뿐이었습니다." 미국 육군 전투지휘지식 시스템 책임자인 찰스 버넷Charles Burnett 대령이 〈뉴욕 타임스〉 인터뷰에서 말한 내용이다. "하지만 지금은 누구나 위키에 가서 내용을 바꿀 수 있는 그런 세상이 되었습니다. 그런 현실을 받아들이는 것이 얼마나 어려울지 상상해보세요. 이는 엄청난 도전입니다. 특히 문화적으로 말이죠."

임원진들이 통제권을 내주는 것을 힘들어 하는 것처럼 보이는가? 궁극적인 지휘 및 통제 구조의 최상위에 있는 사람들에게는 통제권을 내놓는 상황이 어떻게 느껴질지 생각해보라. 여러분이 그들이라면 쉽게 받아들일 수 있겠는가? 그런 어려움에도 불구하고 그렇게 하는 이들이 있다. 군인에게 야전교범은 성서나 마찬가지다. 교범은 군대 생활의 모든 측면에 대한 지침을 제공한다. 2009년 7월, 미국 육군은 사병부터 장군까지 누구든 사이트에 로그인만 하면 원하는 야전교범을 고쳐 쓸 수 있게 하는 정책을 시범적으로 운영하기 시작했다.

육군 지도부도 여러분 회사의 고위임원들처럼 통제권 상실에 대한 두려움을 갖고 있었다. 이런 안에 고위급 장교 모두가 찬성한 것은 아니다. 하지만 변화는 진행되고 있다. 예를 들면, 이라크에 주둔 중인 어떤 하사는 스트라이커 부대Stryker Brigade Combat Team의 야전교범을 바꿨다. 때문에 보병들이 정보 수집에서 자신들의 역할이 무엇인가를 훨씬 명료하게 이해할 수 있었다.

물론 일부 통제권은 여전히 제자리에 있다. 500개가 넘는 육군의 야전교범 중에 50개 정도는 공동 창작이 허용되지 않는다. 심문이나 대테러작전과 관련된 지침, 혹한기 작전 도중 온기를 유지하는 방법 같은 전문성이 뒷받침되어야 하는 지침 등이 그렇다. 공동 창작 작업을 지지하는 장교들에 따르면 야전교범 작성이라는 업무를 실제 전투와 동떨어진 사람들에게 맡기기보다는 전투를 통해 검증된 병사들의 경험을 활용하자는 것이 기본 취지다.

군대의 '직무 기술서'에는 상상 가능한 위험한 상황들이 포함되어 있다. 그런 조직에서 공동 창작과 크라우드 소싱crowd sourcing(일반 대중이나 아마추어의 노동력, 제품, 콘텐츠 등을 활용하는 것-옮긴이)에 의존하고 있다면 어떤 회사든 가능하다.

공동 창조라는 렌즈를 통해 구조와 업무 수단들을 보라. 신약 개발이 상의하달식으로 진행되어야 한다는 주장, 전문성을 가진 누군가가 우리를 대신해서 결정을 내려야 한다는 주장에 이의를 제기할 사람은 거의 없을 것이다. 그렇지 않은가? 일반 환자들 중에 약을 연구하고, 개발하고, 시험하고, 처방하는 방식을 숙지한 사람은 분명 없으리라. 또한 그런 중요한 공정을 해킹할 만큼 어리석은 사람도 없으리라. 이건 목숨이 달린 문제이니 말이다.

하지만 그렇게 어리석은 사람들이 있다. 페이션츠라이크미닷컴PatientsLikeMe.com의 회원들은 ALS(근위축성측색경화증, 일명 루게릭병-옮긴이), HIV/AIDS 같은 질병 치료제를 개발하는 방식을 바꾸고 있다. 이 환자들은 단순한 지지 집단에 머물지 않고 약이 만들어지는 과정을 해킹한다. 그리고 제약회사가 생산하는 결과물에 영향을 미친다.

이들은 자신의 병력과 치료 과정을 상세히 공유함으로써 제약회사와 정부기관에서 진행하는 이중맹검double blind(연구에서 실험을 받는 사람도 실험자도 실제 상황을 모르게 하면서 변화를 관찰하는 방법이다. 약의 효과를 연구할 때 실험자와 실험 대상 모두 위약인지 실제 약인지를 모르게 하고 투약한 다음 결과를 보는 방식이 대표적이다-옮긴이) 방식을 우회하고 있다. 약의 부작용을 알리는 것도 마찬가지다. 제약업체에서 일정에 맞춰 보고할 때까지 기다리지 않고 환자 개인의 경험을 곧바로 규제기관에 알린다.

결과는 어떨까? 약품의 최대 수혜자가 누구인지 분명하게 인지되면서, 양질의 약품이 더욱 신속하게 개발되고 있다. 해당 약품을 필요로 하는 사람들의 욕구를 반영하여 양질의 약품을 공동으로 개발했으니 판매 실적 또한 좋을 것이 당연하다.

중요한 것은 그들이 허가나 동참 권유 없이 그렇게 했다는 것이다. 적어도 처음에는 그런 권유가 없었다. 환자와 신약 개발이라는 문제는 그리 만만하지가 않다. 개인정보 보호에 대한 우려도 적지 않고, 과학적인 엄밀성이 요구되는 작업이라는 특수성도 무시할 수 없기 때문이다. 하지만 이런 모든 요소에도 불구하고 결국 제약회사들은 환자들의 해킹을 이해하고 받아들이기 시작했다.

"환자들은 더욱 공개적인 방식으로 모든 제약회사에 지속적으로 압력을 가할 것입니다." 제약회사 노바티스Novartis의 신약개발본부장 트레버 문델의 말이다. 문델은 환자 해커들과 파트너가 됨으로써 약품 실험이 탄력을 받아 훨씬 신속하게 진행되었다고 말한다. 의료 서비스 컨설턴트인 매튜 홀트의 말을 들어보자. "천기가 누설된 셈이지요. 이는 기정사실이니 여기에 대처해야 합니다.⁴"

그렇다. 대처 방법만이 남았다.

논쟁은 끝났다. 기업 리더들이 회사 구조며 업무 수단에 대한 통제권과 권한을 양도하고, 사용자들과 진정한 파트너 관계가 되어야 한다는 사실은 이제 긴가민가한 의문 사항이 아니다. 남아 있는 의문은 "언제, 어떻게, 무엇을 위해서 모든 관계자를 위한 최고의 가치를 만들어낼 수 있을까?"이다.

기업은 직원보다 판매 업체와 고객을 신뢰한다. 공동 창조는 새로운 아이디어가 아니다. 경영 컨설턴트이자 미시건대학 경영대학원에서 기업 전략을 강의했던 C. K. 프라할라드C. K. Prahalad는 2004년 그의 저서 《경쟁의 미래The Future of Competition》에서 공동 창조를 '미래의 가치 창출 방법'이라고 불렀다.

그는 이렇게 말했다. "공동 창조는 전통적인 경제 이론에서 말하는 기본 원칙에 근본적인 이의를 제기한다. 회사와 고객에게는 미리 정해진 각자의 역할이 있다. 그리고 공급과 수요가 별개의 과정이라는 원칙이 있다.⁵"

대부분 대기업들은 공동 창조라는 새로운 원칙에 따라 공급망을 다시 구축했다. 유제품협동조합과 전자제품제조업자연맹 등은 고객의 기호를 반영하여 고객이 즐겨 찾는 식료품점이나 할인매장의 판매대를 효율적으로 관리할 방법을 찾는다. 같은 일이 고객들에게도 일어나고 있다. 슈퍼볼Super Bowl 광고, 레고와 프록터앤드갬블Procter&Gamble의 제품들, 제조 비법을 공개한 덴마크 맥주, CNN의 i리포트iReports 등은 모두 고객의 참여 하에 공동으로 만들어진다.

월마트의 영국 슈퍼마켓 지부 아스다Asda는 최근 단골들에게 매장 운영 방식에 대한 발언권을 주겠다고 발표했다. 아스다의 CEO 앤디 본드Andy Bond의 말을 들어보자. "내 바람은 무엇을 어떻게 판매할지에 대한 결정을 고객들이 직접 도와주었으면 하는 것입니다.[6]"

그렇다면 직장 안에서 이런 일이 빈번히 일어나지 않는 이유는 무엇일까? IBM 기업가치연구소IBM Institute for Business Value의 최근 연구 결과를 보면, 고객과의 공동 창조를 실행한 회사들은 비용이 줄고, 수입은 늘었다. 또한 고객과의 친밀도가 높아지고, 제품 혁신 및 차별화에서도 적지 않은 이익을 보았다. 앞에서 언급한 'CIO가 들려주는 새로운 목소리'라는 주제의 연구에서도 결과는 마찬가지였다. 급성장을 이룬 회사 CIO의 87퍼센트가 인프라 건설에 고객들의 적극적인 참여 방법을 모색하고 있다고 밝혔다. 한 CIO는 "'미는' 모델에서 '당기는' 모델로 바꾸는 것"이 당장 시급하다고 지적한다. "고객들이 요구 사항을 표출하고, IT가 즉각적으로 거기에 반응하는 그런 모델입니다.[7]" 하지만 직원에 대한 이야기는 없었다. 직원이 공동 창조에 참여하고, 결정에 영향을 미치고, 인프라를 이끌어야 한다는 언급은 어디에도 없었다. 회사 IT가 모든 것을 직원에게 무조건 강제하는 접근 방법을 바꿔야 한다는 언급도 없었고, 직원이 요구 사항에 대해 발언권을 가져야 한다는 언급도, IT 부서가 직원의 요구에 신속히 반응해야 한다는 언급도 없었다.

고용주들은 각성해야 한다. 이제 고객과 판매업체를 믿는 만큼 직원을 신뢰할 때가 되었다. 자기 일에 무엇이 필요한지를 그들보다 잘 아는 사람이 누구겠는가? 직장 경제학의 기본 원칙에 근본적으로 이의를 제기할 때다.

프라할라드는 2009년 경제위기 이후의 상황에 대해서 다음과 같이 경고했다. "우리가 변동성에 대처할 하나의 시스템이 필요하기 때문에, 단순한 운영 효율보다 중요한 것은 규모를 키우고 줄이며 자원 구조를 재빨리 변경하는 능력이다.[8]" 이처럼 끊임없는 융통성을 해커들은 제공할 수 있다.

회사의 절차며 구조가 고위경영진에 의해 미리 결정되어 그대로 지켜져야 한다고 주장하는 것은 이제는 타당하지 않다. 회사 구조 설계 및 이용, 통제가 별개의 공정이라고 주장하는 것도 마찬가지로 타당성이 없다. 예전에도 그랬던 적은 없고, 지금도 분명 그렇지 않다. 이제는 진행 중인 변화와 개선 작업들을 인정하고, 최종 성과에 따라 직원에게 포상하라.

공동 창조의 훌륭한 예를 살펴보자. 노키아는 핀란드 휴대전화 회사로 스마트폰시장의 선두주자다. 세계 휴대전화시장의 38퍼센트를 점하고 있는데 이는 2위인 삼성의 2배에 가까운 수치다. 하지만 좋지 않은 경제 상황과 애플, RIM, 모토로라, 팜과 같은 경쟁자들이 치고 올라오는 바람에 절대적인 우위가 서서히 흔들리고 있다.

노키아 경영진이 내놓은 해결책은 소셜 미디어를 이용해서 회사에 대한 직원들의 비판을 장려하라는 것이었다. 대부분 회사들은 직원들의 비판적인 의견들을 폐쇄하지만 노키아는 불만 표출을 오히려 장려한다는 의미였다. 그래서 구체적으로 블로그 허브Blog Hub와 스피어Sphere라고 불리는 온라인 공간을 만들었다. 그리고 달라져야 하는 것에 대한 불평불만을 마음껏 표출하도록 했다. 구매 관행부터 소프트웨어 운용까지 어떤 주제든지 상관없었다.

의견 개진 메일함과 달리 이런 불평과 비판들은 회사의 연구개발 부서로 곧바로 들어가게 되어 있었다. 노키아 연구개발부는 전체 인원이 3만 9000명에 이르며, 직원 3명 중 한 명이 이 부서 소속이다. 터치스크린, 각종 키보드, 지역별로 특화된 고객 서비스 등 모두 직원들의 외침에서 나왔다.

이 모든 것이 말해주는 핵심은 무엇이겠는가? "고위경영진도 당신만큼 열린 태도를 가질 수 있습니다." 노키아 북아메리카 지부에서 소셜 미디어 팀을 이끌고 있는 몰리 숀달의 말이다. "소셜 미디어 공간을 두려워하지 마세요. 받아들이세요. 정당하면 비판을 받아들이고 인정하세요. 피드백과 의견을 그냥 듣고만 있으면 안 됩니다. 마땅한 조치를 취해야 합니다.⁹"

하지만 그런 예가 아직도 형편없는 이유가 있다. 노키아 사례의 문제는 도처에서 해커들이 해킹을 하게 된다는 것이다. 직원들에 의한 상향식 공동 창조를 받아들이느냐 마느냐는 전적으로 고위경영진의 자발적인 의지에 달려 있다. 그리고 지금까지 이와 관련된 리더십 실적을 보면 그리 훌륭하지가 않다.

솔직해지자. 노키아는 예외일 뿐 일반적인 상황이 아니다(《비즈니스위크》가 '직원들의 불평불만을 자극하라Bring On the Employee Rants'는 제목의 기사까지 써 가면서 사내 의견 취합을 위한 소셜 미디어 사용이 획기적인 일이라고 극찬한 이유가 무엇이겠는가? 아래서 위로 올라오는 절차상의 혁신을 장려하고, 지원하고, 받아들이는 일은 드물기 때문이다). 또한 해당 사례를 지나치게 미화해서도 안 된다. 노키아 리더십은 '어쩔 수 없는 경우'에만 직원들의 불만을 받아들였다. 대부분 회사가 그렇듯이 말이다.

스타벅스 CEO인 하워드 슐츠Howard Schultz는 우유 이야기를 즐겨 한다. 그는 한 번 데운 우유를 다시 데워 쓰는 관행을 금지시켰다. 스타벅스에서 제공하는 많은 라테와 카푸치노의 품질을 보장하려는 노력의 일환이었다. 이는 바리스타들이 금액으로 환산하면 수백만 달러에 달하는 남은 우유를 하수구에 버려야 한다는 의미였다. 금전적으로 큰 타격이었다. 타격이 커지자 회사 안의 누군가가 매장 지배인의 해킹을 통한 해결책을 받아들였다. 우유를 담는 주전자에 눈금을 새겨, 바리스타들이 크기별로 음료 한 잔에 얼마나 많은 우유가 들어가는지 정확하게 알 수 있도록 하자는 것이었다.

기업이 안고 있는 문제의 근원은 이렇다. 기업들은 처음에는 중앙집권 방식을 취하면서 상의하달식의 해결책을 시도한다. 하지만 결국에는 정신을 차리고 조직 안의 지혜를 끌어모은다. 그것도 그것이 불가피한 상황에서만.

그러나 최악인 부분은 따로 있다. 상황이 호전되자마자 기업은 다시 상의하달에 중앙집권적인 통제 구조로 돌아간다는 사실이다. 이는 문제가 재발하는 때만 업무 수단과 절차 등에 대한 혁신과 유용한 변화를 추진한다는 의미다.

해커들은 회사 구조와 업무 수단들을 유용하게 설계하는 방법에 대해 어떤 임원들보다 많이 안다. 회사들이 '더 많이, 좋게, 빠르게, 저렴하게'라는 모토를 진지하게 생각할 때 해커 직원들은 나서서 중앙에 집중된 업무 설계를 바로잡고, 리더들은 기꺼이 그들을 따르는 학생이 될 것이다. 그리고 기업이 공동 창조의 시대임을 받아들일 때 해커들은 가장 좋은 조언자가 될 것이다.

흐름 4. 급진적 투명성이 곳곳에서 발전한다

무엇이 바뀌고 있는가? 우리는 표현 능력 면에서 역사상 가장 큰 발전을 경험하며 살고 있다.

그런 변화 때문에 무엇이 달라질 것인가? 지휘 통제 구조들도 이제는 민주화되었다. 누구의 목소리도 차단되지 않는다. 모두가 자신들의 업무 수단과 구조에 대해서 각자의 생각을 밝힐 수 있다. 그리고 이것이 업무 설계와 관련된 모든 결정에 영향을 미친다.

누가 얻고, 누가 잃는가? 투명성이 보장되지 않는 전통적인 회사에서 답답해 하고 있다면 해킹이 대안이 될 것이다. 하지만 이상적인 것은 투명성과 직원들의 참여가 갖는 가치를 진심으로 이해하는 그런 회사를 찾는 것이다.

부정선거에 반대하는 이란인들이 가두시위를 벌이기 불과 며칠 전이었다. 말하자면 이란인들이 이란 정부가 세계에 알리고 싶지 않았던 사실을 트위터를 통해 퍼뜨리고 페이스북과 유튜브에 올리기 직전의 일이다. 당시 그들이 전한 이야기에는 우리 간담을 서늘하게 하는 내용도 일부 포함되어 있었다(2009년 6월 12일 대통령 선거 직후 발생한 부정선거에 대한 항의 시위를 말한다. 당시 이란인들은 휴대전화, 트위터, 인터넷 등을 이용해서 시위 현황을 전 세계에 알렸다−옮긴이).

《끌리고 쏠리고 들끓다: 새로운 사회와 대중의 탄생 Here Comes Everybody》의 저자이자 뉴욕대학 외래 교수인 클레이 셔키 Clay Shirky는 인터넷의 사회적 영향에 대해 남다른 선견지명을 가진 지식인으로 유명하다. 그는 이란에서 논란이 되었던 선거가 있기 9일 전에 미국 국무부에서 강연을 했다(이란인들의 부정선거 관련 트윗이 한창일 때, 미국 국무부는 트위터회사에 일정에 잡혀 있는 업그레이드를 늦춰달라는 요청을 하게 된다. 이란인들이 트위터를 통해서 원활하게 경험을 알릴 수 있게 하려는 의도에서다). 당시 연설에서 셔키는 다음과 같이 말했다.

"이런 툴들은 기술적인 측면에서 새로울 것이 없고 지겹다 싶을 즈음에야 비로소 흥미로워집니다. 툴이 사회 전체에서 널리 사용되기 시작하는 시점은 반짝반짝 광나는 신제품일 때가 아닙니다. 모든 사람이 해당 툴의 사용을 당연하게 여기는 때입니다. 미디어가 점점 사회적인 양상을 띠면서 이제는 혁신이 어디서든 가능한 그런 세상이 되었습니다. 우리는 혁신이 곳곳에서 일어나고, 지역에서 지역으로 옮아가는 미디어의 새로운 지평을 보고 있습니다. 이는 엄청난 변화입니다. 지금 우리 시대는 표현 능력이라는 면에서 인류 역사상 가장 큰 발전이 이루어진 시기입니다."

셔키는 이어서 결정적인 충고를 하며 연설을 마쳤다. "듣기만 하던 청중이 이제는 대꾸를 할 수 있습니다. 하지만 진짜 대단한 변화는 그것이 아닙니다. 진짜 멋진 변화는 그들(여러분의 청중)이 서로 단절되어 있지 않다는 겁니다. 그들은 서로 직접 대화를 나눌 수 있습니다. 지금 우리 앞에 놓인 선택은 이런 미디어를 가장 유리하게 활용할 방법을 찾는 것입니다. 지금까지 우리가 해왔던 방식을 바꿔야 한다면 그래야겠지요.[10]"

그렇다면 우리의 현주소는 어디인가? 우리는 과연 셔키의 충고에 부응하는 그런 길을 걷고 있는가? 2009년 위기 상황에서 거리로 나간 이란인들이 트윗을 통해 엄청난 양의 정보를 퍼뜨리는 동안, 워싱턴 D.C.의 핵심 의사결정자 밑에서 일하는 2명의 보좌관들은 사무실이 아닌 주차장으로 달려가야 했다. 휴대전화로 그들이 올린 트윗 내용을 보기 위해서다. 정부 건물 내부와 그들의 컴퓨터에서는 트위터 접근이 불가능했기 때문이다.

기업은 핵심 교훈을 아직도 배우지 못했다. 셔키가 국무부 연단에 서기 10년 전의 일이다. 4명의 잔소리꾼이 《클루트레인 선언서The Cluetrain Manifesto》라는 책에서 기업을 심하게 나무랐던 적이 있었다. "시장은 대화다. 인터넷을 통해 사람들은 관련 정보를 공유하는 새로운 방법을 발견하고 고안하고 있다. 그것도 눈부신 속도로 말이다. 그로 인한 직접적인 결과로 시장은 대다수 회사들보다 훨씬 빠른 속도로 점점 똑똑해지고 있다.[11]"

이는 컴퓨터를 사용하는 인구 전체가 열렬히 받아들이는 변혁적인 아이디어다. 그리고 회사 리더들만 빼고 모두가 알고 인정하는 사실이기도 하다(이와 관련하여 사람들 생각을 좀 더 알고 싶다면 엑스플레인비주얼씽킹 xplanevisualthinking이 유튜브에 올린 '알고 있는가? 4.0'과 케이트 레이가 비메오Vimeo에 올린 '웹 3.0' 동영상을 보라).

기업이 아직도 깨닫지 못한 핵심 교훈들

- 기업은 직원들과의 대화에서 통제권을 잃었다. 그런데도 여전히 사실을 인정하지 않고, 그런 변화를 통제하지도 못하는 상태다.

- 모든 것이 대화를 통해서 이루어진다. 대화가 있어야 계획이 완수되고, 툴이 이용되며, 절차가 지켜진다. 기업이 대화를 통제하지 못하기 때문에 노동자는 이제 기업의 동등한 파트너다. 하지만 여전히 동등한 파트너 대우를 받지 못하고 있다.

- 누구도 사용자 중심 욕구에 귀를 기울이지 않는다. 때문에 직원들은 대화에서 등을 돌릴 수밖에 없고 해킹을 시작할 수밖에 없다.

- 이제는 뭔가를 은폐하지 못한다. 영향을 받는 사람들에게 중요한 일이라면 조직에서 비밀리에 진행하려고 해도 널리 공개

되고 공유될 것이다. 해킹을 통한 우회적인 해법 또한 마찬가지다. 무엇이 되었든 고위경영진이 통제하고자 하는 것들을 해킹하면서 직원들은 자신의 지식과 업무에 대해 점점 공개하는 태도를 취할 것이다.

실제로 이란에서 이런 일이 일어났다. 시위 참가자들은 정부에서 허락하는 절차들을 해킹하여 다른 통로를 통해 불만을 표출했고, 이를 세계와 공유했다. 2008년 엄청난 지진이 일어났던 중국 쓰촨성에서도 마찬가지였다. 중국인들은 당시 공식 언론을 통하지 않고 트위터, 페이스북, 유튜브 등을 이용해 쓰촨성의 재앙이 인재人災이기도 하다는 사실을 고발했다. 뇌물을 받고 기준 이하의 건물을 짓도록 허락해준 관리들 때문에 지진 피해가 몇 배로 커졌고 사망자 수가 늘었다는 사실을 세상에 알린 것이다.

이런 일이 오늘날 기업에서도 일어나고 있다. 급진적 투명성이 발전하고 있다. 우리는 조사를 하면서 상사를 움직이는 선의의 해커들이 많다는 사실을 알았다. 주로 자신이 하는 프로젝트나 우려 사항 등과 관련된 공개 포럼을 만들고 고객들이 불만을 올리게끔 하는 방식이었다. 상사들이 부하직원의 말을 무시하고 듣지 않는 행태가 계속되는 한, 이런 관행은 기하급수적으로 증가할 것이다. 이를 도와주는 웹 툴과 애플리케이션이 그만큼 빠른 속도로 성장하고 있기 때문이다.

또한 업무 수행에 방해가 되는 회사 정책이나 절차가 발표된 직후, 직원들이 서로 트윗을 한다는 사실도 드러났다. 처음에는 불만을 토로한다. 그리고 연대하고 우회 해법을 공유하는 식이다. 불과 몇 분만에 이런 일들이 이루어진다. 정책이 발표되는 회의 도중에 마무리되는 경우도 많다. 정보 이동 툴의 사용이 점차 편해지고, 너나없이 사용할 만큼 널리 보급되는 추세에 있으므로 이런 관행의 폭발적인 증가는 당연하리라 생각된다.

하지만 성급한 결론은 금물이다. 넓은 시야로 전체를 조망하는 자세가 중요하다. 급진적 투명성이 하룻밤 사이에 리더들을 무너뜨리거나 기업의 접근 방법을 근본적으로 바꾸지는 못할 것이다. 앞서 검토한 Y세대에 대한 결론처럼, 급진적 투명성에 대한 노동자들의 태도도 일반적인 종형 곡선을 따를 가능성이 높다. 일부는 빠르고 혁명적인 조치들이 취해지겠지만, 대다수 변화는 시간의 흐름 속에서 서서히 무르익을 것이다. 하지만 해킹이 임계질량에 도달하는 데 시간이 걸린다 해도 대화는 이미 급격하게 변화하고 있다. 기업 리더들은 일반 직원들이 아래로부터 치고 올라오는 것에 대해 준비를 해야 한다. 이런 준비의 필요성이 과거 어느 때보다 절실하다.

우리는 미래를 보았고, 여러분도 볼 수 있다. 자포스의 트위터(twitter.com/zappos)나 블로그(blogs.zappos.com)에 가보라. 자포스는 온라인 쇼핑몰로 신발이라는 한 가지 상품에만 집중한다. 놀라운 고객 서비스를 제공한다는 명성을 쌓은 지 10년, 이제 자포스는 총매출 10억 달러를 상회하는 대기업이 되었다. 자포스는 웹사이트에서 "고객 서비스가 전부다. 사실 그것이 회사 전체다"라고 선언한다. 자포스가 확실히 옳은 선택을 했다. 자포스는 2010년 〈포춘〉에서 발표한 '일하기 좋은 100대

회사'에서 15위에 올랐다. 1년 전, 아마존은 창사 이래 최대 규모의 기업 인수를 시도해 자포스를 12억 달러라는 거액에 인수했다.

우리는 자포스 CEO인 토니 셰이$^{Tony\ Hsieh}$를 만나 이야기를 나눴다. 셰이는 회사 전체적으로 급진적 투명성을 촉진시키기 위한 수단의 하나로서 트위터를 받아들인 대기업 임원들 중 하나였다. 그는 정기적으로 트위터에 게시물을 올리고 다른 직원들도 그렇게 하도록 장려한다. 그가 올린 게시물들은 일상 업무와 관련된 것부터 우스갯소리, 삶에 대한 깊이 있는 사색, CEO로서 매일 느끼는 감회까지 다양하다.

토니 셰이의 말을 들어보자. "당신들이 말하는 급진적 투명성은 우리에게 자연스러운 문화일 뿐입니다. 매사가 고객에게 초점이 맞춰져 있고, 모든 대화가 공개됩니다. 고객 중심의 투명성이 많은 의사결정에 영향을 미치지요. 예를 들면, 라스베이거스 본사에 고용된 모든 직원은 지위 고하에 상관없이 4주간의 교육훈련을 받습니다. 회계사나 변호사라고 해도 고객 충성도 담당자(흔히 말하는 콜센터 직원)와 똑같은 내용으로 교육을 받습니다. 회사 역사, 회사 문화와 고객 서비스의 중요성을 배우는 것부터 2주간 고객 전화에 직접 응대하는 실습까지 포함되지요. 모두의 참여를 독려하는 것은 교육 프로그램의 기본입니다. 하지만 우리는 교육훈련 도중 중요한 의사결정을 거꾸로 적용하는 역발상을 했습니다. 흔히 회사의 결정 사항이라고 보는 것을 훈련 참가자가 결정하도록 하는 것이지요. 첫 주 교육이 끝날 즈음, 우리는 모든 참가자에게 회사를 그만두면 2000달러를 주겠다고 제안합니다. 교육이 끝나는 4주째까지 유효한 제안이지요. 상식에 안 맞는다 싶겠지만 월급만 바라고 자포스에 있는 사람들을 골라내는 훌륭한 방법입니다. 결과적으로 우리는 진심으로 고객 서비스와 회사 문화에 열정을 가진 사람들과 함께하게 됩니다. 이런 정책을 세운 이유는 모든 신입사원의 권리를 존중하기 때문입니다. 그들은 '내가 여기에 맞는가가 아니라, 이곳이 나에게 맞는가?'를 신속히 결정할 필요가 있습니다.

모든 사람의 욕구를 최우선으로 하는 데 집중함으로써 해킹의 필요성을 없애야 합니다." 셰이의 결론이다. "이는 이익 증대로 직결되지요. 우리 회사의 가장 중요한 성장 동력은 주문의 75퍼센트가 재구매 고객이라는 점입니다. 고객들은 우리를 다시 찾는 이유가 고객에게 초점을 맞춘 회사 문화 때문이라고 말합니다. 회사의 모든 직원이 그런 태도이므로 고객들도 피부로 직접 느끼는 것이지요."

셰이의 말대로 급진적 투명성은 은밀히 해킹을 해야 하는 필요성 자체를 제거한다. 해커들의 아이디어가 은밀한 방법이 아니라 정상적인 통로를 통해 전달되고 실행된다. 그러므로 미래를 점쳐보자면 이렇다. 전통 방식을 고수하는 회사들에서는 숨어서 일하는 해커들이 점점 많아질 것이다. 반면, 상대적으로 열린 문화를 가진 회사에서는 해킹의 필요성이 점점 줄어들 것이다. 급진적 투명성이 보장되는 완전히 개방적인 회사에서는 해킹이라는 말이 필요 없고 그저 '혁신'이 있을 뿐이리라.

> 속성 해킹

현장에서 듣는 우회 해법

다른 통로를 통해 일한다.
고액을 받고 일하는 계약직 IT 노동자인 마이클은 이런 이야기를 들려주었다. "IT쪽 일을 하면서 그동안 본 것이 조금 있지요. 예를 들면, 마이크로소프트 본사에서 일하는 많은 직원이 은밀하게 구글의 지메일을 통해 모든 이메일을 전달하고 있습니다. 자신들의 이메일이 용량도 한정되어 있고 제약이 많다는 사실을 잘 알고 있으니까요. 사무실에 웹캠을 설치해서 상사가 어디 있는지를 항상 파악하는 그런 팀들도 많았습니다. 많은 이들이 SSH 터널링을 통해서 방화벽을 우회하여 집에서도 작업을 하거나, 회사 방화벽에 의해서 완전히 차단된 사이트들을 돌아다닙니다."

집에서도 직장과 같은 환경에서 작업을 한다.
다음은 회사 네트워크를 해킹했다는 세스의 이야기다. "대부분 회사들은 외부 위협으로부터 네트워크를 보호하는 데 집중합니다. 방화벽 안에서 보안이 얼마나 잘 지켜지고 있는가는 많이 신경을 쓰지 않지요. 또한 직원들이 필요로 하는 서비스에도 신경을 쓰지 않습니다. 집에서 업무 데이터에 접근하는 것을 허용하면 좋을 텐데 그렇지 않지요.

그래서 나는 회사 네트워크를 해킹해서 동료들을 돕고 있습니다. 나는 드롭박스Dropbox라는 웹 서비스를 구축했는데, 이것은 인터넷을 통해 접근 가능한 일종의 파일 서버 같은 역할을 합니다. 이를 통해서 모두가 직장과 집, 어디서나 각자의 데이터에 안전하게 접근할 수 있지요. 우리는 443포트를 이용하는데 그건 차단할 수가 없습니다. 결과적으로 집에서도 직장과 같은 환경에서 작업을 할 수 있게 되었습니다.

이런 과정에서 중요한 것은 우리의 윤리 강령입니다. 우리는 서로를 단속하고 규제합니다. 따라서 보안을 해치는 일은 전혀 없지요. 우리 회사는 윤리 의식이 강한 문화를 갖고 있습니다. 덕분에 이런 편법을 써서 원하는 방식으로 일을 할 수 있는 것입니다. 물론, 이렇게 편법을 써서 해킹을 하는 이유는 윗분들이 협조하지 않기 때문이지요. 그들은 자신의 투자수익률과 비용절감에 훨씬 관심이 많습니다. 회사 툴이나 절차 때문에 우리가 얼마나 시간 외 노동을 해야 하는지, 우리한테 얼마나 비효율이 발생하는지 등에 대해서는 크게 관심이 없지요."

불쌍한 희생자가 될 것인가, 스스로 방패를 만들 것인가?

7장에서처럼 우리는 한 가지 선택으로 본 장을 마무리하고자 한다. 디지털 이용 기록에 유의하라. Y세대가 티핑 포인트에 도달하고 직장에 공동 창조의 시대가 올 것이다. 급진적 투명성과 함께 말이다.

이런 새로운 흐름이 현재 일터를 강타하고 있다. 또한 향후 10년 내내 그 영향이 증가할 것이다. 흐름들 각각은 우리에게 다음과 같은 새로운 결정을 강요한다. 어떻게 스스로의 정보를 통제할 것인가? 점점 많은 동료들이 개인 효율성을 요구하면 여러분도 거기에 동참할 것인가? 친구가 다니는 회사는 업무 수단과 절차들을 바꾸고, 비틀고, 변경하고, 불평불만을 표출하는 것을 허용하는 반면 여러분이 다니는 회사 경영진은 업무 수단과 절차들을 그대로 고수하려 한다면, 여러분은 그래도 기쁜 마음으로 지금 회사에 남을 것인가? 변화하는 기술과 자신의 사회적 자원을 활용하여 변화를 촉구할 것인가?

이런 흐름들 속에서 우리는 선택을 해야 한다. 이런 흐름들의 압박에 굴복할 것인가, 아니면 다른 해커들처럼 그런 결과를 만드는 데 일조하는 무언가를 할 것인가?

9장

해킹의 새로운 규칙

두려움은 그것을 명확히 규정한 다음에야 비로소 몰아낼 수 있다.
– 제다이 마스터 요다

'규칙에 따른다'는 의미 자체의 변화

여러분은 이미 해킹이 미래의 물결임을 이해했다. 그런데 왜 아직도 행동하지 않고 거기 앉아만 있는가?

그것은 두려움 때문이다. 두려움은 말하자면 '방 안의 코끼리' 같은 존재다. 누구나 인지하고 있지만 애써 무시하고 모른 척하는 문제 같다. 여기서는 무시하고 싶지만 무시해서는 안 되는 두려움이라는 문제를 다뤄보도록 하자.

모든 것이 그렇듯이 해킹과 관련해서도 다양한 수준의 위험이 따른다. 위험은 긍정적인 면(혁신, 성장, 경쟁우위, 새로운 기회)과 부정적인 면(상실 가능성, 비판)을 동시에 갖는다. 해킹에 따르는 위험 정도와 위험의 긍정적·부정적인 측면을 두루 살펴보고, '규칙에 따른다'는 자체가 어떻게 바뀌었는지도 살펴보자.

우리는 모든 잠재적 해커를 생각하며 이 책을 썼다. 그리고 일하는 모든 사람이 잠재적인 해커라고 생각했다. 처음에 우리는 더욱 효과적이고 능률적으로 일하게 해주는 방법이 있다면, 누구나 환영하고 기꺼이 배울 것이라고 생각했다. 하지만 원고 초안을 수백 명의 독자들에게 보여주고 나서 그렇지 않다는 사실을 깨달았다. 무엇보다 업무 해킹은 정서적으로 상반된 반응을 불러일으키는 사안이었다. 독자들은 알아서 '우리'와 '그들'이라는 편을 갈랐다. 회사 구조를 세웠거나 기존의 툴을 별다른 저항 없이 사용하는 많은 이들이 해킹을 통한 우회 방법들을 불쾌한 공격으로 생각했다. 그들은 '해킹은 틀렸다'고 생각했다. 하지만 다른 편에 있는 사람들의 생각은 달랐다. 그들은 오히려 "드디어 출구가 보인다!"며 반가워했다.

이런 구분이 워낙 분명해서 어느 쪽도 무시하거나 경시할 수 없었다. 여러분도 적극적으로 해킹을 하는 사람과 두렵거나 현상 유지를 위해 해킹을 하지 않는 사람 중 하나일 것이다.

욕구 단계가 업데이트되다

여러분이 스스로를 비해커라고 생각한다면, 방 안의 가장 큰 코끼리는 이런 것일 가능성이 높다. "하지만 나를 해고할 수도 있는 사람들을 화나게 할지 모를 그런 모험을 할 수는 없어. 이렇게 경제가 안 좋은 상황에서는 특히 그래."

왜 상사들에게 여러분의 미래를 결정할 권한을 그렇게 많이 주려 하는가? 진짜 중요한 힘은 여러분 내부에, 그리고 회사 밖에 있다. 왜 우리의 최선이 두려움을 전제로 하는 생존이라고 믿으려 하는가? 우리는 이를 극복해야 한다.

어느 신중한 비해커가 이런 의문을 풀 핵심 단서들을 제공했다. "사회학자 매슬로Maslow가 말한 욕구 단계를 생각해보세요. 지금 당신들이 말하는 것은 매슬로의 욕구 단계로 보자면 가장 상층에 있는 욕구가 아닌가 싶습니다. 자아실현 욕구 같은 것 말입니다. 하지만 높은 수준의 욕구를 추구하기 전에 음식, 주거 같은 일상적인 욕구, 직업을 가지는 등의 욕구가 충족되어야 합니다. 당장 월급을 걱정하는 사람들이 왜 일을 해킹해야 합니까? 월급을 주는 사람들이 왜 부하직원의 고차원적인 욕구 충족에까지 관심을 가져야 합니까? 일자리가 있는 것만도 다행이라고 느껴야 하는 상황인데요."

그 이유가 무엇이겠는가? 매슬로의 욕구 단계가 새로운 시대를 맞아 업데이트되었기 때문이다.

매슬로의 욕구 단계가 업데이트된 사실을 몰랐다면, 토머스 프리드먼Thomas Friedman의 《세계는 평평하다The World Is Flat》를 읽어볼 것을 권한다. 새로운 시대를 맞이하여 달라진 내용을 파악할 수 있을 것이다. 상대가 누구든, 어디서든, 무엇을 위해서든 경쟁할 준비가 되어 있어야 한다. 모든 회사와 회사 안의 모든 사람은 즉시 교체가 가능하다. 여러분이 모르고 있었다고 해도 그런 변화는 이미 수십 년 동안 우리에게 강제되고 있었다. 이제 가장 기본이 되는 욕구는 음식, 주거, 일자리 그리고 일자리 보전을 위해 일상적으로 경쟁하는 능력이다.

여러분이 어디서 무엇을 하든, 지구 다른 곳에서의 변화는 언제든 여러분의 일자리를 갑자기 빼앗아갈 수 있다. 이제는 고객, 상사, 회사를 만족시키는 능력이 관건이 아니다. 우리의 유일한 희망은 적응하는 능력이다. 즉 우리 앞에 어떤 일이 벌어지든 항상 어제보다 더 나은 능력에 달려 있다. 프리드먼은 이런 능력을 '업로딩uploading'이라 불렀다. 그는 최신 툴과 기술들을 활용하는 능력을 강조했다. 구체적으로 말하면 신속하게 배우고, 빌리고, 만들어내고, 적응해서 일자리를 놓고 세상 어느 누구와 경쟁해도 뒤지지 않는 능력이다.

그러므로 해킹은 사치가 아니다. 직원이 아닌 회사 중심으로 매사를 생각하는 기업의 현재 접근 방법을 고려했을 때, 해킹은 음식과 주거만큼이나 우리 생존에 있어서 필수적이다. 이미 기업은 직원의 생존이 아닌, 기업 자체 생존에 우선순위를 둔다는 사실을 누차 보여주었다. 해킹 대상이 되는 모든 것, 권위적인 방법으로 여러분과 팀을 비효율로 내모는 상사들, 업무를 더욱 힘들게 만드는 회사 중심의 구식 기술들, 활동을 제약하는 온갖 절차와 지나치게 엄격한 공정 등은 모두 회사의 생존과 성공을 보장하려는 의도에서 만들어졌다. 안타깝게도 우리가 어쩔 수 없이 해야 하는 대부분의 것들이 신속하게 업로드하고 적응하는 능력을 파괴한다. 즉 현대 사회에서 우리에게 반드시 필요한 생존 능력을 파괴한다.

만약 다음 주 급여가 걱정된다면 해킹을 시작하라.

좋은 두려움과 나쁜 두려움

불교도들에 따르면 세상에는 건강한 두려움과 건강하지 못한 두려움이 있다. 건강한 두려움은 파괴적인 결과를 피하기 위한 건설적인 조치를 수반한다. 금연을 하지 않았을 때의 결과를 알고 담배를 끊는 것처럼 말이다. 건강하지 못한 두려움은 알고 보면 우리를 해치지 못하는 어떤 것을 두려워하거나 불가항력인 어떤 것을 두려워하는 것이다. 거미를 두려워하는 것이 전자에 해당할 테고, 번개를 맞는 상황 같은 것이 후자에 해당한다. 그렇다면 해킹으로 인한 부정적인 결과에 대한 두려움은 좋은 두려움일까, 나쁜 두려움일까?

우리 식대로 표현하자면 이렇다. 자기 일을 해킹하는 데 대한 두려움은 건강하지 못한 두려움이다. 여기서 분명하게 알려주고 싶은 것이 있다. 선의의 해커들은 해고당하지 않는다. 오히려 잘되면 승진할 뿐이다.

우리는 리더, 관리자, 현장 직원들을 만나서 의견을 물었다. "어떻게 생각하십니까?" 업무 해킹을 드러내놓고 이야기하는 것이 처음이라 그들이 어떻게 반응하는지를 알고 싶었다. 비해커들은 세 집단으로 나뉘었다. 찬성하는 소수는 주먹을 불끈 쥐며 소리쳤다. "그래! 이거야! 때가 되었어!" 한편, 반대하는 소수는 사실 자체를 부정했다. "말도 안 돼. 해킹이 이렇게 많이 일어나진 않아." 가장 흥미로웠던 것은 세 번째 집단이자 다수를 차지한 이들의 반응이었다. 그들은 조심스럽고 겁이 많았다. "당신을 승진시킬 수도, 해고할 수도, 당신 업무를 힘들게 만들 수도 있는 사람을 화나게 하면 안 된다. 그러므로 아무것도 해킹하지 마라. 누군가가 화를 낼지 모르니까."

하지만 그들의 반응과 현실을 비교해보자 이런 두려움은 전혀 근거가 없음이 밝혀졌다. 우리는 4000건 이상의 선의의 해킹 사례, 즉 불합리한 절차와 장벽을 피해 우회적인 방법을 택했던 사례를 검토했다. 이 중에 해킹 때문에 해고당한 경험이 있다고 말한 해커는 단 3명뿐이었다(2명은 의도야 어떻든 결과적으로 회사에 해를 끼쳤다는 사실을 인정했다. 그러므로 진정한 의미에서 선의의 해킹은 아니다. 나머지 한 명은 이전부터 상사가 어떻게든 그를 해고하고 싶어 안달이 난 상황이었다).

    자기 일을 해킹해서 해고당할 확률은 0.075퍼센트다. 선의의 해킹으로 해고를 당할 확률보다 여러분 집이 벼락 맞을 확률이 6배나 높다. 이 책의 출간이 위험도 낮은 해킹을 증가시키리라 예측되지만, 지금까지 업무 해킹은 기록상으로 위험한 것과는 거리가 멀다. 우리가 선의의 해킹이라고 부르는 테두리 안에 있기만 하면 느린 승진과 직장 생활을 어렵게 만드는 상사 등 해킹의 부정적인 영향에 대한 두려움은 근거가 빈약하다. 그런 두려움이 타당하다고 주장하는 리더들조차 확실한 예로 자신의 주장을 뒷받침하지 못했다.

    어떤 리더십 코치는 정신이 제대로 박힌 사람이라면 누구도 자기 일을 해킹하지는 않을 것이고, 더구나 이렇게 힘든 경제 상황에서는 더욱 그럴 것이라고 장담했다. "너무 위험하니까요." 하지만 나중에 이메일을 교환하는 과정에서 그녀는 자기도 해킹을 하고 있음을 인정했다. "동료들도 그렇고 나도 그렇고 정해진 절차를 우회하면서 일하는 것이 다반사입니다. 그것이 일터의 현실이지요. 만나서 이야기를 나눠 본 모든 사람이 자신이 기억하는 과거부터 그랬다고 하더군요. 그러니 적어도 80년은 넘은 이야기지요. 확실히 인터넷 덕분에 그런 일이 훨씬 수월해졌습니다. 아무튼 해킹은 전혀 새로운 것이 아닙니다."

해킹이 적어도 80년 이상의 역사를 가지고 있다면(대다수는 아니더라도 현대의 일부 리더들까지 거기 포함되어 있다) 그동안 해킹으로 인한 대량 해고 같은 것이 있었는가? 왜 해킹을 두려워해야 하는가? 대답은 타당한 이유가 없다는 것이다. 그러니 해킹하라!

물론 우리 변호사들은 만약을 위해 다음과 같은 단서 조항을 넣어야 한다고 주장했다. 우리의 인터뷰 결과가 여러분의 해킹 결과까지 보장하지는 않는다. 항상 그렇듯이 매수자 위험 부담 원칙(구매 물품의 하자 유무에 대해서는 매수자가 확인할 책임이 있다는 원칙-옮긴이)은 여기서도 적용된다. 당신이 어떻게 생각하고 행동하느냐에 따라 결과가 달라질 수 있다는 것이다.

새로운 규칙

새로운 규칙이 추가되면서 규칙을 따른다는 의미 자체가 달라졌다. 나쁜 짓을 하지 않고 상사의 규칙을 따르면 예전에는 안전과 고용이 보장되었다. 하지만 지금은 그렇지 않다. 다음과 같이 과거의 규칙 2가지(1번과 2번)가 결합되어 우리가 새로운 규칙(3번)을 따르지 않을 수 없는 상황이 되었다.

1. 모든 업무는 보다 높은 목표에 도움이 되어야 한다. 행복한 고객, 상사, 투자자, 보람 있고 즐거운 동료 관계, 개인의 성장과 자기계발, 성과를 통한 기쁨과 보상 및 스스로에 대한 도전, 자

신과 가족의 안전한 미래 등 우리의 하루하루는 삶의 여러 가지 목표들을 관리하는 일종의 곡예라고 할 수 있다.

2. 모든 시스템은 현재 디폴트값이 회사 우선순위에 맞춰져 있다. 여러분이 일을 하라고 마련된 거의 모든 것의 디폴트값이 한 가지 목표들에 맞춰져 있다. 바로 회사의 성과와 회사가 원하는 업무 방식 실현이다. 결과적으로 직원들은 자기에게 중요한 목표들을 각각 성취하기 위해 훨씬 힘들게 일해야 하는 상황이 된다. 때문에 기업이 생각을 바꾸고 사용자 중심이 되는 길을 추구하기 전까지 우리는 3번 규칙을 따라야만 한다.

3. 우리의 우선 사항들을 성취하기가 너무 어렵다면 디폴트값을 바꿔야 한다. 이는 일을 해킹해야 한다는 의미다. 사용하는 업무 수단과 절차 등이 우리의 욕구도 고려하게끔 디폴트값을 바꾸어 회사의 성공만큼 우리의 성공도 수월하게 만들어야 한다. 그렇다고 자기만 생각하고 자기주장만 고집하라는 의미는 아니다. 오히려 각자의 상황을 개선하여 모두에게 도움이 되는 환경을 만들어내라는 의미다.

이쯤에서 방에 있는 마지막 코끼리가 나타난다. 두려움이나 현재 상태를 고수하려는 태도가 아니다. 책임을 지는 것이다. 의도가 도덕적이고 고결한가와 더불어 책임을 지는가라는 문제도 꼼꼼히 살펴볼 필요가 있다.

누구나 옳은 일을 하고 싶어 한다. 그리고 안타깝지만 학교에서는 해킹이 옳지 않다고 가르친다. 항상 규칙을 따르고 권위 있는 사람의 의견을 경청하는 것이 옳은 방법이라고 가르친다. 또한 윗사람에게 질문을 하기보다는 시키는 대로 하는 것이 책임감 있는 사람의 태도라고 가르친다. 즉 유년 시절부터 우리는 책임을 지는 것과 규칙을 따르는 것이 같다고 배웠다. 이런 논리를 적용해보면 우리를 짓누르는 IT 절차들을 묵묵히 따르면 책임감이 있고, 방화벽을 뛰어넘는 행동은 책임감 없는 행동이라는 의미가 된다. 결국 아무리 개인의 생산성과 효율을 방해해도 회사에서 요구하는 대로 모든 절차를 이행하고, 회사가 제공하는 모든 업무 수단을 이용해야 한다는 의미다. 하지만 그렇지 않다. 우리가 회사 규칙대로만 한다면 회사조차도 괴로울 것이다.

젠슨그룹의 조사 결과를 보면 항상 '정해진' 방식대로 일을 하면 회사, 고객, 직원 모두에게 도움이 되기는커녕 해가 된다는 사실을 알 수 있다. 세계 곳곳의 중간관리자 약 5500명을 상대로 조사한 결과, 회사 제공 업무 수단과 절차는 개인의 생산성을 30~75퍼센트 떨어뜨린다는 것을 알 수 있다. 그리고 조사한 사람들의 92퍼센트가 일상적인 비효율이 문제를 해결하고 혁신하는 팀의 능력에 직접적인 영향을 준다고 생각했다.

때로는 옳은 일을 하는 것이 정해진 규칙대로 하는 것과 다를 수 있다. 이런 상황에서 전자가 후자보다 중요하다는 사실을 깨닫고 그에 맞게 행동하는 것이 진정으로 책임감 있는 사람의 태도다.

누구에게나 이런 결론을 뒷받침할 개인적인 경험들이 있으리라 생각한다. 예를 들면, 우리가 아는 교육훈련 담당자는 고급 프로젝트 관리 기술에 관한 강의를 진행했었다. 당시 가장 인기를 끌었던 토론은 학생들이 업무 처리를 위해 정기적으로 저지르는 '회사 내에서의 범죄'에 관한 것이었다. 그들이 말하는 가장 흔한 사내 범죄는 회사 쪽의 조달 담당자와 판매업체 쪽의 판매 및 마케팅 담당자를 거치지 않음으로써 물품 조달 과정을 신속하게 만드는 것이었다. 교육 참석자들은 간단한 해킹이 어떤 프로젝트에 투여되는 전체 시간을 절반으로 줄여준다는 결론을 내렸다.

이 '범죄자'들은 자신이 높은 윤리 기준을 지키면서 근면하게 일하고 있다고 장담했다. 윤리적인 위반이나 프로젝트 기준에서 벗어남 없이 소요 시간을 50퍼센트나 줄이다니 대단한 일이 아닌가! 더구나 이런 것들은 소수의 무정부주의자들이나 하는 행동이 아니다. 자격을 갖춘 전문 프로젝트 매니저 수십 명이 그런 조치를 취하고 있었다. 나중에 그들은 그 자리에 모인 모두가 프로젝트를 마무리하기 위해서 우회적인 방법을 만들어냈다는 사실을 깨달았다.

새로운 규칙에 따라 일한다는 것은 우리에게 정해진 업무 수단과 절차의 디폴트값을 바꿀 의무가 있다는 의미다. 또한 책임을 진다는 말은 더욱 많은 상식을 이용하고, 맹목적인 복종은 줄이고, 회사가 제공하는 것보다 나은 방법을 모색한다는 의미다.

회사의 우선순위는 직원들의 그것보다 중요해야 한다. 해킹에서 제외되어야 하는 시스템, 업무 수단, 구조 등은 무엇인가? 우회 해법을 통해 바뀌어야 하는 시스템, 업무 수단, 구조 등은 어떠한가? 회사와

> 똑똑하게 시작하자

균형 잡힌 해킹 포트폴리오를 유지하라

모든 것이 그렇듯이 해킹과 관련된 위험에도 정도가 있다. 위험은 긍정적인 측면과 부정적인 측면을 모두 가진다. 최선의 방법은 4가지 위험 수준이 고루 섞여서 균형 잡힌 포트폴리오를 유지하는 것이다. 지나치게 안전만 추구하는 것은 지나치게 위험을 감수하는 만큼이나 해로울 수 있다. 위험이란 개인이 평가하는 것이므로 여러분은 스스로에게 맞는 최선의 조합을 찾아야 한다.

1. 삶을 바꾼다.
    높은 수준 위험에 높은 보상이다. 예를 들면, 해킹으로 새로운 제품이 만들어지고, 새로운 회사가 탄생하고, 때로는 산업 전반이 바뀌는 경우다(월마트, 페덱스, 아이튠즈 등).

2. 경력을 바꾼다.
    중간 수준 위험에 높은 보상이다. 여러분의 해킹으로 회사의 업무 방식이 바뀌고, 여러분은 해당 분야 권위자로 인정을 받게 된다. 베스트바이 직원들이 그들을 위한 안전한 소셜 네트워크인 블루셔츠 네이션을 구축한 일이 대표적인 예다.

3. 업무를 바꾼다.
    중저 수준 위험이다. 해킹으로 형편없는 상사나 엉터리 절차, 혹은 회사 중심 업무 수단 등을 우회하는 것이다. 하지만 안타깝게도 자체적인 생명력과 지속성을 가지지는 못한다. 말하자면 근본적으로 뭔가가 바뀌는 것이 아니라 매번 같은 우회 방법을 반복해주어야 한다. 예를 들면, 방화벽을 반복적으로 뛰어넘어야 한다. 대부분의 해킹이 이런 범주에 속한다. 여기서 이상적인 것은 회사 혹은 동료와 힘을 합쳐 지속 가능한 해결책을 모색하는 것이다.

4. 그럭저럭 해나간다.
    낮은 위험이다. 안전을 생각하며 신중하게 한다. 관리자가 지지하리라는 확신이 들 때, 부정적인 가능성이 거의 없을 때만 절차를 우회한다. 이런 접근법에 문제는 없다. 다만, 자기 운명의 통제권을 되찾는 데 도움이 되지 않는다는 것만 빼고는 말이다.

> 보상의 정도 또한 개인적인 평가다. 어떤 해킹은 그날 하루를 평소보다 낫게 보내게 해줄 뿐이고, 어떤 것은 여러분의 삶은 물론 주변 모든 사람의 삶까지 영원히 바꾼다. 각자에게 맞는 가장 좋은 조합을 찾아라.

환경에 따라서 다르리라 본다. 하지만 대부분의 회사 구조와 업무 수단들이 선의의 해킹을 필요로 한다는 사실에는 의문의 여지가 없다. 이에 대한 논쟁은 이미 끝난 것이나 마찬가지다. 과거 규칙을 따르기에는 모두의 위험 부담이 너무 크기 때문이다.

결국은 개인의 선택 문제다

해킹을 하느냐 마느냐는 상사, 고용 보장, 규칙, 회사 정책 등과는 무관하다. 이는 결국 자기 운명을 통제하려는 욕구와 자신과 가족의 안전한 미래를 보장하려는 욕구 사이에서 각자가 어떻게 균형을 잡고 어떤 선택을 하느냐로 귀결된다. 양쪽 모두 중요하기 때문이다. 옳은 선택이나 틀린 선택 따위는 없다. 그저 여러분 개인의 선택이 있을 뿐이다.

예를 들어, 열다섯 살인 아리 웨인스타인과 일당들이 (애플에서 허용하지 않은 프로그램들을 다운로드 할 수 있게 해주는) 아이폰 '탈옥jailbreak'을 돕는 소프트웨어를 공개했을 때, 일부는 그들의 선택이 너무 위험하다고 보았다(탈옥이 이미 대세가 되어가는데도, 애플이 출시한 아이패드 신제품 탈옥 방법을 설명한 비디오가 처음 웹사이트에 올라온 것은 출시 몇 시간 뒤였다).

하지만 프로젝트 매니저 아타나사키가 IT 업무지원센터를 우회하

| 속성 해킹

현장에서 듣는 우회 해법

30일 동안 전력을 다해 성과를 내다.
매튜의 말을 들어보자. "몇 년 전에 나는 대형 인터넷회사에 경력 디자이너로 들어갔습니다. 모두 인터넷 관련 일을 하고 있었기 때문에 25명으로 구성된 우리 팀은 경험도 없고 상당히 어렸습니다. 훨씬 나이가 많은 임원들에게 인터넷으로 어떤 일을 해야 하는가를 말하는 것이 상당히 어려운 과제였지요. 임원들은 다른 것들을 관리하던 방식과 똑같이 우리를 관리하려고 했습니다. 형식상의 절차를 강요하고, 고객과의 관계도 철저하게 통제하려고 했지요. 그들은 우리를 건방진 아이들 정도로 취급했습니다.

한 임원은 면전에서 이런 말을 했습니다. '자네들 때문에 정말 난감하군. 자네들이 도대체 무슨 일을 어떻게 하고 있는지 도통 알 수가 없어.' 경영진은 마침내 백기를 들고 나에게 책임을 맡겼습니다. 한편으로 우리 팀을 맡길 적임자를 물색하고 있었지요." 여기에서 얻을 수 있는 해킹 교훈 첫 번째는 '위에서 인정하든 안하든, 뭔가를 바꿀 권한을 가진 리더처럼 행동하라'는 것이다.

"나는 회사 밖에서 아이디어들을 찾았고, 버지니아대학 다든 경영대학원의 잔 리드카의 생각을 찾아냈습니다. 그녀는 대부분의 혁신은 문제들을 피해 우회 질주한 결과물이라고 말합니다. 바로 해킹이지요! 리드카와 다른 이들의 아이디어를 믿고 나는 우회 질주를 시작했습니다. 우리 팀의 욕구를 기본으로 하고 회사의 욕구 달성을 위해 노력하는, 말하자면 통상적인 방법과는 정확히 반대되는 방식이었지요.

나는 모든 사람의 개인적인 욕구를 파악했습니다. 면담을 통해서 고객에게 도움이 되는 가치를 생산할 방법을 물었습니다. 경영진이 봐주었으면 하는 것은 무엇이라고 생각하는지에 대해서 토론을 벌였습니다. 또한 급한 목표가 무엇이고, 사용하고 싶은 툴과 접근 방법은 무엇인가를 놓고 브레인스토밍을 했습니다." 해킹 교훈 두 번째는 '사용자 중심이 되어라. 하향식이 아니라 아랫사람들의 의견을 듣고 업무를 설계하라'이다.

해킹 교훈 세 번째는 '툴이 중요하다'는 것이다. "우리는 회사의 지식관리 정책을 무시하고, 위키를 아이디어와 해결책을 모색하는 공간으로 사용했습니다. 핵심

> 의사소통 수단으로는 트위터를 사용했습니다. 우리 팀은 고객들이 말하는 문제점에 훨씬 신속하게 대처했습니다. 예전에는 몇 주씩 걸리던 것을 우리는 몇 시간에 해냈습니다. 마땅히 따라야 하는 절차에 얽매이지 않았기 때문입니다. 30일 뒤에 상무가 전체 회의에 참석했다가 돌아와서 우리 팀을 칭찬했습니다. 회사 최고의 전략가들이라고 말입니다. 훌륭한 찬사지만 진실은 아니죠. 우리는 그저 제시간에 문제를 해결했을 뿐이었습니다. 회사에서 정한 업무 진행 방식을 따랐던 상사들은 하지 못했던 일이지요."
>
> 마지막으로 해킹 교훈 네 번째는 '성과를 내라'이다. 그러면 불신하던 이들이 지지자로 바뀐다. "갑자기 상무가 우리를 방어해주고, 장벽들을 제거해주었습니다. 회사 사람들이 우리의 전문성과 정보를 누가 먼저 얻느냐를 놓고 싸우기 시작하더군요. 우리는 가장 비효율적인 집단에서 가장 효율적인 집단으로 바뀌었습니다. 저조하던 팀원들의 사기도 완전히 달라졌지요. 우리는 전략을 논하는 회의에도 참석하게 되었습니다. 가장 중요한 것은 고객들이 우리가 일한 시간이 아니라 우리의 생각에 보답을 해주기 시작했다는 겁니다."

여 IT부서 직원에 직접 연락하여 문제를 해결했을 때는, 대부분이 위험도가 상당히 낮은 선택이라고 분류했다. 아타나사키가 다니는 회사 정책에 따르면, 모든 직원은 IT 쪽에 문제가 있으면 먼저 지원센터에 전화를 해야 한다. 이런 절차를 거치면 문제 해결까지 평균 사흘에서 닷새가 걸렸다. 아타나사키가 택한 우회 방법은 평소 친하게 지내는 IT부서 직원에게 연락해서 문제를 즉시 해결하는 것이었다.

건강하지 못한 두려움에 굴복하고 싶은 유혹을 느낀다면 작은 것에서 시작해 점점 발전한다는 사실을 명심하라. KISS(이에 대해서는 5장을 참조하라)! 가장 진보적이고 유용한 일부 해킹이 노골적으로 규칙을 무시한 그런 사람들에게서 나오는 것은 사실이다. 반면에 아타나사키의 그것처럼 노련미가 돋보이면서 비교적 안전한 해킹들은 평소 기업을 굴리는 바퀴들의 일탈을 막아주는 작용을 한다.

해킹이 여러분을 곤란하게 만들 것이라고 생각한다면 아마도 그럴 것이다. 우리가 이 책에서 제시하는 성공 사례들이 아무리 많아도 결국 여러분의 두려움이 승리할 것이다. 하지만 여러분이 자기 운명을 스스로 통제하는 것이 정말로 중요하고 긴급한 사안이라고 생각한다면 충분히 안전한 해킹 방법들이 보일 것이다.

해킹을 많이 두려워하는 사람도 있을 테고, 전혀 두려워하지 않는 사람도 있을 것이다. 또한 해킹에 대한 두려움 면에서 이런 양극단의 중간 어디쯤에 있는 사람들도 있을 것이다. 여러분이 어디에 속하든, 자기를 보다 잘 이해하기 위해서라도 해킹이라는 주제를 탐험해볼 것을 권한다. 자기 운명에 대한 통제와 안전 보장 사이에서 각자에게 맞는 최적의 균형점을 찾는 일을 게을리 하지 마라. 진실을 알고 나면 깜짝 놀라게 될지도 모른다.

선의의 해커들은 모두에게 이롭도록 고치는 일이 고차원적인 삶의 목표에 도움이 된다고 믿는다. 그리고 그것이 방 안의 코끼리를 옮기고 극복하는 방법이라고 믿는다.

4부
변화를 만들어내라

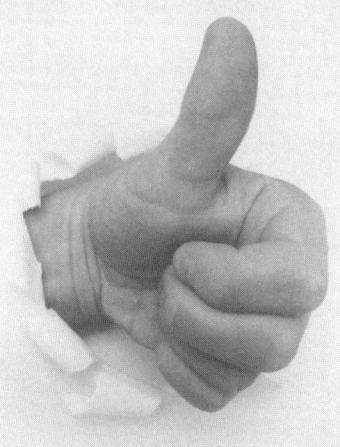

권력, 통제, 위험.
차마 말하지 못하는 것들이다.
업무 해킹은 금기를 깨고 대화를 하나의 단순한 질문에 집중한다.
"내가 일을 훌륭하게 해내기가 얼마나 쉬운가?"
이런 질문에 집중하면 우리가 정말로 중요한 일을 하는 방식이 영원히 바뀐다.

| 10장 |

조직에 얽매이지 않는 변화 주도자

변화는 특정한 권한을 가진 사람들에 의해서 만들어진다.
새로운 방향을 옹호할 기반과 이를 받아들이는 사람들을 고용하고,
승진시키고, 포상할 능력을 가진 관리자들에 의해서 변화가 추동된다.
— 잭 웰치Jack Welch, 전 GE CEO

해커들이 사장에게 바라는 것들

이 책을 읽는 많은 이들이 잭 웰치의 관점에 동의하리라 생각한다. 사실 그렇기 때문에 해커들이 해킹을 하는 것이다. 잭 웰치는 아랫사람들을 고용하고, 승진시키고, 포상할 능력을 가진 사람들만이 안전하게 변화를 추진할 수가 있으며 우리가 이를 '인정해야 한다'고 주장한다.[1]

이는 GE를 세계적 강자로 바꾼 사상이자 동시에 지금의 경제 혼란을 야기한 사상이기도 하다. 현재 대부분 회사들이 안고 있는 많은 문제들이 이런 사상에서 비롯되었다. 해킹 대상이 되어야 마땅한 GE의 많은 문제들도 마찬가지다.

1990년대 초반 이래 대략 1000명의 GE 노동자, 관리자, 임원들이 젠슨그룹에서 진행 중인 '보다 단순한 방법을 찾아서'라는 연구 조사

프로젝트에 참여했다. 1000건의 인터뷰와 조사 결과가 조직 전체를 대변한다면, GE는 자사의 업무 수단과 절차 때문에 직원들을 좌절시키는 회사, 그래서 해킹을 당해야 하는 회사의 전형이라 해도 과언이 아니었다.

불필요한 업무나 관료주의 절차를 없애자는 워크아웃Work-Out 제도와 전사적 품질관리 프로그램인 식스시그마Six Sigma의 이른 채택, 그 외 수많은 회사 중심 공정과 실적관리 수단들, 성과 위주 문화, 타의 추종을 불허하는 임원개발 프로그램 덕분에 GE는 수십 년 동안 세계 최고의 실적을 자랑하는 회사 중 하나로 군림해왔다(2009년에는 110억 달러 이익을 올렸다). 심지어 수익이 떨어지는 와중에도 GE는 여전히 월스트리트의 기대치를 상회했다.

하지만 높은 실적을 자랑하는 GE의 구조들이 얼마나 사용자 중심일까? 과연 32만 명에 달하는 GE 직원들이 개인 입장에서 업무를 훌륭하게 완수하기가 쉬운 구조일까? 우리가 인터뷰한 사람들의 말에 따르면, GE는 세계에서 가장 전제적이고 회사 중심적이다. 이 말은 곧 가장 사용자 중심적이지 않은 회사라는 뜻이다. GE의 리더십 연구원인 크로톤빌을 거친 임원들 휘하로 들어가면 이런 사실을 뼈저리게 느낄 수 있을 것이다.

젠슨그룹 조사 연구에 참가한 GE 임직원들이 대부분 회사의 허락을 받지 않고 참가한 것이므로 여기서 얻은 결론을 일반화하는 데는 어느 정도 한계가 있을지 모른다(사실 GE라는 거대 기업이 명예를 훼손했다면서 쫓아오는 일은 우리도 바라지 않는다. 때문에 이런 부분을 언급하지 않을 수 없다).[2] 그래도 여기서 얻는 교훈을 다시 한 번 생각해보도록 하자. 높은 실적을 올리는 회사 시스템에 대한 판단이 리더 입장과 직원 입장에서 크게 차이가 있을 수 있다. 말하자면 높은 실적의 동력이 되는 공정과 절차 등이 리더 입장에서는 단순화되어 있지만, 직원 입장에서는 너무 엄격하고 복잡할 수 있다. 리더들이 회사 인프라 변경 방법을 해커에게 배워야 하는 이유가 바로 여기에 있다.

조직에 얽매이지 않는 변화 주도자들

최고의 해커들은 변화 주도자change agent를 정의하는 방식에 있어서는 잭 웰치와 완벽한 의견 일치를 보리라 생각한다. "첫째, 진정한 변화 주도자는 누구도 보지 않는 미래를 본다. 그리고 자기가 본 비전을 따라 끊임없이 나아간다. 둘째, 변화 주도자는 기꺼이 과감한 행동을 하고 결과를 받아들인다. 셋째, 변화 주도자는 팀에 활력을 불어넣고 사람들을 흥분시키는 능력을 가지고 있다. 그들 대부분이 열정과 관심에 매료된 열렬한 핵심 지지자들을 거느리고 있다. 결국, 그들 밑에서 일하는 사람들이 처벌이 두려워서가 아니라 훌륭한 성과를 내기 위해 변화에 최선을 다하는 모습을 보는 순간 우리는 그들이 진정한 변화 주도자임을 확신하게 된다.[3]"

이는 우리가 인터뷰했던 훌륭한 해커들이 스스로와 자신의 해킹을 보는 방식과 정확히 일치한다. 어떤 위대한 기업 리더와 훌륭한 해커를 모아놓고 변화 주도자가 되는 데 무엇이 필요하냐고 묻는다면 야합이 아닌가 싶을 만큼 똑같은 대답이 나올 것이다.

그렇다면 그들을 나누는 선은 어디에 있는가? 이는 권력 구조다. 조직이 조직을 위한 효율, 생산성, 성과를 제고하고자 사용하는 업무 수단, 인프라, 공정, 절차 등의 전반적인 구조는 회사 중심으로 설계된다. 그리고 그로 인해 개인에게 강제되는 부담, 시간 외 근무, 비효율에 대해서는 크게 관심을 기울이지 않는다.

여기서 양쪽의 입장 차이는 업무 수단과 구조를 어떻게 이용하고, 누가 거기서 최대 이익을 볼 것인가에 있다. 개인, 팀, 고객의 욕구가 무시되는 상황에서 해커들은 조직에 얽매이지 않는 '프리랜서' 변화 주도자처럼 행동하면서 차이를 메울 우회 해법들을 만들어내야 한다고 느낀다. 이유가 무엇이라고 생각하는가? 해커가 보기에는 회사 중심의 업무 수단과 구조들이 이미 고장 난 상태에서 자기에게 제공되었기 때문이다.

필리핀대학 교수 롬 페리아^{Rom Feria}의 해킹이 대표적이다. 그의 해킹은 요즘 학생들의 학습 스타일과 맞지 않는 교수법과, 학생이나 교수회 어느 쪽의 욕구도 충족시키지 못하는 교육용 프로그램을 목표로 했다. 잭 웰치가 말한 변화 주도자들이 그렇듯이 페리아는 높은 실적을 내는 지지자들을 끌어들였다. 그의 추종자들은 중앙집권적인 학교 시스템을 외면하고 오픈소스 교육용 프로그램을 이용함으로써 높은 실적을 올린다. 페리아는 학생이든 교수든 자유롭게 바꿀 수 있는 오픈소스 프로그램을 통한 해결책을 적극적으로 장려했다. 지금은 동일한 교육용 프로그램이 필리핀 전역은 물론, 브라질, 인도네시아, 베트남 등지에서도 널리 이용되고 있다.

"권력을 쥐고 있는 윗분들이 지금은 참여의 시대라는 사실을 깨달아야 합니다. 현대의 사용자들은 단순한 구경꾼이 아니라 공동 저자이자 재설계자들입니다." 페리아의 말이다. 페리아 입장에서는 영광스럽게도, 8개월 뒤에 잭 웰치도 잡지 칼럼에서 이에 동의하는 발언을 했다.

"직원이 된다 함은 윗사람의 변덕에 자기를 맡기고 휘둘리는 것이라고들 합니다. 하지만 우리 사회가 근본적으로 달라졌습니다. 이런 변화는 향후 사람들이 직업을 선택하는 방식에서 드러날 것입니다. 윗사람에게 휘둘리는 것이 아니라 용감히 맞서는 새로운 유형의 직원이 승리할 것입니다. 그리고 마찬가지로 용감한 새로운 회사들만이 그들을 데려갈 수 있을 것입니다."[4]

해커들의 지혜에서 배우는 5가지 핵심 전제

시장에서 온갖 압력을 견디고 살아남아 계속해서 번창하려면 잭 웰치가 말하는 '용감한 회사, 새로운 회사'로 변모해야 한다. 이런 과정에서 해커들은 사장인 당신을 도울 수가 있다. 당신이 2가지를 받아들이고 포용할 수만 있다면 말이다.

첫째, 해커들은 당신을 마음 편히 살게 내버려두지 않을 것이다. 그들은 당신이 가진 대부분의 선입견에 의문을 제기하고, 때로는 당신이 겁을 먹고 마음을 졸이게 되는 그런 일들을 하라고 조언할 것이다.

둘째, 바로 그것 때문에 당신은 해커들이 필요하다. 그들은 경쟁자들보다 먼저 목적지에 도착하게끔 당신을 밀어줄 것이다. 진심으로

> **똑똑하게 시작하자**
>
> ## 해커들의 지혜에서 배우는 5가지 핵심 전제
>
> 1. 사용자 중심 설계가 시장에서 직장으로 이동한다. 고객들의 제품 구매를 쉽게 할 수 있도록 회사들은 최선을 다한다. 아랫사람들의 업무 수행을 수월하게 하는 데도 똑같이 관심을 기울여라.
> 2. 개인의 투자수익률이 중요해진다. 결국 노동 계약이 현실화된다.
> 3. 교육훈련과 인력개발이 마침내 학습자 중심으로 이루어진다. 개인에게 맞는 최적의 방법으로 능력을 개발하면 놀라운 효과와 보상이 따른다.
> 4. 조직도가 소셜 네트워크 지도와 결합된다. 당신의 리더십 선별 방법이 민주화된다.
> 5. 명료성의 예술과 과학이 시장에서 직장으로 이동한다. 커뮤니케이션 기술을 우리는 너무 당연하게 생각한다. 모든 사람이 기본적인 커뮤니케이션 기술을 가지고 있다고 전제하는 것이다. 하지만 그렇지 않다.

해커들에게서 배울 의지가 있다면, 당신은 경쟁자들을 멀찌감치 물리치고 고객만족에서 훨씬 앞서가는 그런 회사의 사장이 될 수 있을 것이다.

   회사에서 달라지기 전에는 어떤 것도 당신 잘못이 아니다. 문제는 시스템이다. 시스템은 당신의 욕구와 직원들의 욕구를 만족시키지 못하고 있다. 하지만 회사 업무 수단과 공정들이 어떻게 만들어져야 하는가를 결정하는 핵심 의사결정자는 누구인가? 그렇다. 당신이다. 그러므로 당신 잘못이 아니라 해도 책임은 분명 당신에게 있다. 그런 책임을 지라고 당신에게 많은 돈을 주는 것이다.

핵심 전제 1. 사용자 중심 설계가 시장에서 직장으로 이동한다

무엇이 바뀌어야 하는가? 회사가 직원의 시간과 관심을 당신이 적합하다고 생각하는 대로 사용할 권리가 있다는 믿음이 바뀌어야 한다. 이런 잘못된 가정 때문에 업무 설계에서 많은 문제점들이 나오고 있다.

결정적인 첫걸음 해커들에게 현재 회사의 업무 수단과 공정들이 사용자 중심인지 평가하는 일을 도와달라고 요청하라(당신이 1번에서 말한 핵심 전제를 바꾸지 않으면 영원히 문제점을 보지도 받아들이지도 못할 것이다).

언제 성공했다고 볼 수 있는가? 직원들이 "여기서 업무를 훌륭하게 수행하기가 쉬운가?"라는 물음에 "그렇다"라고 답하는 순간이다.

한 번이라도 감동적인 고객 경험을 해본 사람이라면 어느 고객이 유튜브에 올린 다음과 같은 비디오 내용을 십분 이해할 것이다. "여러분! 나는 오늘 로우스Lowe's에서 깔아준 주방 바닥 이야기를 해주고 싶습니다. 얼마 전에 우리는 로우스에서 출시한 신제품 냉장고를 구입했습니다. 하지만 설치가 제대로 되지 않았습니다. 냉장고에서 물이 흘러나와 주방 바닥이 엉망이 되고 말았지요. 그래서 로우스에 전화를 했습니다. 그런데 정말 친절하더군요. 로우스 관리자인 제프가 직접 와서 새로운 나무 바닥을 깔아주었습니다. 내가 원하던 정말 근사한 바닥이었지요. 멋진 바닥을 깔아준 로우스에 고맙다는 인사를 하고 싶었습니다. 그리고 훌륭한 고객 서비스에 대해서도 정말 감사합니다!"

물론 회사 입장에서도 제프 같은 관리자를 만나기를 원한다. 하지만 마냥 욕심만 내기 전에 알아야 할 중요한 사실이 있다. 바닥을 새로 깔아야겠다고 즉시 결정을 내리고, 필요한 직원들을 동원하고, 고객 부담 없이 업무를 처리하는 모든 과정을 수월하게 해주는 회사 인프라가 없었다면 제프가 고객을 만족시킬 수는 없었을 것이라는 점이다. 이런 모든 단계를 수월하게 진행할 수 있었던 것은 고객 중심의 회사 인프라와 업무 수단, 절차 등이 제대로 갖춰져 있었기 때문이다.

이것이 바로 사용자 중심 설계다. 아마존, 이베이, 랜즈 엔드, 드러그스토어닷컴Drugstore.com 등이 수많은 시간과 돈을 들여 고객들이 사이트를 이용하는 방식을 연구했다. 그리고 거기서 얻은 결론을 토대로 사이트에 작은 변화를 주었다(사소해 보이는 작은 변화가 실제로는 엄청난 수익 증가로 이어지곤 한다). 구글이 사이트를 재설계할 때마다 달라진 내용을 공식적으로 적용하기 전에, 2만 명의 자체 직원은 물론 수십만에 달하는 사용자들까지 동원해서 거듭 테스트를 하는 이유가 바로 여기에 있다. 그 모두가 고객이 무엇을 원하고, 어떻게 행동하며, 어떤 것이 효과적인가를 중심으로 접근하겠다는 의지이자 노력이다.

고객 경험에서 제프 같은 인적 요소는 종종 중요한 역할을 한다. 하지만 그보다 공급자의 인프라에 고객의 욕구가 반영되어 있느냐가 고객 경험을 결정하는 경우가 점점 많아지고 있다. 차를 탄 채로 서비스를 받는 은행이나 상점의 창구, 응급실 이용, 고객과 동시에 공항에 도착하는 수하물 등 공급자의 인프라 설계가 고객 경험의 많은 부분을 결정하는 '보이지 않는 손'이다. 사용자 중심 설계가 많을수록 경험도 만족스러워진다. 반대로 공급자 중심 설계가 많을수록 고객 경험이 불만족스러워진다. 그런 경우 고객은 서비스를 받는다는 느낌보다 그들 밑에서 일한다는 느낌을 받게 된다. 당연히 의욕이 생길 리도, 즐거울 리도 없다.

고객을 주제로 이런 논의들이 나오면 회사들은 다들 개념을 알아듣고 이해한다. 하지만 어찌된 일인지 대다수 회사들은 회사 내부에서는 사용자 중심이라는 아이디어를 생각하지 못하고 있다. 현재 다수의 업무 시스템이 회사 중심이며 사용자 중심이 아니다. 그렇다고 이 회사들이 나쁘다는 것은 아니다. 그저 노동의 신세계를 온전히 받아들일 준비가 되어 있지 않다는 의미다. 또한 회사의 모든 시스템에 대한 선의의 해킹 기회가 무르익었다는 의미이기도 하다. 해커들의 바람은 업무 처리에서 자신들이 느끼는 일상적인 필요가 회사의 인프라에 반영되는 것이다. 그렇게 하지 않으면 직원들의 시간, 관심, 능력을 낭비함으로써 회사의 가장 중요한 자원을 제대로 활용하지 못하는 결과를 낳게 된다.

회사가 내부 사용자 중심 설계를 택할 중요한 기회를 놓친 사례를 하나 소개하겠다. 몇 년 전에 빌은 세계 최대 은행들 중에 한 곳에서 모든 지사의 관리자들과 직원 훈련을 단순화해달라는 요청을 받았다. 해당 은행은 주로 기업 인수를 통해 성장했기 때문에 지사 직원 관리의 새로운 접근법을 모색할 필요가 있었다. 비용 효율성을 살리면서 가능한 가장 좋은 고객 경험을 만들어내는 그런 접근법이 필요했다.

빌은 여러 가지 조사를 했다. 새로 인수된 지사의 관리자 20여 명에게 일상 업무 처리에서 가장 어려운 점이 무엇인가를 묻는 조사도 그 중 하나였다. 가장 많이 나온 이야기가 이메일 시스템이었다. 회사에서는 양쪽 IT 시스템 통합까지 거의 1년이 소요될 예정이고, 통합 이후에야 새로운 시스템이 온전하게 돌아갈 것이라고 했다. 그러는 사이 관리자들은 의사소통에서 이러지도 저러지도 못하는 어중간한 상태에 놓이게 되었다.

그래서 그들은 어떻게 했을까? 대다수는 묵묵히 매일 한 시간 정도의 추가 노동을 감내했다. 메일 전달이 원활치 않으니 전화와 회의하는 시간이 늘 수밖에 없었다. 그렇게라도 절실하게 필요한 IT 툴의 부재를 보충해야 했다. 고객들을 위해 써야 마땅한 시간을 의사소통의 결함을 메우는 데 쓰고 있었다. 관리자 4명은 회사 방화벽을 뛰어넘어 지메일 같은 오픈소스 서비스를 이용하기 시작했다(선의의 해킹이었다. 하지만 방화벽 안에 있어야 마땅한 일부 정보들이 흘러나갔을 것이다). 두 회사가 하나로 합쳐졌는데도 아무도 그들의 일상적인 요구에 관심을 갖지 않은 탓이다.

직원 배치며 관리 부분을 맡고 있던 수백 명이 이런 문제 혹은 지사 수준에서의 대여섯 가지 유사한 문제에 대처하지 않았다. 그들이 진심으로 지사에 있는 모든 인원을 챙겼다고 해도 그들은 회사 중심 설계에만 관심을 쏟았기 때문에 그런 문제를 해결해줄 수는 없는 노릇이었다. 그들은 지사에 직원을 두고 새로운 방식으로 훈련시킬 가장 효율적인 방법을 찾는 데만 몰두했다. 그렇다고 회사의 접근법이 잘못되었다는 것은 아니다. 6장에서 말했듯이 항상 문제에는 양면이 있기 때문에 유의해야 한다.

누군가는 사용자 중심 문제에도 관심을 기울여야 했다. 몇 달씩 걸리는 IT 시스템 교체처럼 모든 지사 관리자들의 개인 생산성에 직접적인 영향을 주는 문제에도 대처했어야 했다. 누군가는 회사 설계자한테 무조건 맞추라고 강요하지만 말고, 직원들이 원하고 필요로 하는 업무 방식이 무엇인가에 관심을 기울여야 했다. 하지만 그런 일은 일어나지 않았다.

그렇다고 회사들이 악의를 품고 있는 것은 아니다. 회사는 당연히 직원들을 위해 옳은 일을 하고 싶어 한다. 그런데도 왜 이런 일이 계속 일어나는 것인가? 왜 사용자 중심 설계가 그렇게 드문가? 이는 산업 시대의 잔유물인 한 가지 핵심 가정 때문이다. 바로 회사가 직원의 시간과 관심을 어떻게 쓸 것인가를 지시하고 통제할 권리를 가진다는 생각이다.

직원들의 시간과 관심을 회사에서 적합하다고 생각하는 대로 쓸 권리가 있다고 믿기 때문에 회사는 매사에 회사 중심적인 태도를 고수한다. 직원들이 마땅히 어떻게 일해야 하는가를 결정할 권한이 회사에 있다는 전제 하에서 회사 구조며 모든 것을 만든다. 회사들은 이런 권리를 노사 계약에 포함된 일부로 생각한다. 따라서 굳이 사용자 중심이 되어야 할 타당한 이유가 없다.

고용주들은 과거 수십 년 넘게 노사 계약에서 그들이 지켜야 하는 합의들을 지키지 않았다. 과거 20년 동안에는 그런 양상이 특히 두드러지게 나타났다. 그런데도 이런 가정만은 견고하게 남아 있다. 결국 바뀌어야 하는 것은 직원들의 시간과 관심을 어떻게 사용할 것인가를 지시할 절대적 권한이 회사에 있다는 가정이다.

좋든 싫든 회사가 노동자와 맺은 암묵적 계약은 이제 '관심 경제attention economy'라는 불변의 법칙에 의해 지배될 것이다. 우리는 인류 역사상 표현 능력이 가장 발달한 그런 시대를 살고 있다. 대부분 직원들은 이제 각자의 관심을 어디에 쏟을지 스스로 통제할 수단과 기회들을 가지고 있다. 그들의 관심이 향하는 곳에 그들의 시간과 에너지도 간다. 그리고 그들의 시간과 에너지가 향하는 곳에 그들의 생산성도 있다. 이런 상황에서도 회사는 직원들이 시간, 관심, 에너지를 쓰는 방식과 관련하여 그들을 지도하고, 이 부분에 집중하고, 보상을 할 수는 있다. 하지만 그런 것들에 대한 통제권을 상실한 지는 이미 오래되었다.

이 지배적인 가정을 바꾸기만 하면 사용자 중심 인프라 구축은 절대적으로 중요한 기업의 과제가 된다. 여기서 가정을 바꾼다는 것은, 사람들의 시간과 관심을 사용할 권리는 끊임없이 노력해서 얻어야 하는 것이며 당신 밑에서 일한다는 이유로 계약을 통해 영원히 양도된 권리가 아님을 인정하는 것이다.

그렇게 하지 않으면 어떻게 될까? 당신은 이직 혹은 심리적 이탈로 가장 훌륭한 직원들을 잃을 것이다. 당장에 회사를 그만두지 않는다 해도 그들은 다음 일자리를 찾을 때까지만 거기 있을 것이다.

이런 문제를 어떻게 해결할까? 해커들에게 물어보라. 그들은 계속해서 모든 사람의 시간과 관심을 얻는 방법을 알려줄 최고의 스승이다(우리는 그들에게 귀를 기울이는 것이 우선이라고 생각한다. 하지만 차후의 구체적인 단계들이 궁금하다면 11장을 참조하라).

핵심 전제 2. 개인의 투자수익률이 중요해진다

무엇이 바뀌어야 하는가? 고용 계약은 당신과 직원 사이에 이루어지는 암묵적이고 명시적인 계약 내용을 말한다. 고용 계약이 양쪽 당사자 모두에게 유리하게 진행되지 않은 지는 이미 오래되었다.

결정적인 첫걸음 그동안 차마 말하지 못했던 것을 이제는 말하라. 현재 고용 계약이 당신에게 많이 유리하긴 하지만 결코 지속 가능하지 않다.

언제 성공했다고 볼 수 있는가? 당신의 회사가 직원들을 투자자로 대하는 시점이다.

노사 관계가 단순한 급료와 수당이라는 관계를 넘어서야 한다고, '살기 위해 일하는 것일 뿐, 일이 좋아서 하는 것은 아니다'는 식의 태도를 넘어서야 한다고들 한다. 하지만 현실을 보면 노사 관계에 대한 대부분의 대화가 결국에는 똑같은 결론에 이른다. 노동자와 회사 사이의 계약은 정규직이든 자유계약직이든 '고용주가 노동자의 노동 결과물에 대한 저작권'을 가지는 합의일 뿐이라는 핵심 가정을 누구도 바꾸지 않기 때문이다.

이는 한쪽은 노동력을 제공하고, 다른 쪽은 대가로 보수와 때때로 수당 등을 제공한다고 상정한다. 이론상으로는 양쪽 모두 길게 지속

될 그들의 관계를 기반으로 이런저런 계획을 세울 수가 있다. 하지만 그런 계약은 수십 년 전에 이미 죽음을 고했다. 그러나 이런 사실을 인정하고 실정에 맞춰 자발적으로 기업의 계획, 구조, 직원 유지 노력 등을 바꾸려는 리더는 거의 없다.

당신이 인정하든 안 하든, 당신은 직원들이 투자자로서 일하기를 기대했고, 수십 년 동안 그들이 투자자처럼 행동하면서 산출한 결과물을 수확만 하고 상응하는 보상은 하지 않았다. 당신은 그들에게 제공되는 자원을 계속해서 줄이고, '더 많이, 좋게, 빠르게, 저렴하게'에 대한 기대치는 높였다. 그러면서 그들이 더욱 많은 시간과 노력을 투자하여 자원 부족분을 메우고, 당신의 성공을 돕기를 기대했다. 말하자면 당신은 투자 비용은 삭감하면서 그들이 자신의 아이디어(지적 자산)와 노력을 투자하여 부족한 부분을 메우기를 바란다. 당신이 시장에서 저지른 실수를 그들이 자기 권리의 일부 또는 전부를 포기함으로써 커버해주기를 바란다. 더구나 그들은 합당한 노동 시간 안에 하기로 되어 있는 업무를 모두 처리할 수가 없다. 그래서 가족으로부터 시간을 훔쳐 당신 회사에 투자한다. 그렇다면 그들은 그 대가로 무엇을 얻는가? 일자리를 한 주 더 유지하는 것? 0.0001퍼센트쯤 되는 급여 증가? 또 한 번의 인사고과에서 살아남는 기쁨?

노사 관계를 노동자-고용주 관계가 아니라 있는 그대로 말하자면 투자자-생산자 관계로 인정해야 할 때다. 노동자는 자신의 자산을 당신에게 투자하고, 당신은 시장에서 거래되는 제품을 만든다. 따라서 당신은 노동자에게 그들의 투자에 맞춰 공정하고 합당한 보상을 제공해야 한다. 새로운 노동 계약에서 그런 관계가 어떻게 진행되는지 살펴보도록 하자.

조항 1. 우리의 노동 자본이 기업 운영에 쓰인다

당신(회사 또는 사장)은 우리의 자산(시간, 관심, 아이디어, 지식, 열정, 에너지, 소셜 네트워크 등)을 활용하여 회사를 운영한다. 따라서 새로운 계약은 우리(노동자)의 노동 자본을 어떻게 이용하고, 어떻게 이용하지 않을 것인가를 중심으로 다루어야 한다.

조항 2. 우리의 일은 투자다

우리의 시간과 관심은 유한하다. 그리고 시간이 흐를수록 귀중해지고 수요도 많아진다. 우리는 자신의 경험, 지식, 열정, 에너지를 투자할지 말지, 한다면 얼마나 투자할지를 스스로 선택한다. 또한 신뢰를 얻은 친구와 동료라는 소셜 네트워크를 업무 수행에 활용한다. 따라서 우리는 이런 투자에 대한 보상을 기대한다(보상 주기를 어떻게 할 것인가는 양자의 합의에 따르면 된다). 이렇게 모든 자산을 당신에게 투자해야 하는 이유를 다시 한 번 분명히 밝혀달라.

조항 3. 우리는 투자에 대해 가능한 한 최대의 보상을 바란다

만약 당신 회사에 투자되는 한 시간을 경쟁자에게 더욱 많은 보상을 받고 투자할 수 있다면, 당신 회사의 인재들은 떠날 것이다. 투자를 하기 위해서다. 우리(인재들)가 머물러 있기를 바란다면, 우리가 기대하는 투자수익률을 맞춰주어야 할 것이다. 우리가 생각하는 투자수익률을 구체적으로 소개하자면 다음과 같다.

- 변화를 가져오기가 얼마나 쉬운가?
- 훌륭하고 중요한 일을 하는 데 얼마나 많은 시간이 쓰이는가? 반대로 얼마나 많은 시간이 그렇게 쓰이지 못하고 낭비되는가?
- 얼마나 많이 그리고 얼마나 신속하게 배우는가?
- 우리 업무가 얼마나 매력적이고, 보람 있고, 흥미로운가?
- 우리가 얻는 개인적인 성공과 평가는? 우리는 이런 것들을 스스로 규정하고자 한다.
- 우리가 제공하는 자산을 얼마나 현명하게, 혹은 엉터리로 이용하는가?

이런 것들을 결정하는 것은 당신이 아니다. 우리가 당신을 평가한다. 이런 부분에서 당신이 기대 이하인지, 기대만큼인지, 아니면 기대에 부응하고도 남는지 평가하는 것이다. 급료와 수당은 시장에서 나오는 결과물을 기준으로 우리의 투자수익률을 계산하는 시작점에 불과하며 결코 전체 보상이 될 수 없다. 우리들의 투자에 대한 최고의 보상은 급료, 수당, 스톡옵션 따위를 넘어선 영역에서 나올 것이다. 당신이 아니라 우리가 가치를 정의하는 그런 영역에서 말이다.

조항 4. 가치는 환영, 그렇지 않다면 안녕

제공하는 노동 자본에 대해 최고의 보상을 받으려는 우리의 욕구는 고용 계약에 새로운 기준을 강요한다. 리더십과 회사는 우리와 동료들, 고객, 시장과의 사이를 중개하는 중개자다. 우리가 중개자를 떠나느냐 마느냐를 결정하는 기준은 무엇일까? 인정받는다고 느낀다든가 하는 그런 모호한 기준이 아니다. 중개자는 많은 가치를 보태야 한다. 그렇지 않으면 우리가 그들을 신속하게 차버릴 것이다. 우리 투자수익률에 당신은 얼마나 많은 가치를 더하고 있는가? 우리가 혼자서 혹은 당신의 경쟁자와 함께했을 경우에 얻는 투자수익과 당신과 함께했을 경우 얻는 투자수익을 비교하면 어떤가? 당신은 얼마나 탄탄하고 지속 가능한 투자수익을 낼 수 있는가? 그것이 우리 결정의 관건이 될 것이다. 당신과 얼마나 오래 머무를지, 당신에게 계속 투자할지 말지에 관한 결정을 내리는 관건인 것이다. 결국 그에 따라서 당신의 회사가 '우리 회사'가 되느냐 마느냐가 결정된다(이상은 20가지 중에 우선하는 4가지 조항이다.[5] 나머지 항목들까지 알고 싶다면 해킹워크닷컴에 가서 '새로운 노동계약' 파일을 참고하라).

직원들을 투자자로 생각한다는 것은 어쩌면 겁이 날 수 있다. 그리고 심리적 저항감이 적지도 않을 것이다. 하지만 극복해야 한다. 일단 당신이 그렇게 생각하면, 어느 회사에서보다 열심히, 똑똑하게, 신속하게 업무를 처리하는 노동자와 함께하는 무한한 가능성을 가진 미래를 보게 될 것이다. 그리고 그런 노동 계약에서 당신의 몫을 해내려면 회사 내 대부분의 시스템이 이 지금보다 훨씬 사용자 중심으로 바뀌어야 한다는 사실을 깨닫게 되리라. 그래야 직원들이 그들이 필요로 하는 시간, 관심, 지식 등에 관한 보상을 받을 것이다.

기업들은 여전히 노동 계약을 업데이트하는 일에 늑장을 부리고 있다. 완벽한 형태로 그런 계약을 채택한 모범 사례는 하나도 없다. 하지만 부분적으로 그런 계약을 채택한 사례들은 많다.

샌프란시스코에 있는 스카이라인컨스트럭션 Skyline Construction 직원들은 급여를 결정하는 회사 정책 결정에 참여한다. 이를 통해 정규 급여를 줄이고 수당과 다른 개인 보상을 늘리는 등의 급여정책 변화가 가능했다. 제네테크 Genetech, 3M, 구글은 직원들이 최대 20퍼센트까지 자기가 개인 시간을 직접 선택한 프로젝트에 쓸 수 있게 한다. 회사 입장에서는 잠재적인 혁신 기회가 늘어나고, 직원들 입장에서는 개인 투자수익률이 올라간다. 정보통신 분야의 거대 기업인 시스코 Cisco의 CEO 존 체임버스 John Chambers는 급진적인 조직 개편을 단행했다. 조직 개편 결과 광범위한 권한을 가진 협의회와 이사회 등의 네트워크가 회사의 리더십을 대신하게 되었다. 이로 인해 조직 안의 모든 사람이 변화를 추동하고, 중요한 아이디어를 내어 조직에 기여하기가 한결 쉬워졌다. 식료품 체인회사 웨그먼스 Wegmans는 6년 연속 〈포춘〉 선정 '일하고 싶은 100대 기업' 중 상위 5위 안에 이름을 올리고 있다. 이는 일정관리의 유연성 때문이다. 소매점 베스트바이는 직원들의 출퇴근 시간 기록계를 없앴다. 사람이 언제 나타나느냐보다는 실적 증가에 초점을 맞추었기 때문이다.

이런 성공 사례 이면에는 직원들에게 자기 운명에 대한 통제권을 보다 많이 부여해야 한다는 공통된 문제의식이 놓여 있다. 직원들은 어떻게 기여하고, 보상으로 무엇을 받을 것인가에 대해 지금보다 많은 통제권을 가져야 한다. 그리고 강화된 통제권은 지금보다 훨씬 개인화된 보상으로 구체화되어야 한다. 기술 발전은 이런 변화의 많은 부분을 가능하게 한다. 부족한 것은 새로운 계약서를 만들고 거기에 따라 살고자 하는 리더의 의지다.

이런 변화를 만들어내라. 그러면 당신은 노동의 신세계에 들어가게 된다. 해커들이 당신의 친구가 될 것이다. 그들은 당신의 재정 목표를 충족시키면서 동시에 모든 직원이 더욱 높은 투자수익률을 실현할 최선의 방법을 보여줄 것이다. 그리고 당신의 주주에게도 최선이 될 방법을 보여줄 것이다.

하지만 당신이 이런 변화를 실천하지 않는다면 해커들로서는 선택의 여지가 없어진다. 그들은 해킹을 통해서 자신들의 투자수익률을 높이는 데 집중할 것이고, 드러나지 않는 지하 저항군으로 남을 것이다. 당연히 당신이 그들과 팀이 되어 회사 발전을 도모할 기회는 사라진다.

더욱 심각한 상황은 많은 해커들이 회사 내부가 아니라 외부에 자신의 노력을 투자하고 있다는 사실이다. 그들은 자신의 해킹이 실제로 다른 사람들에게 판매되는 제품과 서비스가 될 수 있음을 알고 있다. 당신 회사의 까다로운 인력관리 정책 때문에 직원들은 1인 경영자문회사 설립을 진지하게 고민하고 있다. 또한 회사의 까다로운 IT 절차들 때문에 회사 밖에서 수십 개의 신제품이 개발되고 소기업들이 들어설 전망이다. 머지않아 회사를 그만둘 직원들이 그 이야기의 주인공들이다.

당신이 보기에 달리 갈 곳 없어 보이는 한 선반기旋盤機 기사는 구내식당에서 컴퓨터 전문가들과 마주쳤다. 그들은 의기투합하여 소규모 제조업자들을 위한 선반기 시제품을 만들어보기로 했다. 조사를 통해 주문제작 전문업체인 재즐닷컴Zazzle.com이 운동화에서 기계 부품까지 무엇이든 만들어준다는 사실을 알게 되었다. 직접적인 제조설비나 간접비 등을 전혀 들이지 않고 말이다. 이런 움직임은 사실 당신 회사에 아무런 위협이 되지 않는다. 회사와 평생 함께한 충성스러운 직원을 머지않아 잃게 되리라는 사실만 빼고 말이다. 그가 벤처 기업을 시작하지 않고 회사에 남는다 해도 당신은 이미 그의 두뇌, 가슴, '팀을 위해 투여하는' 추가 노력 등은 잃은 지 오래다.

당신 회사에서 최고로 꼽히는 직원들 중에 다수가 당신이 그들을 투자자로 대해주지 않기 때문에 불만을 품고 있고, 당신이 아닌 자신에게 적극적으로 투자하고 있다.

핵심 전제 3. 교육훈련과 인력개발이 마침내 학습자 중심으로 이루어진다

무엇이 바뀌어야 하는가? 직원들을 교육하고 개발하는 방식이 바뀌어야 한다. 현재 당신은 교육과 개발을 통해 당신이 필요로 하는 결과들을 얻지 못하고 있다.

결정적인 첫걸음 그동안 말하지 못했던 것을 이제는 말하라. 비용이

똑똑하게 시작하자

일반적인 통념 뒤집기

고위경영진 회의에 들어가라. 아무 말도 하지 마라. 다만 유튜브에서 '잃어버린 세대Lost Generation'라는 동영상을 찾아서 틀어라. 2분도 되지 않는 짧은 동영상이다. 참석자들이 그 영상이 Y세대를 다루고 있다는 사실을 모르게 하라. 영상의 핵심은 중간에 저절로 거꾸로 돌아간다는 것이다. 처음에 화면 위에서 아래로 흐르는 텍스트는 사회의 일반적 통념이다. 영상이 거꾸로 돌아가면서 이번에는 텍스트가 아래서 위로 흐르고, 일반적 통념이 정반대로 뒤집힌다.

그리고 토론하라. "영상에서처럼 일반적 통념을 뒤집을 준비가 되어 있습니까?" 경영진이 준비가 되어 있지 않다면, 노동자들은 그들을 기다려주지 않을 것이라고 지적하라. 영상에서 흘러나오는 목소리가 말하듯이 "놀라운 일일지 모르지만 나는 세상을 바꿀 수 있다"고 말이다.

계속 내려가고 있어도, 당신의 현재 접근법은 효과적이지 않다.

언제 성공했다고 볼 수 있는가? 밑에서 일하는 사람들이 진정으로 당신의 지속 가능한 경쟁우위가 될 때 성공했다고 볼 수 있다.

열여섯 살에 불과한 패니 살로가 가능성 있는 기업가로서 당신의 미래에 대한 열쇠를 쥐고 있는지도 모른다. 패니는 핀란드 고등학생으로 전 과목 A학점을 받은 학생이다. 한편, 패니는 성적이 뒤처지는 아이들을 돕고 있다. 하지만 '뒤처진다'는 것은 어디까지나 핀란드 안에서 통용되는 상대적인 기준이다. OECD에서 30개국의 자금 지원을 받아 실시한 사회·경제 동향 조사 결과에 따르면 핀란드 학생들은 과학에서 1등, 수학과 읽기에서 2등으로 세계 최고 수준이었다.

비결이 무엇일까? 패니와 친구들은 개인화되고 맞춤화된 관심과 교육을 많이 받는다. 핀란드의 교육제도는 많은 보조금을 받는 혜택을 누린다. 하지만 돈이 모든 문제를 해결해주지는 않는다. "대다수 국가에서는 학교가 똑같은 제품을 만들어내는 자동차공장처럼 느껴집니다. 핀란드에서는 교사들이 학생들 각자에 맞는 학습 계획안을 만들어내면서 창의적인 기업가처럼 행동합니다." OECD에서 실시한 시험을 감독했던 안드레아스 슐라이허Andreas Schleicher 핀란드 교육국장의 말이다.[6]

문제는 비용절감 효과가 뛰어난 기술을 사용하느냐, 흔한 일대일 멘토링 방법을 사용하느냐가 아니다. 핵심은 소수에게만 제공되는 특전 같은 그런 교육이 아니다. 모든 사람을 위해 학습자 중심의 교육훈련 및 인력개발 프로그램을 구축하는 것이다.

직원들의 능력 개발이 당신이 가질 수 있는 지속 가능한 경쟁우위임을 직시하라. 국가와 회사 모두 미래가 훌륭한 인적자원에 달려 있다는 사실을 깨닫고 있다. 하지만 실제 인력개발 노력은 합당한 기준 근처에도 미치지 못한다는 사실도 알고 있다. 특히 불경기에는 더욱 그렇다.

이런 현황과 오늘날 노동자들에게 요구되는 능력, 실제 노동자들의 수준을 나란히 놓고 비교해보자. 지금 당신이 언제 터질지 모를 시한폭탄을 안고 있다는 느낌이 저절로 들 것이다.

- 오늘날 세계경제에서는 복잡한 문서를 활용하고 해석하는 능

력이 필수다. 하지만 높은 수준의 문서 해독 능력을 지닌 학생들을 다수 배출하는 나라는 거의 없다. 그런 능력을 가진 이들은 극도로 상세한 자료에서 복잡한 추론을 해낼 수 있다. 그런 능력에서 최고로 꼽히는 나라가 노르웨이다. 그리고 미국은 중간 순위다.[7]

- 미국이 세계경제에서 중심을 차지하고 있지만 학생들의 읽기, 수학, 과학 분야의 성취도를 비교하면 중간 수준이다. 이는 지식 기반 경제에서는 좋은 징조가 아니다. 경제의 가장 중요한 동력 중 하나가 C+에서 B- 정도의 성적이기 때문이다.[8]
- 신규 관리자들의 23퍼센트가 리더십 역할을 맡은 뒤에 그에 부합하는 효과적인 교육과 훈련을 받는다. 고위임원 가운데 필요한 교육훈련을 받는 사람도 30퍼센트 이하다.[9]

지금이 바로 중요한 변화의 시기다. 바로 개별화된 교육으로의 변화다. "우리는 지금 학습 속도와 효율 면에서 비약적인 발전을 이룰 방법을 모색하고 있다. 하지만 모든 학생에게 같은 과목을 동일한 방식으로 가르치는 방법을 고집하는 한, 비약적인 발전은 불가능하다. 하지만 이제 처음으로 개별화된 교육이 가능해졌다. 개인에게 자기가 필요로 하고 원하는 것을 가르치는 것이다. 학습자에게 가장 편하고 효율적인 방법으로 가르쳐야 한다. 질적으로 증가한 교육 효과를 내면서 말이다." 이는 하버드대학 교육대학원 교수이자 교육 관련 서적을 쓴 하워드 가드너 Howard Gardner의 말이다. 그는 다음과 같이 결론을 내린다. "장소와 시기에 상관없이 개별화된 교육이 정착된 상황이라면, 그로 인해 만들어진 세상은 많이 다를 것이다. 각자에게 가장 적합한 방식으로 교육을 받았기 때문에 더욱 많은 사람이 충분한 지식과 교양을 갖추게 될 것이다.[10]"

개별화된 학습과 개발이 가능한 세상이 되었다. 부족한 것은 사용자 중심이 되어야 한다는 깨달음과 리더의 의지다. 그런 학습과 교육이 뒷받침된다면 영업 실적이 오를 것이고, 비용도 합리화될 것이다. 또한 비용 효과가 높은 기술과 일대일 교습의 혼합 양상이 나타날 것이다. 대형 화물운송회사 UPS의 사례에서 이런 것들이 발견되고 효과가 입증되었다.

2004년 Y세대 중 나이가 많은 축에 드는 이들이 일자리를 찾기 시작할 무렵, UPS는 핵심 실적지표들이 심각하게 감소하는 상황을 맞았다. 회사 규칙과 일상 업무를 설명한 지침서인 '340 방법론'을 가르쳐도 효과가 없었다. 이전의 신입사원들은 대략 30일이 지나면 능숙한 택배 기사가 되었다. 하지만 Y세대들은 90일에서 180일이 걸렸다. 머지않아 Y세대는 시간제 택배 기사의 60퍼센트 이상을 차지할 것이기에 그들이 업무를 빠르게 습득하지 못하면, 인적 구성 변화가 회사 실적에 엄청난 영향을 미칠 수 있었다.

신입사원 교육 방법을 바꿔야 한다는 필요성을 느낄 무렵, UPS는 중요한 깨달음을 얻었다. 바로 개인의 필요와 욕구에 맞춰 학습의 모든 과정을 개별화해야 한다는 것이었다. 이런 훈련 프로그램을 정비하는 데만 3년이 넘는 시간을 투자했다. 회사는 이전과 달라진 신입사원들을 놓고 원래 기준을 낮추기보다는 학습 중심의 훈련 과정을 구축하는 쪽을 택했다. UPS 임원, 교수, 버지니아 공대와 매사추세츠 공대의 디자인학과 학생, 미래연구소의 예측 전문가, 애니메이션 작가들로 이루어진 여러 팀이 협력하여 훈련생들의 욕구에 맞춘 프로그램을 설계했다.

UPS는 '340 방법론' 하나하나에 대해서 장단점을 파악할 수 있는 비디오와 자료 증거들을 모았고, 실시간으로 개인별 피드백을 제공했다. 과거 훈련생들은 교관이 말하는 지식을 액면 그대로 받아들였지만 지금 훈련생들은 달랐다. 매릴랜드 주 랜도버에 있는 핵심 훈련 시설에 컴퓨터를 이용한 훈련, 모의 실험, 가상 학습, 자습 등을 포함한 다양한 학습 방법이 마련되었고, 거의 85퍼센트의 교육 프로그램이 실제 참가를 통합 학습으로 구성되었다. 2010년 중반에는 1700명의 신입 기사들이 새로운 방법으로 교육을 받았으며, 프로그램의 3가지 핵심 목표를 넘어선 성과를 보여주었다. 3대 목표는 택배 기사의 안전성 제고, 신입 기사의 이직률 줄이기, 숙달 시간 단축이다.[11]

회사의 교육훈련 및 개발 프로그램은 굳이 복잡할 필요가 없다. 모두에게 멘토링을 해줄 사람을 붙여주거나 어디서나 이용 가능한 무료 온라인 개별 지도를 보장하는 정도로 간단히 마련하면 된다. 여기에 내부 교사와 함께 개별적으로 배운 내용을 확인하는 후속 조치가 있으면 충분하다.

프라이스워터하우스쿠퍼스 PricewaterhouseCoopers, PwC라는 컨설팅회사의 조사에 따르면, 조사에 참가한 젊은 신입사원 대부분이 실력 있는 코치 및 멘토와 함께 일하는 것이 개인의 능력 개발에 아주 중요하다고 말했다. 하지만 대다수 기업은 고참 직원들에게만 코치와 멘토를 제공하고 있다. 이는 PwC의 인력관리 서비스 국제본부장 마이클 렌들Michael Rendell의 설명이다.[12]

직원 훈련 및 교육과 관련해 부정할 수 없는 법칙이 하나 있다. 모두를 위한 개별화된 학습, 학습자 중심 교육이 당신이 원하는 성과를 가져올 유일한 방법이라는 것이다. 해커들이 하려는 것도 바로 그것이다. 당신이 자꾸만 표준화하려는 것을 개별화하는 것이다.

핵심 전제 4. 조직도가 소셜 네트워크 지도와 결합된다

무엇이 바뀌어야 하는가? 혼자서 리더십 선별 방법을 구축하고 리더십을 키우려는 독단이 바뀌어야 한다.

결정적인 첫걸음 그동안 차마 말하지 못했던 것을 이제는 말하라. 조직도를 구축하는 현재 방법은 효과적이지 않다.

언제 성공했다고 볼 수 있는가? 당신이 시간제로 일하는 신입사원 랄프와 그와 연결된 모든 사람의 말에 기울이는 때이다.

변화의 첫 번째 물결은 이미 완성되었다. 요즘 유행하는 소셜 네트워크 지도 그리기가 1980년대에 성공적으로 수행된 사례가 있었다. 조지아 주 애틀랜타에 있는 질병통제센터가 항공사 승무원이었던 가에탕 뒤가의 소셜 네트워크를 추적했을 때다. 뒤가는 북아메리카 전역에 에이즈 바이러스를 퍼뜨리는 과정에서 핵심적인 역할을 했던

'최초의 환자'로 알려진 인물이었다.

오늘날 이하모니eHarmony, 마이스페이스My Space, 페이스북, 링크드인, 트위터, 그 외 수십 개의 웹 2.0 애플리케이션들이 분명하게 말해주는 바는 다음과 같다. 사람들을 연결시키고 그런 연결들을 추적하고 강화하는 기술이 상업화되었고, 나날이 강력해지고 유용해지고 있다는 것이다. "12년 전에 내가 네트워크 연구를 시작했을 때는 사실상 자료가 거의 없었습니다." 컬럼비아대학 사회학과 교수 던컨 왓츠Duncan Watts의 말이다. 현재 그는 잠시 학계를 떠나 야후 리서치센터에서 일하고 있다. 지금은 네트워크로 연결된 수십 만 명의 친구들로부터 정보가 끊임없이 들어오고 있다. 왓츠는 이런 정보의 홍수가 갈릴레오의 망원경이 물리학에 미친 영향만큼이나 혁명적이라고 말한다. "우리가 사는 세상과 우리 자신을 새롭게 이해하게 만듭니다.[13]"

그리고 그런 새로운 이해가 회사 내부로 이동하기 시작했다. MWH는 콜로라도 브룸필드에 있는 10억 달러 규모의 토건회사로 2003년부터 소셜 네트워크 분석을 활용하기 시작했다. MWH에서 IT부서와 HR부서를 맡고 있는 빅터 굴라스는 보이지 않은 것을 보이게 하려고 소셜 네트워크 분석을 활용하기 시작했다고 말한다. 분석을 통해 그가 얻은 최초의 결론은 아주 일반적인 문제점을 보여주었다. 정보가 지부 내부에서는 원활하게 흐르는데, 지부들 사이에서는 그렇지 않다는 사실이었다. 굴라스는 수정 목표를 설정하고 작업에 들어갔다. 핵심 고위임원들을 교육할 코치들을 고용하고, 사람들이 모르는 직원이 있으면 일부러 다른 지부에 출장을 보내 안면을 익히게 하는 식으로 사람들 사이의 연결을 재배치했다. 5년 뒤에 굴라스는 정보 흐름을 원활하게 하는 작업이 복합적으로 성공했다면서 구체적인 수치를 보고했다. 2003년 직원들이 필요한 정보를 얻으려면 3.2단계를 거쳐야 했는데, 이제는 2.4단계만 거치면 된다. 그리고 기술 비용이 6년 전 총수입의 5.6퍼센트에서 3.6퍼센트로 내려갔다.[14]

버지니아 경영대학의 롭 크로스Rob Cross 교수는 현재 소셜 네트워크 분석을 활용하는 모든 회사에서 비슷한 결과가 나오고 있음을 제시했다. 크로스 교수는 소셜 네트워크 분석 기술을 테스트하는 일단의 기업을 이끌고 있는데, 마이크로소프트와 파이저Pfizer 제약회사 등을 포함하여 대략 100개 회사가 참여하고 있다. 최근에 그는 대략 20개 회사 직원들에게 본인의 실적 개선을 도와주는 동료들을 말해달라는 조사를 벌였다. 거론된 이름들 중에 약 3분의 2가 이전에 회사가 발표한 실적 우수자 명단에 들어 있지 않았다.

이런 결과와 계속 떨어지는 기술 비용을 고려하면 당신도 머지않아 파이저나 MWH 같은 선구적 기업의 뒤를 이어 소셜 네트워크 분석을 활용하게 되리라는 예측이 가능하다. 하지만 의사소통을 원활하게 하고, 실제 공헌자들을 가려내는 작업에 도움을 주는 소셜 네트워크를 추적하고 활용하는 일은 다음 단계에 비하면 걸음마 단계일 뿐이다.

이제 다음 물결을 준비할 시간이다. 소셜 네트워크 지도와 당신의 조직도를 결합하라. 누구나 손익계산서상의 결과를 책임질 뿐 아니라 자신을 이끌어주고 영감을 주는 존재로 믿고 의지할 수 있는 그런 리더를 원한다. 그러므로 소셜 네트워크가 일정한 위계에 따른 보고 체계의 필요성 자체를 바꾸지는 않는다. 오히려 바뀌는 것은 선별 과정이다. 선별 과정이 민주화될 뿐이다.

현실적으로 생각해보자. 현장에서 일하는 사람은 누가 그들의 진정한 리더인지를 당신보다 잘 안다. 그들은 당신이 보지 못하는 진짜 리더들을 항상 알고 있었다. 소셜 네트워크 분석이 바꾸는 것은 그들을 찾아내는 당신의 능력이다. 이런 툴을 이용해서 당신은 이전에는 보지 못했던 놀라운 리더들과 실적 우수자들을 선별할 수가 있다.

당신이 직면할 최대 난관은 해당 기술의 사용이 아니다. 리더십 선별 작업에 대한 당신의 관점 변화에 있다. 과거 당신은 누가 당신을 이어 부사장이 될지를 알려주는 완벽한 선별 방법을 만들었다고 생각했었다. 하지만 시간제로 일하는 기술 보조 인력인 랄프와 연결된 사람들이 당신보다 많이 알지도 모른다는 사실을 받아들여야 한다. 그러므로 HR부서 직원들이 이미 수십 년 전에 만든 공식 평가 체계, 리더십 후보 선별 방법, 후계자 양성 계획 등과 더불어 조직 내에 숨어 있는 네트워크를 찾아 연구해야 한다. 랄프의 네트워크처럼 말이다. 소셜 네트워크는 공식 위계질서의 필요성을 부인하지는 않는다. 다만 거기에 반영되는 정보 전달 체계와 선별 방법을 완전히 재창조할 뿐이다.

이는 해커들이 실행해온 궁극적인 형태의 금지된 혁신 중 하나다. 따라서 그들은 리더십 선별 방법 및 관련 정보 전달 체계를 어떻게 바꿔야 할지를 어렵지 않게 말해줄 수가 있다. 지금까지 당신이 그들을 파티에 초대하지 않아서 그들의 의견을 들을 수 없었을 뿐이다. 해커들을 초대해 그들의 이야기에 귀를 기울이면 당신 회사에 실제로 얼마나 많은 리더가 있으며, 구체적으로 누구이고, 어디에 있는지, 그들이 이미 확보하고 있는 기술은 어떤 것인지, 그들의 기술을 이용할 최적의 방법은 무엇인지 등을 분명하게 알게 된다. 지금 당신이 이용하는 인사관리 툴과 조언에 따르는 부담 없이도 말이다.

이는 8장에서 이야기한 급진적 투명성의 완벽한 예다. 예전에는 밀실에서 이루어지던 직장 내의 결정이 어디서나 모든 사람의 의견을 반영하면서 완전히 공개적으로 이루어질지도 모른다. 그러면 개인, 팀, 집단 등이 경영진의 결정에 영향을 미칠 훨씬 많은 힘을 가지게 된다. 산업혁명 이래 그 어느 때보다도 말이다.

리더를 선별하는 방법이 훨씬 체계적이고, 역동적이며, 실력 위주로 바뀔 것이다. 전형적인 직장 경력이라는 것도 바뀔 것이다. 직원들은 당신이 미리 정해놓은 경로를 따르는 것만이 상수가 아니라고 생각하게 된다. 노동자들 사이의 네트워크 덕분에 자신에게 다른 많은 길이 열려 있음을 알기 때문이다. 당신이 그런 네트워크와 연결되어 있다면 상을 받아 마땅한 훌륭한 직원들을 파악하고 잡아두려고 노력할 것이다. 그렇지 않으면 그들이 구축한 소셜 네트워크들이 곧장 회사 밖으로 직행할 것이다. 당신 밑에서 일하는 동안 발전시킨 온갖 관계 및 네트워크와 더불어서 말이다.

이제 당신의 리더십 선별 방법에 크라우드 소싱을 도입할 때다. 현장에서 일하는 모든 사람의 통찰력과 그들에게서 얻은 정보를 포함시켜 당신의 리더십 선별 과정을 바꿔야 할 때다.

핵심 전제 5. 명료성의 예술과 과학이 시장에서 직장으로 이동한다

무엇이 바뀌어야 하는가? 당신 회사 내부의 일상적인 커뮤니케이션이 반드시 대처해야 하는 역설이 하나 있다. 현장 직원들은 커뮤니케이션 방법과 관련하여 당신이 파악하지 못한 많은 지식을 가르쳐주는 기술과 툴을 가지고 있다. 하지만 동시에 그들은 비판적인 사고 능력이 상당히 부족하다. 결국 당신과 직원들은 서로에게서 많은 것을 배워야 한다.

결정적인 첫걸음 그동안 말하지 못했던 것을 이제는 말하라. 당신이 당연히 가지고 있다고 생각했던 기본적인 기술에 이제는 의문을 품어야 한다. 타인과 커뮤니케이션하는 방법, 당신이 생각하는 모든 것에 명료성clarity을 부여하고 비판적인 사고를 집어넣는 방법이 필요하다.

언제 성공했다고 볼 수 있는가? 당신이 기업의 핵심 목표 달성에 필요한 교육 및 각종 툴을 제공하고 지원하는 때다. 여기서 말하는 기업의 핵심 목표란 직원들이 모든 커뮤니케이션에서 본인이 말하고자 하는 중요한 가치를 집어넣어 표현하고, 타인이 말하려는 핵심 가치를 뽑아내는 방법을 알게 되는 것이다.

어쩌면 우리는 ADD(주의력 결핍증) 치료제인 리탈린Ritalin에 기대야 할지도 모른다. 모든 직장인이 ADD를 앓고 있으니 말이다. 일반 노동자들의 집중 시간은 짧다. 더군다나 임원들은 그보다도 훨씬 짧다.

다음의 짤막한 설명들을 마음에 새겨보자. 그리고 직장에서 사람들의 관심을 활용할 방법을 고민해보도록 하라.

- 일반 노동자들은 주어지는 모든 정보의 의미를 파악하고, 어느 정보에 주목하고 그런 정보로 무엇을 해야 할지를 알아내기 위해 하루에 2~4시간을 허비하고 있다.[15]
- 모든 사람의 일과에서 시간을 낭비하게 만드는 중요한 3가지 요인이 모두 커뮤니케이션과 관련되어 있다.[16]
- 대부분 회사에서는 정보의 양이 현재 550일마다 2배로 불어난다.[17]
- 일반 노동자들은 매일 325쪽 분량의 정보를 받는다. 하지만 하루동안 노동자들에게 필요하고, 그들이 정말로 활용하는 정보는 5쪽 정도 분량에 불과하다.[18]
- 일반 노동자들은 3분마다 한 번씩 무엇인가에 방해를 받고 관심 대상을 바꾼다. 그러한 과정에서 하루의 28퍼센트가 소비된다.[19]

이런 모든 상황은 호전되기는커녕 악화되고 있다. 기업은 이제 관심 경제 안에서 운영되고 있다. 거기서는 대부분의 정보 가치가 거의 0에 가깝게 떨어진다. 그리고 가장 진귀한 자원은 시간과 관심이다. 하지만 대다수 회사들이 여전히 고집하는 커뮤니케이션 방법은 어떤가? 엄청난 양의 시간과 관심을 낭비하면서, 폭포처럼 위에서 아래로 엄청난 양의 정보를 떨어뜨리고 있다. 이제 이런 미친 짓을 그만둘 때다.

명료성과 커뮤니케이션에 관한 내부 규칙 고수를 포기할 시기는 이미 지난 지 오래다. 이제는 외부 시장의 규칙들을 따를 시점이 되었다. 이와 관련하여 유튜브, 마이스페이스, 광고 에이전시, 블로그, 공개 토론, 구글 등에서 배울 것이 많다(트위터가 폭증했던 주된 이유 중 하나는 140자라는 글자 수 제한 때문이었다).

인간의 의사소통은 지금까지 만들어진 가장 복잡한 시스템 중 하나다. 그러므로 다룰 수 있는 주제들도 많다. 하지만 여기서는 커뮤니케이션과 관련하여 당신이 할 수 있는 중요한 2가지만 이야기하고자 한다.

첫째, 고위 임원부터 신출내기 직원까지 모든 직원에게 기본적인 커뮤니케이션 기술을 훈련하고 개발하게 해야 한다. 2006년 퓨자선재단Pew Charitable Trusts에서 실시한 연구 조사 결과에 따르면 미국의 단과 대학과 종합 대학 4학년 학생의 절반 이상이 복잡한 실생활 과제를 해결할 읽고 쓰는 능력이 부족했다.[20] 이런 커뮤니케이션 능력 부족은 세계적인 문제 현상이다.

오늘날 노동자의 상당수가 정보의 분류, 핵심 정보를 찾아내어 꼼꼼히 살피는 능력, 자신이 아는 것을 타인에게 전달하는 능력, 타인에게 들은 내용을 분석하는 능력이 결여된 상태로 입사한다. 이는 사실이다. 그러므로 당신은 이런 문제에 대처해야 한다.

지난 10년간 급속하게 발전한 커뮤니케이션 툴을 사용하는 방법은 누구나 안다. 하지만 디지털 시대에 맞는 완벽한 정보 해독 능력을 가진 사람은 거의 없다.

이런 능력이 연구실의 과학자, 공학자, 고위임원에게만 중요하다고 생각하지 마라. 회사 전체에 걸쳐 업무 추진을 가로막는 최대 걸림돌은 모두 일상 커뮤니케이션 실패에서 나온다. 개인적인 갈등, 명료하지 못한 역할 분담, 불분명한 목표와 세부 실행 사항, 무수히 많은 일상적인 오해와 해명 등이 직원들이 업무 수행 과정에서 사용하는 엄청난 수의 이메일, 회의, 직접 대화 안에서 일어난다. 이는 실로 엄청난 문제다.

시간에 구애받지 않는 보편적인 커뮤니케이션 기술뿐만 아니라 디지털 미디어를 활용하고 총체적 능력을 의미하는 디지털 리터러시 digital literacy도 업무 수행에서 아주 중요하다. 하지만 그런 능력을 완벽하게 개발한 다음에 직장에 오는 사람은 거의 없다. 그렇다면 기업이 나서서 간격을 메워주는가? 그렇지 않다. 아래에 소개한 커뮤니케이션의 기본 기술을 다루는 기업의 교육훈련이나 개발 프로그램은 전무하다시피 하다.

- 귀납적·연역적 추론: 이메일, 인스턴트 메시지, 파워포인트 발표와 회의 등으로 전달되는 모든 정보를 재빨리 훑어보고 해석할 줄 아는 능력.
- 수치 추론: 매일 받는 숫자들 이면에 무엇이 있는가를 이해하는 능력.
- 조직화 및 통합: 전달받는 사람에게 정보의 중요성을 부각

시키고, 상대의 이해를 높이기 위해서 정보를 조직하고 요약하는 방법의 숙지.
- 최소 공간에 최대 가치를 담는 방법: 전달받는 사람의 관점에서 최소 공간과 시간 안에 가장 많은 유용한 정보를 제공하는 방법의 숙지.

이러한 것들은 대학에서 가르쳤어야 했다. 하지만 그렇지 않았다. 그리고 우리는 어떻게든 이런 문제에 대처해야 한다. 현재 550일마다 2배로 증가하는 정보는 머지않아 450일마다, 그리고 350일, 250일마다 2배가 될 것이다. 따라서 일상 커뮤니케이션에서 비판적인 사고 능력이 모든 사람에게 중요해질 것이다.

Y세대가 임계질량을 넘어서면서 이런 현상은 더욱 두드러질 것으로 예측된다. 그때가 되면 당신은 Y세대의 역설에 대처해야 한다. Y세대 직원들은 누구나 때와 장소에 구애를 받지 않고 누구하고든 커뮤니케이션하는 방법을 알고 있으며, 이런 커뮤니케이션을 지원할 툴도 충분히 가지고 있다면서 자신만만해 한다. 하지만 한편으로 이들은 비판적인 사고 능력은 이전 세대보다 한참 떨어져서 도움이 필요하다. 말하자면 그들은 어느 세대보다 풍부한 커뮤니케이션 능력과 수단을 가지고 있지만, 거기서 의미와 가치를 끌어내는 데는 어려움을 겪는다.

이런 상황에서 회사 내의 기본 커뮤니케이션 기술은 점점 중요해질 것이다. 그것 때문에 회사가 망할 수도 있고, 누구보다 탄탄한 경쟁우위를 확보할 수도 있다. 높은 실적을 올리는 우수한 직원들은 언제 어디서나 활용 가능한 정보를 가지고 '적게 투자하고 많이 얻는' 비법을 알 것이다. 또한 불필요한 많은 정보를 삭제하거나 무시하고, 필요한 가치 있는 정보를 분명하게 해석해서 주변에 전달하는 방법도 알 것이다.

둘째, 가장 중요한 커뮤니케이션 유형은 당신이 통제하지 못하는 것들이다. 때문에 그것들을 연구하고, 노동자에게서 회사를 경영하는 법을 배워야 한다. "오래전부터 우리는 사원들이 자판기 주변에서는 나누는 회사 돌아가는 이야기나 이런저런 소문이 중요하다고 생각했습니다." 영국의 거대 통신 기업인 BT의 기술본부장 J. P. 랑가스와미[J. P. Rangaswami]의 말이다. "이제 우리는 정보며 의사결정 내용이 이동하는 방식을 실제로 이해할 수 있게 되었습니다. 새로운 차원의 의사소통 수단들이 대거 등장하면서 일이 어떻게 돌아가는지를 있는 그대로 볼 수 있게 되었습니다.[21]"

1990년대 초반, 피터 센게[Peter Senge]가 제안한 '학습 조직[learning organization]'이라는 개념이 조직 발전 분야에 대변혁을 가져왔다. 조직이 규모가 커지면서 본래의 자연스러운 학습 능력을 상실하고, 때문에 회사 구조와 개인들의 사고가 점점 경직된다. 그러므로 회사들은 계속해서 스스로 학습하는 조직이 되도록 스스로를 조절하고 정비해야 한다. 센게가 주장하는 학습 조직 개념을 간략히 말하자면 이런 정도가 아닐까 싶다. 하지만 이는 위키, 블로그, 트위터 등의 사용이 폭발적으로 증가하기 이전, 웹 2.0이 제공하는 모든 것이 있기 이전의 이야기다. 지금 당신 밑의 직원들은 회사를, 고루한 체계를, 경직된 아이디어들을 날마다 바꾸고 있다. 그리고 해킹과 정보 공유를 통해 이미 학습 조직의 전형을 보여주고 있다. 당신은 그들의 대화에서 배울 용기가 있는가? 당신이 본 것을 토대로 그들에게 보다 많은 자율권을 줄 의향이 있는가?

예를 들어, 우리는 8장에서 잠재적인 해커들에게 스스로 만들어내는 디지털 이용 기록을 조심하라고 경고했다. 그것이 그들에게 불리하게, 그들을 통제하는 용도로 사용될 수 있기 때문이다. 당신이 이런 논리를 뒤집어 적용하면 어떨까? 직원들의 디지털 이용 기록을 파악하고 이를 이용해서 그들에게 더욱 많은 권한을 부여하고, 각자에게 맞는 자기 개발 방법을 제공한다면? 모든 관리자 혹은 팀이 다음 내용을 말해주는 소셜 네트워크 지도를 포함한 자체적인 도구 세트를 가지고 있다면?

- 아이디어가 회사 전체에 어떻게 퍼져 있는가? (혹은 퍼지지 못하고 아무런 소득도 없을 수도 있을 것이다.)
- 기업의 핵심 문제들을 해결하려고 제공한 정보를 누가 이용하고 있는가?
- 각각의 네트워크에 누가 있고, 네트워크별로 정보를 어떻게 다르게 이용하고 있는가?
- 각자의 네트워크가 어떻게 서로 연결되는가?

모든 사람이 고객의 평가표를 받고 다른 팀원들 것까지 서로 공유한다면 어떨까? 물론, 평가표에는 최고부터 최저까지 고객들의 평가 전체가 포함되어야 한다.

대다수 베이비부머 관리자들에게는 이런 아이디어가 생각지도 못한 것이라 두렵게 느껴질 수도 있다. 하지만 젊은 X세대, Y세대들에게는 급진적 투명성의 일부일 뿐이다. 이들은 이전 세대에 비해서 각자의 네트워크와 피드백을 공유하고 이를 이용해 최대한 효율적으로 일할 방법을 찾는 것을 훨씬 편안해 하고 쉽게 받아들인다.

그렇다. 방금 우리가 다룬 모든 것은 일종의 역설이다. 당신의 직원들은 정보를 공유하고 활용하는 데 점점 능숙해지고 있지만, 동시에 비판적인 사고 능력과 의미 만들기에서는 이전만 못한 약점을 보이고 있다. 아무튼 디지털 시대에 온 것을 환영하는 바다. 디지털 세대에게서 배울 점은 무엇이고, 그들이 하는 일에서 배울 점은 무엇인지, 어디에서 이전보다 강화된 훈련과 개발 프로그램을 제공해 도와주어야 하는지 파악하는 것이 당신의 일이다.

당신의 경쟁 무기에서 가장 중요하고 전략적인 것 하나는 사실 가장 간단하고 기본적인 것이기도 하다. 바로 일상 커뮤니케이션 방법을 재고하고, 그에 대한 투자를 늘리는 것이다. 해커들에게 이를 요청하면 그들은 좋은 방법을 알려줄 것이다. 알고 보면 해커들이 활용하는 우회 방법 대부분은 그들에게 최선이라고 생각하는 방법에 대한 당신의 고루한 관점을 바꾸려는 시도다.

속성 해킹

현장에서 듣는 우회 해법

CEO들 역시 해커다.
다음은 클릭커빌러티Clickability의 CEO인 존 지라드의 말이다. "나는 기업가들은 집에서 사무 용품을 훔쳐서 직장으로 가져가는 사람이라는 속담을 확고하게 믿는 사람입니다. 위대한 기업가들은 모두 마음속으로는 열정적인 해커들입니다. 빠르게 변하는 시장에서 경쟁하는 기업가로서 내가 즐겨 사용하는 몇 가지 우회 방법들이 있습니다.

첫째, 자동으로 회의 안건을 마련해주는 메일 보관함 만들기죠. 특정 코드를 담아 메모한 내용을 내 메일함으로 발송하면 회의 안건이 착착 쌓이게 됩니다. 그런 방법으로 논의할 의제를 풍부하게 준비해서 다음 회의에 들어가게 되지요. 항상 복잡한 것보다는 개방적이고, 빠르고, 저렴하고, 간단한 것을 고르는 것도 내 나름의 방법입니다. 전사적 자원관리 시스템이니 하는 거창한 프로그램보다는 구글 독스를 이용해서 사업을 운영하고 관리하는 편이 훨씬 좋습니다.

둘째, '쿨한' 작업을 하게 해주는 '쿨한' 툴들입니다. 큐브 트리Cube Tree는 기업 운영에 필요한 온갖 정보를 모으고 통합하게 해줍니다. 내로라하는 업체에서 독점 판매하는 값비싼 툴들도 제공하지 못하는 다양한 기능들을 제공하지요.

셋째, 서서 하는 회의입니다. '사람을 편하게 풀어주지 마라. 서서 회의하고 일의 95퍼센트를 위임하라. 그리고 나머지 5퍼센트가 해결될 때까지 누구도 회의실을 떠나지 못하게 하라'입니다."

구조조정이 삶의 질에 영향을 미칠 때 행하는 우회 방법
로스의 말을 들어보자. "마이크로소프트에서는 팀이 건물을 옮기는 경우, 이동하는 직원 모두에게 작업 계획표를 배포합니다. 작업 계획표와 함께 새 주소가 찍힌 스티커들이 오는데, 사무실 집기에 붙여서 어디로 가야 하는 물건인가를 표시하는 것이지요.

몇 년 전에 우리 팀은 새로 지은 좋은 건물에 있다가 허름한 건물로 이동해야 했습니다. 동료가 당시 라운지에 있던 좋은 가구에 여분의 스티커를 붙였습니다. 이사를 하고 사무실에 도착해서 보니 멋진 라운지가 우리를 맞아주더군요. 소소한 위로 같은 것이지요."

5가지 아이디어를 합쳐라

당신 주변의 해커들로부터 배우고 그들처럼 생각하라. 선의의 해커들에게는 하나의 핵심 목표가 있다. 시스템이 회사만이 아니라 해당 업무를 하는 사람에게도 효율적이게끔 만들겠다는 목표다. 이는 수십 년 동안 당신이 보지 못한 사각지대다. 그리고 리더십의 취약점이기도 했다. 이 5가지 아이디어를 실천하라. 그러면 모든 업무 추진이 원활해지고 신속해질 것이다. 더불어 직원이 당신 회사의 진정한 경쟁우위로 우뚝 서는 기업 문화를 구축할 수 있을 것이다.

11장

해킹 세상에서 다르게 일하기

나는 항상 실천이 중요하고 시급하다고 생각해왔다.
단순히 알고 있거나 의지가 있는 것으로는 충분하지 않다.
— 레오나르도 다 빈치Leonardo da Vinci, 르네상스 시대 이탈리아를 대표하는 미술가

해킹의 세계에서 다르게 일하는 방법

공기가 쌀쌀했다. 잉글랜드 왕 해럴드Harold는 망토를 당기고 발 아래 왕국을 내려다보았다. 머리 위로 핼리혜성이 희미한 빛을 발하며 지나가고 있었다. 1066년 대관식을 치르고 왕위에 오른 지 불과 두 달만이었다. 그리고 그는 지금 해킹을 당하기 직전이었다(잉글랜드 왕위를 놓고 해럴드 2세와 정복자 윌리엄이 전투를 벌이기 직전 나타난 핼리혜성을 해럴드 2세는 불길한 징조로, 윌리엄은 상서로운 징조로 받아들였다고 한다—옮긴이).

노르만족은 해럴드 몰래 로마 교황을 찾아가 해럴드의 왕위 주장을 해킹하고 우회 방법을 쓸 권한을 달라고 간청했다. 그리고 그 근거로, 노르망디 공작 윌리엄이 2년 전에 배를 타고 가다 조난당한 해럴드를 구해주었고 답례로 왕위 계승권을 약속받았다는 사실을 제시했다. 노르만족과 약속을 지킬 시간이 되자 해럴드는 "스스로 왕이 되

는 것이 좋겠다"고 결정했던 것이다.

우회 방법을 써도 좋다는 교황의 지지를 얻어낸 윌리엄은 해럴드에게 양자택일을 하라고 했다. 바티칸의 중재를 받아들이든지, 헤이스팅스에서 만나 결전을 치르자는 것이다. 해럴드는 현명한 선택을 하지 못했다. 정복자 윌리엄은 전투에서 멋지게 해럴드를 날려버렸다. 그리고 그해 크리스마스에 잉글랜드 왕이 되었다. 그렇게 역사가 영원히 바뀌었다. 이 모든 것이 책임자의 자리에 있는 사람, 불쌍한 해럴드가 해킹의 힘을 무시했기 때문에 시작되었다.

알고 보면 역사에는 크고 작은 해킹이 무수히 많다. 어떤 것은 실패하고, 어떤 것은 성공하고, 유혈이 낭자한 것도 있고, 논란 없이 해결되는 것도 있다. 하지만 많은 해킹에서의 공통점은 치열한 갈등이다. 한쪽이 이기고 다른 쪽이 지지 않고는 의견 차이를 좁히지 못하는 양쪽 진영의 대립이다.

반드시 그래야 하는 것일까? 모두가 사이좋게 지낼 수는 없을까?

서로 탓하고 비난하기

만약 선의의 해킹을 통해 기업을 구하려면 해럴드와 윌리엄과는 다르게 해킹을 해야 할 것이다. 한쪽은 흥하고 다른 한쪽은 망하는 식으로는 곤란하다. 양쪽 모두 타당한 의견을 가지고 있고, 양쪽 모두 서로의 견해에서 이익을 얻을 수 있기 때문이다.

인터뷰를 진행하는 동안 비해커와 리더들은 부정적인 가치 판단을 부각시키면서 해킹에 대한 자신들의 관점이 옳음을 증명하려 했다.

예를 들면 이런 식이다. "지금 당신들은 도둑질을 부채질하고 있습니다." "기존 제도를 전복하려는 무리들을 자극하게 될 겁니다." "이런 실패가 리더십 부재 때문이라고 비난하지 마세요. 나는 옳은 일을 하고 있습니다. 틀린 것은 그들입니다." "해커들은 자기밖에 모릅니다. 피드백에도 귀를 기울이지 않고, 기준도 너무 낮게 잡습니다."

우리가 인터뷰했던 해커들은 이런 우려들이 나름 일리가 있다고 인정했다. 하지만 동시에 그들의 통찰력과 똑같이 중요한 그들의 우려가 무시되고 있다고 생각했다. 회사 중심의 구조와 툴 속에서 너무 많은 일방적인 관계 조항들이 강제되고 은밀하게 감춰진다. 경제위기 상황에서는 문제가 더욱 심각해진다. 업무 수행에서 최대 기량을 발휘하기 위해 필요한 것들을 고용주가 제공해주지 않으면 마냥 수수방관할 수만은 없지 않은가? 해커들은 필요한 것들을 스스로 만들어내야 한다는 압박감을 느꼈다고 했다.

하지만 그들은 선의의 해킹을 둘러싸고 계속 이어지는 적개심과 투명성 부족에 책임이 없지는 않다. 인터뷰 도중 우리는 이름과 직함을 당당하게 밝히고서 자신의 해킹을 이야기하는 사람을 거의 보지 못했다. 역시 익명을 요구한 어느 해커의 말을 들어보자. "공개적으로 시스템에 맞서려면 담력이 필요합니다. 내가 그럴 수 있을지 모르겠네요."

삶도 그렇듯이 선의의 해킹도 제대로 하지 못하면 치러야 하는 대가가 있다. 해커가 어질러놓은 쓰레기 더미를 치우느라 고달프다는 어느 직원의 말을 들어보자. "관리자 중에 한 명이 성과관리 서식을 해킹하려 했습니다. 저도 인정하지만 형편없긴 했지요. 하지만 그가 내놓은 서식은 더 형편없었습니다. 그리고 그는 본부 안에 있는 모두에게 자기가 만든 서식을 쓰라고 지시했습니다. 그의 해킹 시도가 문제를 전면에 부각시켰다는 점은 인정합니다. 결과물은 엉터리였지만 그의 행동 때문에 지금 우리는 훨씬 개선된 성과관리 시스템을 갖게 되었지요. 그건 잘된 일입니다. 하지만 그는 중간에 여러 가지로 우리를 곤란하게 했습니다."

구분과 불화는 이제 멈추어야 한다. 해킹이 긍정적인 힘이 되려면 '우리 대 그들'로 나뉘어 미워하며 싸워서는 안 된다. 우리는 하나의 팀으로 뭉쳐야 한다.

해킹이 기업의 주력 분야가 될 수도 있다

1998년, 오리건 주 코밸리스에 있는 HP의 연구원과 기술자들은 각각의 프로젝트에서 배운 내용을 공유할 방법이 필요했다. 그들은 프레젠테이션을 비디오테이프로 녹화한 다음 공유하는 방법을 썼다. 이를 통해 프로젝트를 진행하면서 얻은 통찰과 혁신 내용 등을 세계 각지의 다른 연구원 및 기술자들과 공유할 수 있었다.

"상사 중에는 누구도 이런 공유 권한을 허락하지 않았습니다." 이전 팀원인 존 모리스의 말이다. "그래서 우리는 사람들이 가져온 비디오테이프를 재활용하는 방법을 썼습니다. 아이들 생일 파티를 찍은 비디오테이프 몇 개가 이런 용도로 쓰였지요. 우리는 스스로를 비드넷 VidNet 팀이라고 불렀습니다. 우리는 원시적인 데이터 전송 시스템을 해킹하여 이들 비디오를 공유함으로써 수백만 달러의 출장비를 절약

했습니다. 마이크 밴더포드는 우리 팀에서 유일하게 그런 작업을 할 줄 아는 사람이었습니다. 하지만 수고비를 줄 만한 예산 따위는 없었지요. 그래서 우리는 좋아하는 맥주를 무한 제공하는 것으로 그에게 답례를 했습니다."

이제 2008년 초로 가보자. HP는 드림웍스와 손을 잡고 최고급 영상회의 툴인 헤일로 텔레프레즌스Halo Telepresence를 만들기로 했다. HP는 비용 효율성을 고려한 시스템 구축이라는 10년 해킹 노하우의 가치를 인정하여 비드넷 팀에 프로젝트를 맡겼다. 마이크 밴더포드가 책임기술자가 되었다. 그의 아이가 비디오 게임을 워낙 좋아해서 유명한 비디오 게임 헤일로에서 제품 이름을 따왔다. HP는 현재 '헤일로 콜라보레이션 스튜디오Halo Collaboration Studio'를 개당 30만 달러에 판매한다. "시작은 맥주로 수고비를 대신했던 복제 비디오테이프라는 엉성한 해킹이었습니다." 모리스의 말이다.

이에 마이크 밴더포드가 덧붙였다. "대부분 해커들은 일에 열정적으로 몰입할 뿐 그것이 가진 파급력을 깨닫지 못합니다. 우리가 하는 어떤 일도 당시에는 주류가 아니었습니다. 그렇게 보면 나는 운이 좋았다고 생각합니다. 마음껏 실험해볼 자유가 있었고 맥주로 사례를 할 수 있는, 깨어 있는 친구들과 함께했으니까요."

해킹을 허용한다고 해서 모두의 생산성이 떨어지고 큰 좌절감이 야기되는 것이 아니다. 해킹을 독려하면 오히려 회사의 성장에 도움이 되고, 모두에게 유리한 상황을 만들 수 있다.

새로운 차원의 리더십

해킹 세상에서는 조직 안에서 각자의 지위에 따라 리더십을 새로운 차원으로 가져가야 할 것이다.

우리는 기업의 실적 제고라는 공통의 목표 하에 각기 다른 책임을 맡은 사람들이다. 즉 같은 팀이다. 여러분이 관리자 밑에서 일하는 직원이라면 해킹은 아래에서 조직을 이끌 능력과 책임을 극적으로 키워 줄 것이다. 여러분이 중간관리자라면 해킹은 팀원들을 더욱 효율적으로 지원하고 건사하며, 경영진이 원하는 더 높은 실적을 올리도록 도와줄 것이다. 여러분이 먹이사슬의 꼭대기에 있다면, 해킹은 여러분에게 훨씬 많은 변화를 요구할 것이다. 결과적으로 밑에서 일하는 직원들의 욕구에 귀를 기울이고 반응하는 방식이 크게 바뀔 것이다.

노동자, 관리직, 리더는 조직에서 차지하는 지위에 따라 해킹으로 겪게 되는 변화와 영향이 달라지게 마련이다. 이어지는 내용에서는 해킹 때문에, 특히 책임 면에서 어떤 변화를 겪게 되는가를 노동자, 관리직, 리더로 나누어 설명하고자 한다.

해킹 세상에서 다르게 일하기

이 세상에서는 업무 수단과 절차를 바꿀 공식 권한이 없는 해커들이 주인공이다. 사실 여러분 대부분이 여기에 속할 것이다. 여러분은 어느 정도 관리 책임이 있을 수도, 없을 수도 있지만 기본적으로는 일개 생산자요, 일개 팀원이다. 여러분 역할에서 가장 큰 변화가 있다면 그것은 바로 아래로부터 리더십을 발휘하는 방법일 것이다.

똑똑하게 시작하자

불쾌함을 받아들이자

키라 건트$^{Kyra\ Gaunt}$는 뉴욕 시에 있는 바루크칼리지 인류학과 교수다. 그녀는 세계 곳곳을 다니면서 '불쾌함을 받아들이자$^{agree\ to\ be\ offended}$'라는 제목의 워크숍을 이끌고 있다. 건트는 인종에 관한 대화를 통해 서로 다른 의견을 가진 사람들 사이에 유대감을 만들어내는 데 중점을 두는데, 같은 방법이 해킹에도 적용된다. 건트의 강좌 설명서를 조금 고쳐보자. "다른 사람의 의견 때문에 기분이 상한다면, 우리는 그 순간 상대방의 실재를 부정하는 것이다. 말하자면 상대방의 관점이 타당하지 않다고 보고 그들의 존재를 부정하는 것이다. 기분 상한 상태를 넘길 만큼 오랫동안 충분한 대화를 하고 그들의 관점이 어떻게 타당한가를 보려고 노력해야 한다."

여러분이 해킹을 어떻게 생각하느냐와 상관없이, 우리는 해킹의 미래 역할과 관련하여 다음 4가지 대화 주제를 제안하고자 한다. 팀의 동료 및 상사와 이런 대화들을 시작하라. 만약 고위임원이라면 회사 안의 누구를 상대로든 이런 대화를 적극적으로 시도하라. 불쾌한 상태를 넘길 만큼 충분한 시간을 갖고, 대화에 집중하고, 그 안에서 새로운 가능성을 모색하라.

1. 공동 창조된 구조를 편안하게 생각하라
해커들은 권한을 가진 사람의 허락 없이 절차와 툴을 바꾼다. 그런 방법에 무슨 문제가 있는가? 좋은 점은 무엇인가?

2. 공동 창조는 혁신을 재정의한다는 의미다
모든 사람이 두려움 없이 업무 방식에 의문을 품고, 문제점을 솔직하게 공개하고, 새로운 해결책을 공동 창작하는 것을 쉽게 만들면, 회사 내에서 새로운 차원의 혁신과 생산성에 자양분을 공급하게 되지 않을까?

3. 공동 창조는 새로운 윤리 강령의 공유를 의미한다
이런 논쟁에서 모든 당사자가 스스로 책임져야 하는 윤리 강령은 무엇인가? 새로운 해결책을 강요하거나 명령해서는 안 된다. 그리고 모든 당사자의 욕구와 관심을 존중해야 한다. 위에서 무조건 명령한다고 합의에 이르지는 못한다.

> 4. 기업은 자체 직원보다 판매업체와 고객들을 믿는다
> 우리 회사에 이 말이 적용되는가? 직원들은 불가능한데, 판매업자와 고객들이 절차를 고치고 영향력을 행사하는 사례를 열거해보고 이를 바꿀 방법을 의논하라.

우리가 인터뷰 도중 중간관리자와 고위임원들로부터 가장 많이 들었던 충고는 고위경영진의 협조를 끌어내라는 것이었다. "해커들이 가장 먼저 해야 하는 일이자 가장 중요한 일은 고위경영진을 끌어들일 방법을 찾는 것이다. 그들의 서명을 받아내는 일이 결정적이다." 하지만 이는 헛소리다. 여러분이 이런 충고를 따른다면 아마도 최악의 실수를 저지르게 될 것이다.

그들은 이런 충고를 따라 일을 성사시킬 수 있다면 굳이 힘들게 해킹을 할 필요가 없다고 말한다. "실례합니다, 상무님. 저는 지금 상무님이 자기 일자리를 지키려고 마련해놓은 구조들을 피해서 일을 하고자 합니다. 그리고 상무님 방식대로 저에게 일을 시킬 권위에 도전하고자 합니다. 이런 방법이 왜 좋은지 설명을 좀 드려도 될까요?" 꿈도 꾸지 마라. 운이 좋아서 생각이 깨어 있는 고위임원을 만나지 않는 한, 여러분이 앞장서서 그들을 해킹에 끌어들이는 일은 실패할 확률이 높다.

그러나 최종적인 리더십 참여는 중요하다. 우리는 해킹이 우리 또는 팀원들뿐만 아니라 회사 전체에 도움이 되기를 진심으로 바란다. 그러려면 책임을 지는 윗분들이 나서야 한다. 하지만 이는 장래의 일이다. 즉 리더가 해킹의 긍정적인 측면을 받아들이고 포용하는 자신

의 역할을 완수한 뒤의 일이다. 더구나 리더십의 참여는 리더의 책임이지, 우리 책임이 아니다. 우리가 통제하고 바꿀 수 있는 것에 집중해야 한다. 그 방법은 다음과 같다. 첫째, 신속하게 성과를 내라. 이는 여러 번 반복하는 주장이다. 해킹 성공의 관건은 성과를 내는 것이다. 리처드 손더스는 은행의 고객 데이터베이스를 해킹했다. 하지만 경영진은 손더스 덕분에 자기들의 업무가 한결 쉬워졌다며 흡족해했다. 개리 콜링은 문제가 많은 회사 인프라를 가능한 한 피하고 각자의 도구 세트를 마련하라고 조언하지만, 더불어 책임져야 하는 부분도 있다고 말한다. "관건은 회사 중심 인프라를 이용했을 때보다 빠르게 성과를 올리는 것입니다."

성공한 해커들은 이구동성으로 이를 강조한다. 여러분의 상사, 혹은 상사의 상사가 원하는 성과를 내라. 그들이 자기네 방식대로 일하라고 채근할 기회를 잡기 전에 말이다. 주변 모든 사람에게 도움이 된다는 사실이 입증되면 모든 우회 방법이 용서될 것이다. 기업을 문제의 시스템에서 구하고 말도 안 되는 미친 짓들이 멈추기를 바라는가? 그렇다면 사람들이 여러분의 방식에 의문을 품기 전에 훌륭한 성과를 내는 것을 최우선 목표로 삼아라.

조지 람페르는 세계적인 컨설팅회사 캡제미니컨설팅Capgemini Consulting에서 전략 및 변화 프로젝트 팀의 일원으로 일하고 있다. 그는 이전에 20년 동안 AT&T, NATO, 미국 공군 등의 조직에서 대규모 변화 프로젝트를 관리하는 경력을 쌓았다. 그리고 그런 과정에서 많은 것들을 보고 경험했다.

람페르는 특히 어느 IT개발팀의 해킹 이야기를 좋아한다. 그들은 낮에는 스노보드를 즐기고 새벽 1~5시 사이에 가장 효율적으로 일을 했다. 하지만 이런 업무 관행은 하루 종일 회사에 있기를 바라는 부사장과 맞지 않았다. 심지어 부사장은 개발팀의 자리도 자기와 다른 사람들이 보기 좋은 곳으로 정하고, 부사장이 감시하기 편하도록 온라인 활동 시에도 정해진 네트워크만을 사용해야 한다고 명령했다.

개발팀은 자기 멋대로 정한 절차를 따르라는 부사장의 명령을 계속해서 무시했지만 부사장은 어쩌지를 못했다. 개발팀이 항상 기한을 지켰고, 실적도 다른 팀보다 나았기 때문이다. 몇 달 뒤에 부사장은 그들의 비법을 알아냈다. 개발팀은 많이 사용하지 않는 네트워크를 찾아내어 자기들 목적에 맞게 변경한 다음, 사무실에 없을 때도 스카이프를 이용해 화상회의를 했다. 부사장이 회사 전화로는 장거리 통화를 하지 못하게 했기 때문이다.

그런 우회 방법들을 썼는데도 불구하고, 그들의 해킹이 성공적이었던 이유는 무엇일까? 람페르는 이렇게 말한다. "회사에 정말로 중요한 것을 만들어냈기 때문입니다. 훌륭한 품질로 정해진 예산 안에서 혹은 예산보다 적게 들여서 만들어냈고, 기한에 맞추거나 오히려 기한을 당겼습니다."

여러분이 해킹하는 시스템만큼 혹은 더 빠르게, 그리고 그만큼 훌륭하게 성과를 내놓아라. 그러면 모두가 이긴다.

둘째, 가능하다면 정체를 드러내라. 하지만 반드시 투명성을 유지하라. 해킹이 정말로 회사를 변화시키는 힘이 되고, 일회성 변화에 그치지 않고 지속성을 가지려면 공개되어야 한다. 가능하다면 밖으로 나와야 한다. 가장 좋은 방법은 솔직하고 간단명료한 것이다. 예를 들면, 관리자 앞에서 이렇게 말할 수 있어야 한다. "제가 그동안 좋은 성과를 올린 것을 알고 계시지요? 저는 이런 방법으로 일을 했습니다." 결과가 어찌 되든 솔직하게 방법을 알리는 것이다. 그렇게 해서 상사가 여러분의 해킹을 인정하고 받아들이면 인사고과나 승진에서 유리한 고지를 점할 수 있다. 만약 그렇게 해도 상사가 해킹을 받아들이지 않으면 여러분은 거기서 계속 일하고 싶지는 않을 것이다.

물론, 솔직하게 정체를 드러내는 방법이 모두에게 최선이 될 수는 없을 것이다. 자신이라는 사실을 감추고 "이러저러하게 일을 했던 친구가 하나 있습니다"라고 말하는 방법도 있다. 팀원들의 협조를 끌어내서 전체가 책임을 지게 하는 방법도 있다. 여럿이서 책임을 나누면 훨씬 안전해지기 때문이다.

사실을 알려도 긍정적으로 받아들이지 않을 것 같은 상사는 어디에나 있게 마련이다. 상사의 그런 성향 때문에 정체를 드러내는 게 불가능한 해커들도 적지 않을 것이다. 그래도 우리에게는 팀원, 회사, 기타 사람들에 대한 사회적 책임이 있다. 그러므로 해킹을 해서 이익을 얻고자 한다면 세상에 알려라. 가능한 한 모든 공간에 여러분의 해킹을 알리고, 다른 사람들이 거기서 배우고 도움을 받을 수 있게 하라.

구체적인 방법은 6장과 12장에서 설명했다. 효과적인 방법이 있고, 절대 피해야 하는 상황이 있다(예를 들어 비밀 정보를 올리거나, 회사나 사람 이름을 노출하지 마라 등). 또한 초기에 해킹워크닷컴을 이용하는 방법도 설명했다. 여기서는 투명성의 중요성을 다시 한 번 언급하고자 한다.

우리가 기업의 고질적인 문제에 대해 불만만 토로하고 경영진이 상황을 바꿔야 한다고 툴툴대기만 하면, 모든 대화가 "그럼 나중에 생각해보자"는 식으로 끝날 것이다. 하지만 수백, 수천의 해커들이 문제점들을 해결할 해결책을 블로그 등에 올리기 시작한다면 상황이 사뭇 달라질 것이다. 그런 해킹 내용이 회사 이메일에 첨부되고, 구내식당 게시판에 붙고, 팀 회의에서 회람될 것이다. 순식간에 회사에 있는 모든 사람이 엉터리 업무를 우리처럼 피해가는 방법을 알게 되리라. 이런 흐름은 엉터리 업무를 만들어내는 윗사람에게 일종의 압력으로 작용할 것이고, 결국 경영진이 회사 중심이 아니라 사용자 중심으로 나아가자는 대화에 나설 수밖에 없도록 만들 것이다.

그것이 바로 우리가 장악하고 있는 힘이고 동시에 책임이다. 해킹을 통해 얻은 우회 해법들을 노출하라. 모든 것을 공개하는 투명성을 유지하라.

셋째, 해킹은 개인의 책임을 완전히 다른 새로운 차원으로 끌어올린다는 것을 알아야 한다. 솔직해지자. 강요된 절차와 불합리한 업무는 사람들이 책임을 회피하고 뒤로 숨을 여지를 만들어낸다. "그것을 걱정하는 것은 내 일이 아니야. 그건 아무개의 일이지" "마음은 정말 돕고 싶지만 회사 규정상 그럴 수가 없군"처럼 말이다. 하지만 해킹은 이런저런 핑계를 대며 몸을 숨길 여지를 없애버린다. 그것이 좋은 일인지, 나쁜 일인지는 각자에게 달려 있다.

워싱턴 D.C.에 있는 임원 성과 컨설팅업체인 리더십IQ^{Leadership IQ}에서 실시한 최근 조사 결과에 따르면, 직원 87퍼센트가 실적이 저조한 사람과 함께 일하면 이직을 생각하게 된다고 대답했다.[1] 책임을 회피하는 게으름뱅이를 좋아하는 사람은 아무도 없다.

여러분도 책임을 회피하는 그런 부류에 속하는가? 그렇다면 해킹 세상에서 결국에는 벽에 부딪힐 것이다. 처음에는 동료들에 의한 해킹 증가를 보면서 바라던 꿈이 실현되는 것처럼 생각될 것이다. "와, 신난다. 이제 바보 같은 업무는 안 해도 돼!" 하지만 어느 순간 그것이 부메랑이 되어 여러분을 공격한다. "이런! 이제 손가락질할 사람이 없잖아. 탓할 데가 점점 없어지고 있어." 이는 보통 난감한 상황이 아니다.

하지만 다른 사람들에게는 탓하고 숨을 곳이 없다는 사실이 반가운 소식이다. 또한 해커가 되면 좋다는 의미이기도 하다. 우선 각자의 역할과 책임이 분명해진다. 책임을 회피하는 게으름뱅이들이 회의를 소집해서 일정을 연기하거나 변명을 늘어놓는 일, 절차를 거론하면서 주도적으로 나서지 않거나 하던 업무를 중도에 남한테 떠넘기는 일이 점점 어려워질 것이다. 무엇보다 중요한 것은 아래로부터 리더십을 발휘하고, 미리미리 경력을 관리할 명확하고 쉬운 방법을 갖게 된다는 점이다.

해킹 세상이 되기 전, 리더들은 책임을 회피하고 숨을 다양한 방법을 가지고 있었다. 여러분과 그들 사이에는 많은 공정, 절차, 보고 체계 등이 있었다. 그리고 그런 것들이 여러분 중심이 아니라 회사 중심이었다. 때문에 의사결정 과정에서 여러분의 목소리를 반영할 방법은

1년에 한 번 정도 있는 직원 설문 조사가 고작이었다. 그나마도 워낙 검열이 심해서 사실상 쓸모가 없었다. 해킹이 없는 구조는 아랫사람으로서는 무조건 듣고 따르기만 해야 하는 끔찍한 구조다.

해킹 세상에서는 아랫사람이 리더십을 발휘하기가 훨씬 쉽다. 그렇다고 바스티유 감옥 난입 같은 극적인 행동을 해야 하는 것도 아니다. 그저 어리석은 업무며 절차 등을 해킹하기만 하면 된다. 해킹으로 인한 성과 제고가 여러분을 유리한 상황으로 이끌 것이다.

해킹을 통해서 회사에서 공인된 방법보다 빠르게 성과를 내라. 그러면 상사가 상황을 파악하고 해킹을 받아들일 것이다. 특별히 원해서가 아니라 결과가 중요하기 때문이다. 그리고 그것이 그들의 상사, 고객, 주주, 시장이 그들의 실적을 계산하는 방법이기 때문이다.

해킹 세상에서 다르게 관리하기

2가지 흐름이 반대쪽에서 여러분을 향해 다가오고 있다. 양쪽에서 내세우는 우선 사항들이 서로 다른 경우도 많다. 그런 와중에 모든 사람이 생산성을 높이고 업무에 집중하고 의욕을 갖게끔 하는 것이 바로 관리자의 역할이다. 관리자의 역할이란 끝이 자기를 향하고 있는 두 개의 깔때기 사이에 서 있는 것과도 같다. 여러분은 리더들이 여러분 팀에게 맡긴 모든 일에 책임을 진다. 이것이 한쪽 깔때기를 통과하는 끊임없는 흐름이다. 다른 깔때기에는 여러분이 처리해주길 바라는 팀원들의 각종 반응과 요구들이 흘러든다. 우리는 이런 여러분에게 경의를 표하는 바다. 여러분은 기업에서 가장 힘든 일을 맡고 있다.

해킹 세상이 어떻게 여러분에게 도움이 되고, 어떻게 여러분의 역할을 바꿀까? 우선, 앞서 일반 직원 입장에서 이야기한 모든 내용이 여러분에게도 적용된다. 임원들이 더욱 가까이서 꼼꼼히 관찰하고 있기 때문에 일반 직원보다 신중을 기해야 할 수는 있지만, 여러분도 역시 해킹으로 이익을 챙길 수가 있다. 여러분 팀 안의 게으름뱅이들이 책임을 회피하고 숨을 공간이 줄어들 것이다. 좁은 깔때기를 통해 여러분에게 흘러들던 불합리한 업무의 일부를 바로잡을 새로운 방법이 생길 것이다. 또한 해킹을 통한 우회 방법들은 여러분에게 진짜 중요한 일에 몰두할 시간적 여유를 줄 것이다. 팀원들을 지도하고 멘토링 해주거나 아이의 학교 행사에 참석하기 위해서 일찌감치 퇴근할 수가 있는 것이다.

신중을 기한다는 것이 해킹을 하지 않는다는 의미는 아니다. 특히 중간관리자로서 윗사람과의 관계 구축에서 지속적인 발전이 있어야 한다. 여기서 이야기하는 것들 이외에 해킹워크닷컴에서 다음 2가지를 다운로드해서 이용하면 좋다. '과장을 좋아하는 관리자를 상대하는 법: 더 많이, 더 많이, 더 많이, 지금 당장!'과 '고위임원진의 믿음직한 조언자가 되는 법'이다. 빌의 책 《간소화를 통한 생존 지침서 The Simplicity Survival Handbook》에 포함된 내용이기도 하다. 2가지 파일에서 소개하는 핵심 아이디어는 소프트해킹이다. 위에서 업무가 내려오는 방식과 상사와 상호작용하는 방식을 협상을 통해 성공적으로 바꾸는 것이다.

하지만 윗사람과의 관계를 돈독히 하고 효율적으로 관리하는 일은 새로운 이야기가 아니다. 해킹이 없는 세상에서도 했어야 하는 일이다. 해킹 세상에서 여러분의 역할과 관련하여 가장 새롭고 중요한 변화는 아랫사람, 즉 팀원들과의 상호작용 방식이다. 구체적으로는 상사로서 팀원들의 해킹에 안전지대를 제공하는 일이다. 어느 정도까지 위험을 감수하느냐에 따라(또한 팀원들에게 제공하고자 하는 보상의 정도에 따라) 2가지 방식이 가능하다.

먼저, 팀의 해커들을 '공중 엄호' 해주는 방식이다. 해커 아만다의 말을 들어보자. "상사가 내게 해준 가장 큰 일을 들라면, 2번의 해킹에 공중 엄호를 해준 것입니다. 7년 동안의 멘토링 전체에 맞먹을 만큼 중요한 일이었지요. 상사는 그렇게 하면 절대 들키지 않을 거라면서 해킹 방법을 조언해주었습니다. 결과적으로 우리 팀은 물론 다른 사람들까지 이득을 보았지요. 상사의 멘토링은 성공적인 회사 생활에 많은 도움이 되었습니다. 하지만 해킹에 대한 공중 엄호는 순전히 나를 위해서였습니다. 그래서 더욱 기분이 좋았고요."

여러분 팀에도 아만다처럼 해킹 과정에서 상사의 도움을 바라는 팀원들이 있을지 모른다. 공중 엄호란 발각되지 않을 방법을 조언해주거나, 조직 안에 다른 선의의 해커들과 연결해주거나, 도움이 되는 추가 정보와 자원을 제공해주는 것을 의미한다. 실제로 우리는 인터뷰 도중에 관리자들이 팀원들에게 기밀 정보를 위험에 노출시키지 않으면서 방화벽을 뛰어넘는 방법, 특정 절차를 우회하면서도 품질은 그대로 유지하는 방법 등을 구체적으로 알려주었다는 이야기를 많이 들었다. 여기서 핵심은 신뢰다. 팀원들은 필요한 경우 여러분이 그들의 뒤를 받쳐줄 수 있는 사람인가를 궁금해 한다. 이러면 본인이 너무 위험해지지 않을까 두려워하는 관리자들도 있을 것이다. 해킹과 관련된 두려움에 대해서는 9장에서 이미 다루었으므로 여러분이 요지를 파악했기를 바란다.

팀원들은 정말로 여러분의 도움을 필요로 한다. 팀원들은 여러분이 든든한 지원자가 되어, 모든 것이 회사 중심으로 돌아가는 상황에서 그들을 중심으로 돌아가는 뭔가를 만들어내는 과정을 지원해주기를 간절히 바라고 있다. 해킹 세상에서 직원들의 옹호자로서 여러분의 역할은 커질 것이다. 기업이 인프라에 대한 자체 접근법을 바꿀 때까지는 바로 여러분이 해킹 세상으로의 성공적인 이행에서 핵심 역할을 맡게 될 것이다.

공중 엄호 제공이 아무래도 너무 위험하다는 생각이 드는가? 그것은 어디까지나 개인적인 선택이므로 그렇게 생각한다고 해서 크게 문제될 것은 없다. 그런 사람들을 위해 팀을 도울 다른 방법을 소개하고자 한다.

두 번째 방식은 본 것도, 들은 것도, 아는 것도 없다고 생각하는 것이다. 옛것이 사라지고 새것이 들어서는 중요한 변화가 일어나는 시기마다 항상 은밀한 지지자들이 있게 마련이다. 드러내놓고 돕지는 않아도 말리지 않음으로써 새로운 미래를 보장하는 그런 사람들이다.

회의실을 지나다 우연히 들은 말을 못 들은 체하는 것, 앞에 놓인 보고서가 해킹으로 인한 것임을 알고도 따져 묻지 않는 것, 그리고 '공식적으로는' 그런 방법은 용납할 수 없다고 말하면서 한편 윙크를 해 보이는 것 등이 모두 은밀한 지지에 해당된다. 우리가 인터뷰한 해커들은 관리자가 적극적인 옹호자가 되어주는 편을 선호했다. 하지만 소극적인 지지 역시 해킹의 성공에 아주 중요했다고 말했다.

소극적인 지지 혹은 적극적인 공중 엄호 어느 쪽이든, 노동의 신세계로의 이행에서 중간관리자의 역할은 무척 중요하다. 결국에는 고위 경영진이 훨씬 많은 책임을 지겠지만 적어도 이행기에는 여러분의 역할이 더욱 중요할 것이다. 팀원들을 안전하게 보호하고, 긴장을 늦추지 않게 하고, 사기를 진작하는 사람은 바로 여러분일 것이다.

해킹 세상에서 달라진 리더십 발휘하기

여러분의 역할은 우리가 지금까지 설명한 사람들의 그것과는 다르다. 여러분은 회사 인프라에 대한 의사결정 권한을 가지고 있는 주체다. 해킹이 일어나는 원인에 대해서는 당신에게 책임이 있을 수도 있고, 없을 수도 있다. 하지만 회사 인프라가 모든 사람의 욕구를 똑같이 충족시키는 그런 미래로 이끌 책임은 분명히 여러분 몫이다.

이전처럼 회사 중심의 업무 수단과 절차 설계를 허락해서는 곤란하다. 사용자 중심 업무 수단과 절차에 대한 욕구를 방치하거나 부수사항 정도로 치부해서도 곤란하다. 여러분, 회사, 그리고 모두에게 치명적인 위험이 될 수 있기 때문이다.

해킹 세상에서 과거와 다른 리더십을 발휘할 방법을 소개하고자 한다.

첫 번째 방법은 임원 회의를 소집하고 문을 걸어 잠그는 것이다. 일찍이 공자는 말했다. "아는 것을 안다고 하고 모르는 것을 모른다고 하는 것이 진정한 앎이다." 우선 여러분은 해킹의 장점을 완전히 이해하지는 못한다는 사실을 인정해야 한다. 또한 해킹을 죽자 살자 경계해야 하는 것도 아니라는 사실을 인정해야 한다. 선의의 해킹을 오랫동안 금지되었던 혁신 방법으로 간주할 의지가 있는가? 놀라운 이득을 가져다주는 창조적인 파괴로 말인가? 자기가 모르는 것은 배우려고 노력해야 하고, 달라진 세상에서 더 이상 통하지 않는 방법이 무엇인가도 알아야 한다. 그리고 이런 깨달음들을 새로운 결론을 내리는 데 활용해야 한다.

임원 회의를 소집하라. 문을 잠가라. 벽에 다음 5가지 질문을 붙여라(10장에서 말한 해커들에게서 배워야 할 5가지와 관련된 것들이다).

- 우리는 회사 중심이면서 동시에 사용자 중심인 인프라를 구축할 의향이 있는가? 계획 실행 방법, 업무 수행 방법을 결정할 지배적인 권한에 대한 기존의 믿음과 가정은 무엇인가? 이런 가정을 바꿀 의지가 있는가? 새로운 지식과 깨달음에 근거하여 회사의 각종 업무 수단, 절차, 구조 등을 바꿀 의지가 있는가?
- 우리는 고용 계약을 재검토할 의지가 있는가? 10장에서 설명한 새로운 노동 계약에 포함되어야 하는 4가지 조항을 기억하는가? 해당 조항을 벽에 함께 붙여라.
- 우리는 직원 교육과 개발 방법을 재검토할 의지가 있는가? 10장에서 설명한 점검 사항의 일부를 벽에 붙여라.

- 우리의 리더십 선별 방법을 재검토할 의지가 있는가? 앞서 설명한 점검 사항의 일부를 벽에 붙여라.
- 모든 사람의 일상 커뮤니케이션 능력 개선이 모든 업무 수행에서 관건이라는 사실을 받아들일 의지가 있는가? 이미 여러분은 효과적인 방법을 알고 있다. 그러므로 논쟁에 집중하고 토론을 활성화시키기 위해서 점검 사항을 벽에 붙여라.

각각의 질문에 대해서 틀린 답은 "아니다. 우리는 원하지 않는다"이다. 이후에 중요한 것은 진지한 탐구다. 여러분 회사 임원진이 현재의 믿음을 가지게 된 연유는 무엇인가? 그런 생각이 바뀌어야 하는 이유는 무엇인가? 가장 좋은 변화 방법은 무엇인가?

선의의 해킹이 가지는 힘을 긍정하고, 진심으로 활용하려 한다면 여러분과 임원진은 시간, 관심, 업무 수단, 절차, 인프라 등에 관해서 회사가 절대적 권한을 가진다는 생각을 바꿔야 한다. 이런 현실을 인정하고 받아들여라.

두 번째 방법은 사용자 관점에서 회사 인프라를 이해해야 한다는 것이다. 소코 모리나가盛永宗興는 1995년에 세상을 떠난 선종 불교 지도자로, 일본 다이슈인 사원의 방장이었다. 그는 언젠가 이런 말을 했다. "소변보는 일은 누구도 대신해줄 수 없는 일이다. 자기만 할 수 있는 일이다. '누구도 당신을 대신해서 소변을 대신 봐줄 수는 없다'는 말에 중요한 진리가 담겨 있음을 알아야 한다."

여러분은 여러분 회사 인프라가 얼마나 파괴적이고 비효율적인지 모른다. 직원들과 같은 방식으로 그것을 사용할 필요가 없기 때문이다. 소변보는 일을 남에게 맡기지 말고, 여러분 회사에서 일하려면 얼마나 많은 노력이 필요한가를 스스로 깨달아야 할 시점이다. 지게차를 직접 운전해보라. 데이터베이스를 활용하라. 각종 서식을 직접 채운 다음 인사부서에 제출해보라. 그리고 반응이 오기까지 얼마나 걸리는지 알아보라. 여러분의 인프라를 직접 사용해보라.

IT 분야에서는 자기가 설계한 툴을 직접 사용하는 것을 '자기가 만든 개 먹이를 먹는다'고 표현하는데 정말 정확한 말이다. 자기가 만든 제품의 맛에 만족하지 못할 가능성도 적지 않다. 아무튼 직접 먹어보는 것이 상황을 파악할 유일한 방법이라는 데는 의문의 여지가 없다.

몇 년 전, 빌은 세계적인 소매업체의 임원진과 함께 일을 했다. 초기 조사 결과를 보니 고위경영진의 정책과 회사 인프라가 판매 및 업무 수행 과정에서 많은 문제점들을 야기하고 있음이 드러났다. 조사 결과를 놓고 그들은 격론을 벌였다. 그런 문제가 자기들 잘못이 아닐 수도 있다는 식의 이야기들이 나왔다. 그래서 빌은 최고재무책임자 CFO를 포함한 몇몇 임원진에게 회사 매장에서 일을 해보라고 요청했다. CFO는 한나절 동안 매장 출납원으로 일했다. 반나절이 그가 참고 일할 수 있는 최대 기간이었다.

임원 회의에서 결론을 발표할 차례가 되자 CFO는 솔직한 심정을 털어놓았다. "우리 매장에서 돈을 벌기가 얼마나 어려운지 정말 몰랐습니다." 상상해보라. 회사의 모든 재무를 책임지는 사람이 자기네 매장에서 고객에게 돈을 받고 계산을 마무리하는 것이 얼마나 어려운

지를 몰랐다는 사실을. 매장 휴게실에 앉아본 다음에야 그는 출납원, 재고관리자, 관리 요원, 매장 지배인들로부터 회사 업무 수단과 절차에 대해 걸러지지 않은 진짜 피드백을 받아볼 수가 있었다. 이런 것들이 그들의 업무 수행에 어떤 영향을 미치고 있는지에 대한 솔직한 이야기를 말이다.

여러분 손톱에 때를 묻혀라. 조사 결과에 의존하지 말고 여러분이 직원들에게 강제하는 시스템과 업무 수단들을 실제로 사용해보라. 제트블루^{JetBlue} 항공의 창립자이자 전직 CEO인 데이비드 닐먼$^{David\ Neeleman}$은 이곳에서 승무원으로 일하면서 이런 작업을 규칙적으로 했다. 그리고 새로 설립한 브라질 항공 아줄^{Azul}에서도 계속해서 그렇게 하고 있다. 고객 서비스에 필요한 것을 좀 더 잘 이해하려는 마음에서다.

직접 사용자가 되어보기 전에는 사용자 중심이 얼마나 시급한 문제인지 제대로 이해할 수가 없다.

세 번째 방법은 생각을 바꾸고 전략을 바꿔야 한다는 것이다. 《이상한 나라의 앨리스》의 속편 격인 《거울 나라의 앨리스》에서 백색 여왕은 이런 말을 한다. "어떤 때는 아침을 먹기도 전에 불가능한 일들을 6가지나 믿기도 했지."

일단 여러분이 업무 구조에 대한 생각을 바꾸면 무엇이든 가능하다. 사용자 경험을 중심으로 운영되고 사용자 중심에서 탁월한 능력을 보이는 조직과 모범 사례들을 통해 배워라.

구글의 접근법을 살펴보는 것은 좋은 출발점이 될 수 있다. 구글은 사용자 중심이 되려는 노력을 여러 방법으로 측정하고 연구한다. "구글 사용자 경험팀은 유용하고, 빠르고, 간단하고, 호감이 가고, 혁신적이고, 보편적이고, 수익성 있고, 아름답고, 믿음이 가고, 매력적인 설계를 목표로 합니다. 조화로운 균형에 도달하는 것은 끊임없는 도전의 연속이지요."

그런 도전에 대한 구글의 구체적인 대처 방법을 보려면 '똑똑하게 시작하자 – 구글에서 배우기' 부분을 참조하라. 사용자 중심이 되려면 회사의 공정, 업무 수단, 구조 등을 어떻게 바꿔야 하는가에 대한 10가지 원칙을 다루고 있다. 원칙을 지킨다면 여러분 회사도 구글에 버금가는 경쟁우위를 가지게 될 것이다. 빠른 발전 속도와 인기 있는 애플리케이션들로 똘똘 뭉친 회사가 아닌가.

작가 겸 교수인 클레이 셔키는 구글의 10가지 원칙을 "참으로 너그러운 설계, 좋은 설계를 통해서 오랜 욕구와 새로운 능력을 결합시켰다"고 말한다.[2] 목표는 회사 인프라를 인간의 즐거움, 공동체, 존엄, 자긍심, 의미, 귀중한 대우 등에 대한 욕구를 자극하게끔 구축하면서 동시에 편리하게 구축하는 것이다. 즉 무엇이든 사용하기 쉬워야 한다(더욱 상세한 설명은 해킹워크닷컴에서 '단순한 회사 만들기: 초보자용 Simpler Companies: A Starter Kit'을 참조하라. 추가 지침들 및 회사 중심 업무 수단과 공정을 사용자 중심으로 바꿔줄 6가지 핵심 척도를 볼 수 있다).

사용자 중심 인프라와 업무 수단 확보에 전력을 다할 의지가 있다면, 다음 4가지에 주목하라. 인터뷰 도중 해커와 임원들이 공히 제안한 방법들이다.

- 리더십 개발 프로그램을 새로 짜서 리더들에게 사용자 중심 회사를 건설하는 법을 가르쳐라(GE의 리더십 아카데미를 생각해보면 된다. 선의의 해커들이 설계했다는 점만 다를 뿐이다).
- 사용자 중심 설계가 고객을 생각하는 설계만큼이나 회사 내부에서 관심을 얻을 수 있게 하는 일에 최소 한 명의 임원이 헌신하게끔 해야 한다. 그의 일자리며 보너스를 해당 분야 성과와 직결시켜라.
- 고위경영진이나 이사회에 현장 노동자와 중간관리자를 위한 자리를 신설하라. 그들에게 회사 중심 설계를 비웃고, 거부권을 행사할 전권을 주어라. 그리고 해당 위치에 있는 사람들을 주기적으로 교체하라.
- 진정한 실적 위주 회사를 만들어라. 그런 곳에서는 모든 아이디어가 동등한 입장에서 경쟁하고 최고의 아이디어가 승리한다. 그런 곳에서는 신임장보다 실제 기여도가 중요하며, 리더들이 사람들을 감독하기보다는 그들을 위해 봉사한다.

여러분이 최종 사용자인 직원들을 생각하며 고민한다면, 위에 제시한 것보다 더욱 좋은 해결책을 내놓을 수도 있을 것이다. 해킹의 힘을 성공적으로 활용하는 관건은, 불가능하다고 생각했던 얼마나 많은 일들이 가능한가를 깨닫고 생각을 바꾸는 데서 시작된다.

마지막으로 네 번째 방법은 해킹에 대한 자유로운 대화를 허용해야 한다는 것이다. 프랭클린 루스벨트 Frankline D. Roosevelt의 부인 엘리너

루스벨트Eleanor Roosevelt는 이런 말을 했다. "당신을 두렵게 하는 일을 매일 하나씩 하라."

결국, 가장 중요한 리더십 실천은 다른 사람의 모범 관행을 연구하거나 주도적으로 자신의 관행을 만들어가는 것이 아니다. 사내의 다양한 대화가 가능하도록 지원하고 자유로운 분위기를 만들어주는 것이 가장 중요한 리더십 실천이다. 그런 대화에서 나오는 변화들을 지지하면서 말이다.

우리가 알아본 바로는 고위임원이 공유하는 두려움은 바로 해킹을 양성화하는 조치였다. "그러면 통제력을 잃을 겁니다!" 해킹이 일어난다는 사실을 받아들이지 않으면 그것이 존재하지 않는 것처럼 생각하게 된다. 임원들은 통제하고 있다는 환상을 그대로 유지하기를 좋아한다. "오합지졸들이 회사를 접수할 것이다!" 밑에서 일하는 직원들을 믿지 못하면 누구를 믿을 것인가? 이런 불신이야말로 오늘날 리더십이 중대한 문제를 안고 있다는 표시가 아닌가? "그것은 우리 가치에 어긋난다!" 직원들이 최대 기량을 발휘하는 데 필요한 조건을 만들어주는 것이 회사 가치에 배치된다는 말인가?

선의의 해킹에 대한 공개 토론은 대부분의 리더들을 겁먹게 하는 일이다. 그러므로 최소한 초기에 해킹 세상에서의 리더십은 한 가지 행동으로 귀결된다. 바로 논쟁을 바꿀 용기다.

사람들이 자기가 했던 선의의 해킹에 대해 마음 놓고 말할 수 있어야 한다. 해커들과의 인터뷰에서 우리는 모든 해커에게 놀라울 정도로 풍부한 지략, 상상력, 구속받지 않는 창조성, 기업의 만성적인 문제들을 해결하고자 하는 강력한 동력이 있음을 보았다. 그들은 간절히 여러분을 돕고 싶어 한다. 그들은 여러분의 성공을 바란다. 그들이 지하에 숨어 있는 유일한 이유는 마음 놓고 밖으로 나올 여건이 조성되어 있지 않기 때문이다.

워렌 베니스Warren Bennis는 서던캘리포니아대학 리더십연구소 소장이다. 리더십과 관련된 영향력 있는 저서들을 많이 발표한 것으로도 유명한 그는 《투명성Transparency》에서 4가지 핵심 리더십 책임을 이야기한다.

- 평등한 정보 접근을 가능하게 한다.
- 진실을 말한 사람을 벌하지 않는다.
- '예스맨'에게 상을 내리지 않는다.
- 원칙을 지키는 '이단아'에게 상을 내린다.

해커들은 권력자에게 진실을 말하기를 주저하지 않고 원칙을 지키는 미래의 이단아들이다. 그들을 나름의 원칙을 지키면서 해야 할 일을 하고 있을 뿐이다. 만약 그들이 여러분 회사를 자체로부터 구출하는 일을 돕게 하려면, 먼저 조직 내 창조적인 파괴의 가능성에 대해 자유롭게 토론할 분위기를 만들어주어야 한다. 회사에 도움이 되는 만큼 사람들이 업무를 처리하는 데도 도움이 되는 인프라 구축 필요성을 마음 놓고 이야기하게 하라.

너무 방만해지지는 않을까 걱정할 필요는 없다. 자유로움 속에서 소위 '엄격한 사랑tough love' 역시 싹틀 것이다. 회사의 업무 수단, 공정, 구조 등이 개인의 욕구를 성공적으로 만족시킬수록 개인의 책임도 커진다. 업무 수단이 직원들의 욕구를 충족시키면 리더 입장에서는 그들에 대한 기대치를 높일 권리를 갖게 된다. 필요한 것들을 충족시켜 주었으니 이쪽에서 원하는 기대치를 충족시키라고 요구할 수 있게 되는 것이다. 직원들을 투자자로 대우하는 것도 마찬가지다. 투자에 대해 많은 보상을 바랄수록 직원들도 많이 투자해야 한다. 이런 변화 과정에서 과거에 무조건 보장되던 보수와 특혜 등이 줄어들 수도 있다. 그리고 회사 실적과 훨씬 긴밀히 연결될 수도 있다. 해킹 세상에서는 지위 고하에 상관없이 모두가 실적과 연관된 더욱 높은 수준의 책임감을 요구받게 된다.

여러분의 협조와 상관없이 해커들은 금지된 혁신을 멈추지 않을 것이다. 그들의 이런 활동을 회사 입장에서 평가하고, 지속적으로 회사에 도움이 되고, 선의의 해킹을 회사의 경쟁우위로 활용하기를 바란다면 리더로서 조직을 이끄는 방식을 바꾸어야 한다.

사람들이 자유롭게 자기 의견을 표현하는 대화와 토론들을 보장해야 한다. 또한 해킹으로 회사를 구하는 영웅과 그들의 행동을 공공연히 거론하고 마음껏 축하하는 그런 대화를 해야 한다.

우리와 그들의 대립은 없다

삿대질은 이제 그만하자. 누구나 어느 정도 실수를 하고, 동시에 누구나 문제 해결에 기여할 수 있다. 우리 모두 상의하달식의 일부 결정에 책임이 있다. 그리고 아래로부터 제기되는 욕구와 관심에 대응할 책임을 지고 있다.

개인의 욕구와 회사의 사이에 긴장과 상충을 해결할 방법을 찾아야 한다. 현재 방법이 만족스럽지 못하기 때문에 해킹이 일어난다. 현재 업무 수행을 위해 시스템을 구축하는 방식은 거의 전적으로 회사 중심적이다.

이 책을 준비하는 동안 우리가 기획하고 참여했던 모든 대화에서 이런 긴장과 해결의 필요성이 언급되었다. 대부분의 대화는 개인 생활, 경력, 가족, 회사 사이를 오락가락하는 것처럼 보였다. 모두가 뭔

똑똑하게 시작하자

대화의 시작 방법

회의실로 들어가서 유튜브에 접속하라. 그 사이 아무 말도 하지 말고 캔자스 주립대학의 마이클 웨쉬Michael Wesch 교수가 만든 '정보혁명Information Revolution'이라는 동영상을 플레이하라.

동영상 내용의 일부를 소개하자면 이렇다. "끝이 없다. 우리는 스스로 정보를 조직한다. 정말로 이는 정보혁명이다. 정보를 이용하고, 창조하고, 비판하고, 조직하고, 이해하는 책임이 우리 모두에게 있다. 당신은 그럴 준비가 되었는가?"

다음과 같은 토론을 활성화하자. "우리는 월드와이드웹이 정보를 구조화하고, 사용하고, 공유하는 방법을 완전히 바꿨다는 데 동의한다. 그렇지 않은가? 그렇다면 업무 해킹은 어떤가? 업무 해킹은 회사 중심으로 구축된 업무 수단과 구조에 같은 작업을 한다. 월드와이드웹이 정보혁명을 가져왔듯이 업무 해킹은 업무 수단과 구조를 바꾼다." 그러고 나서 몇 가지 해킹 예를 들고 좌중을 향해 질문을 던져보자. "우리는 어떤 준비가 되어 있습니까? 우리 모두가 비판하고 재건해야 하는 것은 무엇일까요?"

가가 올바른 방식으로 돌아가지 않고 있다는 느낌을 갖고 있었다. 그리고 이런 느낌을 떨쳐버릴 뭔가를 찾고 있었다. 즉 균형, 명료성, 집중 등은 강화하고 어수선함과 혼란은 약화시킬, 모든 것을 다룰 나은 방법을 찾고 있었다.

데비 루드를 보자. 그녀는 현재 월마트에서 2만 6000명이 넘는 직원들을 감독하고 있다. 이전에 그녀는 스테이플스Staples, 더갭The Gap, 토이저러스Toys 'R' Us 등에서 중역 자리를 맡고 있었다. 데비는 베이비부머와 Y세대가 만나 업무 방식에서 무엇이 달라져야 하는가를 놓고 토론하는 우리 조사에 참여했다. 다음은 데비가 온라인으로 Y세대인 데릭에게 들려준 이야기다.

"나는 시간이 아니라 기여도를 보는 특이한 상사입니다. 말이 나왔으니 말인데, 아무리 시간을 안 본다고 해도 어느 정도 체계적인 구조나 규칙이 필요한 법입니다. 규모가 있는 팀을 관리하면서 '원하는 시간에' 일하도록 팀원들을 풀어주다 보면, 때로 감당이 안 되는 상황이 벌어지기도 합니다. 약속 때문에 일찍 퇴근해서 오후 늦게 집에서 전화를 받는 것은 괜찮습니다. 각자가 어떻게든 상황을 조정하고 목표대로 일을 할 수가 있을 테니까요. 하지만 직원들이 오전 9시 회의에 15분이 지나서야 나타났을 때는 심기가 편치 않습니다. 회의는 여러 사람이 관계된 일입니다. 나에게는 그런 태도가 집단을 존중하지 않는다는 의미로 보입니다. 맡은 임무를 완수하고는 공개적으로 칭찬해주기를 바라는 그런 팀원들도 많이 봤습니다. 그런 모습이 내 눈에는 참 딱해 보입니다. 그럴 때면 이런 말을 해주고 싶어집니다. '여보

똑똑하게 시작하자

구글에서 배우기

여러분 회사의 업무 수단, 공정, 구조 등을 사용자 중심으로 바꾸고 싶다면 분야 최고에게서 배워라. 다음은 훌륭한 사용자 경험을 위한 구글의 10가지 원칙이다(원칙은 구글의 것이지만, 아래 설명은 우리 것이다).

1. 사람에 집중하라. 모든 업무 수단이 회사 목표 달성에 기여할 뿐만 아니라, 개인들이 각자의 꿈과 목표를 성취하는 데도 도움이 되어야 한다는 의미다. 그들의 생활, 일, 꿈에 집중하라.

2. 1000분의 1초까지 세라. 직원들은 회사 업무 수단 사용이 회사 시간 절약뿐만 아니라 그들의 시간을 절약해주는지를 보아야 한다.

3. 간결함이 힘이다. 회사가 정의하는 간결함도 있지만 노동자가 정의하는 간결함도 있다는 사실을 잊지 마라.

4. 초보자를 사로잡고 전문가를 끌어들여라. 회사에서 설계한 업무 수단과 구조를 사용했을 때 최상의 경험은 어떤 것일까? 겉보기에는 상당히 간단해 보이지만, 파워 유저를 끌어들이는 강력한 기능까지 포함하고 있어야 한다. 아이들이 새로운 게임을 하는 모습을 보라. 아이들은 우선 온갖 버튼을 마구 누르면서 상황을 본다. 재미있고 쉬운 과정이면서 이를 통해 어떻게 해야 하는가를 배운다. 그것도 아주 빠르게. 여러분의 업무 수단도 그렇게 움직여야 한다.

5. 과감하게 혁신하라. 금지된 혁신을 장려하라는 의미다. 현재 선의의 해킹을 받아들여 시스템에 통합한 다음, 그로 인한 변화를 모든 사람이 향유하게끔 방향을 틀어라(물론, '문제를 해결한' 사람의 공로를 분명하게 인정해야 할 것이다).

6. 세계에 맞게 설계하라. 전 세계 사용자의 다양성을 반영할 수 있을 때 진정으로 세계에 맞는 사용자 중심 설계라 할 수 있다. 어떤 툴이나 공정이 특정 국가나 지역, 사용자에게는 맞지 않는다면, 언제 어디서나 통하는 툴이나 공정을 만들어내는 작업에 투자해야 한다.

7. 현재 그리고 미래의 기업을 생각한 계획하라. 먼저 구글의 말을 들어보자. "우리 디자이너들은 우리 기업의 고려 사항이 사용자의 목표와 매끄럽게 통합되게

한다. 어떤 디자인이 수익성이 있어도 사용자를 만족시키지 못한다면 제도판으로 돌아가 다시 시작해야 한다." 알겠는가? 미래의 기업을 위한 계획은 회사 욕구 충족에만 집중해서는 안 된다. 노동자와 사용자의 욕구를 충족시키지 않고는 기업의 미래도 없다.

8. 정신 집중을 방해하지 않는 선에서 눈을 즐겁게 하라. 사용자의 관심을 사로잡고 즐겁게 하는 것은 좋다. 하지만 명료함과 편리함이 핵심이다. 사용하기 어렵다면 노동자가 아무리 마음에 들어 해도 소용이 없. 그들은 여전히 최대 기량을 발휘하지 못할 것이기 때문이다.

9. 믿음이 가야 한다. 직원들이 선의의 해킹을 포기하고 회사에서 제공하는 업무 수단과 공정만을 활용한다면, 회사의 목표에 발전이 있는 만큼 자신들의 경력과 이익에도 진전이 있으리라고 믿을 수 있는가?

10. 인간미를 더하라. 회사 업무 수단과 인프라에 유머 감각, 기쁨, 기벽, 개성 등을 적절히 집어넣어라. 그렇지 못한 관리자가 있다면 어떻게든 그렇게 만들어야 한다. 실제 사람들이 이것들을 사용한다는 사실을 잊지 말아야 한다. 인간다움이라는 기쁨을 누릴 여유를 허용하라.

세요, 그거 하라고 월급 주는 겁니다.' 툴이나 기술, 교육훈련에 대해서는, 더갭에 있을 때 우리 팀원들은 3개월마다 공식 훈련을 받기를 바랐습니다. 하지만 내가 보기에는 이미 배운 것을 연습하고 완벽하게 하는 데 시간을 들이는 편이 낫다 싶더군요."

데비는 또한 데릭에게 이런 이야기도 들려주었다. "나는 '부모님은 너무 열심히 일하세요. 나는 절대 안 그럴 겁니다'라고 말하는 Y세대를 키웠습니다. 사실 우리 아이는 그렇게 열심히 일할 필요가 없었지요. 우리가 열심히 했으니까요. 어려서 우리 집은 아주 가난했기 때문에 그만큼 스스로 느끼는 부담도 컸습니다. 어머니가 고생하는 것을 보며 자랐고, 어머니처럼 되지 않으려고 정말 열심히 살았습니다. 내 아들은 우리가 열심히 일하는 것을 보았고, 우리처럼 되지 않으려고 할 수 있는 바를 하고 있습니다. 아들처럼 일하는 것의 긍정적인 면은 뭘까요? 당연히 아들의 목표는 좀 더 행복한 사람이 되는 것입니다. 기업 관점에서 보면 아들의 행복이 더욱 생산적인 사람이 된다는 의미일까요? 아니면 더욱 충성스러워진다는 의미일까요? 모든 기업이 행복한 사람들을 원한다고 믿어도 무방합니다. 하지만 내가 본 바로는 기업이 가장 원하는 것은 주주를 위한 가치 창출입니다. 행복한 사람은 더욱 창조적, 혁신적, 생산적이어야 합니다. 말하고 싶은 것이 더 있지만 당장은 병원에 가봐야 합니다. 나중에 봅시다."

데비의 이야기에는 우리들 대부분이 경험하는 현실이 있었다. 개인 욕구와 회사의 책임 사이, 회사 중심 구조와 사용자 중심 구조 사이의 긴장이 있는 것이다.

해커들이 이런 긴장을 야기한 것은 아니었다. 그런 긴장은 인간이 최초로 집단을 이룬 이래로 항상 있었다. 그리고 해킹이 그런 긴장들을 완전히 해결하지는 못할 것이다. 하지만 해킹이 할 수 있는 것들이 적지 않다. 해킹은 많은 불합리한 업무를 줄이고 진짜 중요한 업무의 양을 늘린다. 또한 보다 나은 해결책을 찾는 데 필요한 수단과 힘을 준다. 그러나 여기에는 조건이 있다. 우리 모두가 해결책 모색이 시급한 사안이라고 동의해야 한다는 것이다. 우리는 공동의 목표를 가진 하나의 팀이며 목표 도달을 도울 각기 다른 책임을 가지고 있음을 인정해야 한다.

속성 해킹

현장에서 듣는 우회 해법

어디서나 위키, 위키

로버트 래플린의 말을 들어보자. "나는 프로젝트 매니저입니다. 내가 하는 대부분의 일은 회사 소프트웨어 조정 내역을 살피고 기록하는 일입니다. 그리고 내가 하는 해킹은 가능한 많은 업무를 내가 직접 구축한 위키를 통해서 수행하는 것입니다. 회사에서 제공하는 대부분의 툴을 무시한 채로 말입니다."

나와 다른 사람들이 위키를 하는 이유

"나의 위키이기 때문이지요. 어떤 방식으로든 내가 원하는 대로 이렇게 저렇게 바꾸고 조정할 수가 있습니다. 구조를 어떻게 할까를 놓고 타인과 협상하느라 시간을 소비할 필요가 없습니다. 내가 만든 것이니 구조를 훤하게 꿰고 있다는 것도 위키 사용의 장점입니다. 위키는 여러 프로젝트를 진행하면서 내가 걸어온 발전 과정을 기록하는 중요한 수단이 되었고, 이를 통해 나의 개인적인 생산성이 크게 향상되었습니다."

위로부터의 압력

"가장 중요한 것은 모든 상사가 결과에 신경을 쓴다는 사실입니다. 고품질에 신속한 해결책을 내놓고, 기한과 예산도 엄수하는 것이지요. 애초 정한 예산에서 절감하면 금상첨화고요. 나는 위키의 도움을 받아 그런 결과를 내놓고 있습니다. 상사가 원하는 결과물을 내놓는 한, 상사와 회사에서 어떤 압력을 받든 중요하지 않습니다."

위키 사용 장점(보고서 만들기와 배포)

"모든 보고서가 온라인에서 제작되어 언제 누구에게든 보여줄 수가 있습니다. 여기저기 회의에 들어가서 같은 이야기를 재탕해야 하는 번거로움을 덜어줍니다. 누군가 보고서를 보고 철자, 문법, 말하려는 내용의 정확성 등에 대해 트집을 잡을 때도 아주 유용하지요. 그럴 때면 나는 이렇게 대답합니다. '지적해주셔서 감사합니다. 마음대로 고치셔도 됩니다'라고 말이죠."

위키 사용 장점(온갖 잡다한 정보)

"내가 만들어 직접 관리하기 때문에 색인에 다시 색인을 만들고, 여러 단계로 분

> 류하기가 쉽습니다. 그런 과정을 통해서 어떤 정보가 중요하고, 어떤 정보가 무용한지가 분명해집니다."
>
> 회사 툴 대신 위키를 사용하는 래플린의 해킹을 꼼꼼히 살펴보면 상당히 유용한 상세 정보를 얻을 수가 있다. 위키의 작동 방식, 회사 시스템을 우회해야 하는 이유, 어떻게 시작하면 좋을지 등 더 자세한 내용은 해킹워크닷컴에서 다루었다.

피터 드러커는 언젠가 이렇게 말했다. "계획이란 힘들여 실천하지 않으면 그저 좋은 의도일 뿐이다." 기업을 기업 자체로부터 구하기 위해 힘든 실천을 시작할 때다.

12장

세계를 해킹하라

> 사려 깊고 헌신적인 사람들로 이루어진 작은 집단이
> 세상을 바꿀 수 있음을 의심하지 마라.
> 실제로, 이들은 지금까지 세상을 바꿔왔다.
> — 마거릿 미드Margaret Mead, 문화인류학자

보여주고, 공유하고, 퍼뜨려라

샌프란시스코 금문교 바로 북쪽에 마린 헤드랜즈Marin Headlands라는 지역이 있다. 1984년, 그곳에 있었던 선조들의 행적을 추적해보자. 우선, '블루 박스'를 만든 전화 프리커로 유명한 캡틴 크런치가 거기 있었다. 애플의 공동 창업자 스티브 워즈니악의 《해커: 컴퓨터 혁명의 영웅들Hackers: Heroes of the Computer Revolution》의 공저자 스티븐 레비와, 메리 프랭크스터 멤버이자 《지구 대백과사전The Whole Earth Catalog》 시리즈의 출판인인 스튜어트 브랜드도 그때 그곳에 있었다.

마린 헤드랜즈에서 최초로 해커 컨퍼런스가 열렸을 때의 일이다. 레비는 컴퓨터 해커 윤리라고 하여 해커들이 공유해야 할 일련의 가치를 제기했다. 몇 가지를 열거하자면 다음과 같다. "무엇이 되었든 세상 돌아가는 이치를 알려줄지 모르는 것에의 접근이 제한 없이 총

체적으로 이루어져야 한다. 모든 정보는 무료여야 한다. 해커는 학위, 나이, 인종, 지위 같은 불필요한 기준이 아니라 자신의 해킹으로 심판을 받아야 한다. 권위를 불신하고 분권화를 촉진하라.[1]"

브랜드와 워즈니악은 레비의 안에 동의하면서 훗날 모든 직장 해킹에 힘을 실어줄 중요한 한 가지를 보탰다. "정보는 비싸지려 한다. 아주 귀중하기 때문이다. 상황에 맞는 옳은 정보는 우리네 삶을 바꿀 만큼 귀중한 역할을 한다. 다른 한편으로 정보는 공짜가 되려 한다. 정보를 얻어내는 비용이 계속해서 낮아지고 있기 때문이다. 말하자면 정보를 둘러싸고 서로 대립하는 상반된 흐름이 우리 앞에 놓여 있다." 그리고 스티브 워즈니악은 다음과 같은 결론을 내린다. "정보는 무료가 되어야 한다. 하지만 우리의 시간은 그렇지 않아야 한다.[2]"

정보는 대부분 선의의 해킹 대상이다. 우리 삶을 바꿀 강력한 힘을 지녔기 때문이다. 회사는 우리가 정해진 정보 사용 규칙을 준수하길 바란다. 정보를 종합하고, 지키고, 정리하는 일이 돈이 많이 들 뿐만 아니라 정보 자체가 귀중하기 때문이다. 정보 안에는 회사의 전략과 규칙, 관행이 담겨 있다. 구체적인 형태는 달라도 대부분의 해킹은 회사의 제약으로부터 정보를 해방시켜, 우리는 회사에서 시키는 대로뿐 아니라 각자가 원하는 방식으로 정보에 접근한다. 그리고 이를 해석하고, 공유하고, 이용한다. 이런 상반된 두 힘의 대립은 지금까지 지속되고 있다.

좀 더 뒤로 물러서서 보면 모두가 해킹을 하는 목적이 눈에 들어올 것이다. 회사 인프라와 자원은 비용관리에 필요한 만큼의 통제와, 직원의 최대 기량 발휘를 보장하는 자유 및 유연성 사이에서 올바른 균형을 찾아야 한다. 하지만 현재 회사 시스템이 그런 균형을 유지하지 못하고 엉망으로 돌아가기 때문에 우리는 해킹을 할 수밖에 없다. 회사의 통제에만 유리하게 돌아가기 때문이다. 회사 인프라는 우리의 제한된 귀중한 시간을 일종의 상품처럼 취급하기 때문에 우리는 해킹을 할 수밖에 없다. 결국 해킹은 회사 욕구와 직원들의 욕구 사이에서 보다 나은 균형점을 찾는 일이다.

논쟁을 바꿔라

이 책을 완성할 무렵, 우리는 여기서 배워야 하는 핵심 메시지와 교훈이 처음 생각했던 것과는 많이 다르다는 사실을 깨달았다.

처음에 우리는 Y세대가 궁극적으로 해커들이라고 생각했다. 하지만 조사를 진행하면서 그렇지 않음을 알게 되었다. 해킹은 많은 사람들이 현상에 대해 '이것은 아니다'라고 느끼기 때문에 일어나고, 그런 느낌은 세대와 산업, 직책의 경계를 초월한다. 또한 우리는 모든 사람이 멍청한 업무에서 벗어날 해킹 방법을 알려주기만 하면 천군만마를 얻은 기분이 되리라고 생각했다. 하지만 두려움과 분노가 난무했다. "내가 중요하다고 생각하는 것을 피해가면서 일하라니, 어떻게 그런 말을 할 수가 있습니까? 당장 일자리가 걱정되는 시점에 어떻게 감히 해킹을 할 수 있습니까?"

두려움, 분노 같은 생각지 못한 반응, 직원을 책임지는 방식을 놓고 제기되는 새로운 질문들을 다루는 과정에서 우리는 마침내 이 책이 실제로 무엇에 관한 책인가를 깨닫게 되었다.

　세계화를 비롯해서 수십 가지의 힘들이 조직에서 예측 가능성, 안정성, 통제권 등을 앗아갔다. 그러므로 회사는 예전보다 많은 통제와 변화를 강제할 수밖에 없다. 응수하고 밀어붙이고 통제하며, 다시 응수하고 모두를 더욱 세게 밀어붙이고 통제의 고삐를 더욱 단단히 죄었다. 이런 악순환이 반복되면서 수십 년 동안 제자리 걸음을 하고 있다. 온갖 변화에도 불구하고 모든 것이 결국에는 같은 자리로 돌아온다. 개별 직원들의 부담으로 돌아오는 것이다. 직원들은 기관의 예측 가능성, 안정성, 통제권을 보장하기 위해 일하고 있다고 해도 과언이 아니다. 모든 것이 여기에 초점을 맞추고 있다. 또한 직원 자신을 위해서는 할 수 있는 것이 거의 없다.

　직원들은 관리자에게 도와달라고 애원하지만 관리자의 처지도 그들과 다르지 않다. 그들은 기관의 예측 가능성, 안정성, 통제권을 보장하기 위해서 일한다. 그리고 관리자 자신을 위해서는 할 수 있는 것이 거의 없다. 관리자는 임원진에게 도와달라고 애원하지만, 그들이라고 용빼는 재주가 있을 리 없다. 그들의 업무도 조직에만 유리하게 진행된다는 점에서 직원이나 관리자와 크게 다르지 않으며, 업무와 삶에 대한 개인적인 통제권을 상실했다는 느낌은 그들도 마찬가지다. 그러므로 직원들이 통제권을 되찾으려 하면서 해킹이 폭증한다. 그리고 해킹이 공개적으로 거론되는 순간 모두가 기겁한다.

　시스템이 망가졌다. 모든 사람이 그것을 알고 영향을 받는다. 그런데 뭔가 조치를 취해야 하는 주체가 없다거나, 실제 상황에 대해서 솔직하게 논해서도 안 된다는 것은 분명 잘못된 그림이다. 일과 관련된 모든 계약, 모든 참가자 사이의 관계가 '재시동' 되어야 한다. 우리는 산업화 시대 이후 조금의 업데이트를 했을 뿐이다. 기본적으로는 동일한 노동 계약을 유지하고 있다. 이는 모두가 수십 년에 걸쳐 죽어버린 컴퓨터의 '블루스크린'을 응시하고 있는 것과 같다(블루스크린은 복구 불가능한 치명적 에러라고도 불린다).

기업 리더들이 우리를 구해주리라고 기대하지 마라. 그들의 해결책이 무엇인지 아는가? 더욱 강한 통제다. CEO 조사연구회사인 크리스트 콜더Crist Kolder에 따르면 2008~2009년 경제위기 때문에 많은 기업들이 COO나 본부장 같은 부사령관 직책을 없앴다고 한다. 그리고 CEO나 회장에게 일상 운영에 관한 통제권을 더욱 집중화시키는 흐름이 강화되었다고 한다.[3] 경제위기 몇 년 전부터 시작되었던 흐름인데, 경제위기를 겪고 한풀 꺾이기는커녕 오히려 강화된 것이다. 전사적 품질관리 프로그램인 식스시그마 전문가이자 TBM컨설팅의 CEO 아난드 샤르마에 따르면, 식스시그마를 통한 통제 방법을 초고속 비용절감 방법으로 사용하겠다는 요청이 50퍼센트나 늘었다고 한다.[4] 응수하고, 밀어붙이고, 통제의 고삐를 더욱 단단히 죄어라. 영원히 반복될 미래에 온 것을 환영한다. 이런 악순환의 고리를 끊기 위해 뭔가를 하지 않는다면 우리의 미래는 영원히 그런 모습일 것이다.

우리는 모든 독자가 멍청한 업무를 해킹하기 위해서 이 책을 활용하고, 지금보다 생산적이고 효율적으로 일하기를 바란다(합법적으로 유익하게 활용하라. 고소당할지 모르는 그런 방식은 절대 쓰지 마라). 하지만 해킹이 궁극적인 목표가 될 수는 없다. 동시에 우리는 논쟁을 바꿔야 한다.

현저하게 균형감을 잃은 회사 통제에 맞설 아이디어와 툴로 무장한 스스로를 생각해보라. 이는 여러분을 리더와 맞먹는 자리로 끌어올릴 만큼 강력한 힘이다. 그렇다. 회사는 힘을 존중한다. "우리에게 잘 해주세요"라는 부탁이나 애원보다는 힘이 효과적이다.

해킹을 통한 우회 해법이 든든한 힘이 되어주기 때문에, 이제 여러분은 그들과 대등한 위치로 간주된다. 따라서 여러분이 적극적으로 논쟁을 바꿔야 한다. 권력, 통제, 위험 이 3가지 금기를 말하고 논해야 한다고 주장하라.

일이 모든 참가자 사이에 고르게 분포된 일종의 투자로 취급되고 있는가? 아니면 고용주들이 규칙을 만들고 직원들은 엎드려서 시키는 대로 해야 하는 그런 노사 관계가 영원히 유지되는가?

업무 해킹, 즉 경제학자 조지프 슘페터가 말한 '창조적 파괴'를 이용하여 회사 내부 상황을 바꾸는 방법을 이야기하고 알려주어라. 그리고 모두 함께 해킹 이면에 있는 다음과 같은 진짜 문제들을 토의하라.

- 개인들이 일자리와 월급, 수당을 위해서 얼마나 많은 통제권을 포기해야 하는가?
- 어느 정도가 되어야 회사의 통제가 우리의 스스로에 대한 통제 능력을 파괴하는가?
- 생존하고 번영하고자 하는 기업의 욕구와 개인 내부의 동일한 욕구 사이에 올바른 균형점은 어디인가?

- 기업들은 시장의 위험을 완화시킬 수많은 방법을 가지고 있다. 그런데 그 안의 개인들은 안전장치가 전혀 없이 시장의 힘에 그대로 노출되는 이유는 무엇인가?
- 리더들은 회사를 위해서 노동자의 자산을 활용한다. 그들의 시간, 관심, 아이디어, 지식, 열정, 에너지, 소셜 네트워크 등을 활용하는 것이다. 그런데 우리는 왜 월급과 수당에만 관심을 가지고, 우리가 투자한 자산의 투자수익률에는 관심을 가지지 않는가? 노동자가 투자한 자산에 대해 응당 받아야 하는 대가에는 무심한 이유가 무엇인가? 우리는 왜 자산에 대한 소유권과 자산 사용에 대한 권한은 이야기하지 않는가?

성과를 내는 우회 해법들의 지원을 받으면서 선의의 해커들이 이런 문제를 제기한다면, 우리가 원하는 방향으로 논쟁이 바뀔 것이다. 그동안 말하지 못했던 금기들을 밖으로 끌어내야 한다. 그래야 모든 사람이 지금보다 나은 균형점 모색과 노동 계약 재부팅에 관심을 집중할 것이다.

힘이 강하면 책임도 무거워진다

영화 〈스파이더맨〉에서 그의 삼촌 벤이 피터 파커에게 했던 경고는 모든 해커에게도 해당된다. 직장을 갖고 일을 한다는 것은 '선택한다'는 의미다. 과거에 중요한 선택은 주로 다음과 같은 것들이었다. 어떤 산업에 종사할까? 어떤 일자리를 갖고, 어떤 일을 하면서 어떤 경력을 쌓을까? 어떤 회사를 택하고, 얼마나 많은 돈과 수당을 받을까? 하지만 이제는 대부분의 사람이 해킹할 수 있으므로 선택의 폭이 훨씬 넓어졌다. 그래서 여러분 자신과 가족이라는 범위를 넘어섰다.

심지어 누군가의 회사에 소속된 상태에서도 누구나 기업가가 되고, 견고한 시스템을 변화시키거나 기업을 키운다. 혹은 반대로 할 힘도 가진다. 여러분은 이제 회사에서 구축한 것을 우회할 수 있다. 때문에 회사를 구출할 힘은 물론 파괴할 힘도 가지며, 회사를 도울 힘과 방해할 힘도 가진다.

하루가 멀다 하고 쏟아지는 신기술들은 이런 것을 훨씬 쉽게 만들어준다. 그리고 훨씬 쉽게 대중에게 다가갈 수 있게 해준다. 신기술과 기회를 활용하는 개인의 힘과 능력은 지난 10년 동안 크게 신장되었고, 향후 10년 동안에도 지속적으로 성장할 것이다. 하지만 현실 문제는 기술 발전에 비해서 시간에 구애받지 않으며 노사 관계보다 포괄적이다.

여러분은 선택을 해야 한다. 여러분의 윤리적인 선은 어디에 있는가? 스스로의 운명을 통제하기 위해서 무엇을 하고자 하는가? 여러분과 동료들이 생각하는 욕구에 맞춰 설계되지 않은 어떤 시스템, 어떤 장벽이라도 피해서 일할 의지가 있는가? 여러분이 원치 않는 일은 무엇인가? 선의의 해킹과 정말 해로운 해킹 사이를 여러분은 어떻게 구분하는가? 상사가 어떻게 생각하든 항상 옳은 이단아의 행동은 어떤 것인가? 의도가 아무리 고귀해도 항상 잘못된 행동에는 어떤 것이 있는가?

모든 선택이 궁극적으로는 개인에게 달려 있는 반면, 사회 구성원으로서, 노동자로서, 리더로서, 우리 모두는 함께 일하는 새로운 기풍을 구축하는 데 기여해야 한다. 이것 또한 달라진 논쟁의 일부로 포함되어야 한다.

의학 발전이 새로운 윤리적 딜레마들을 야기하는 것처럼(언제, 어떻게 생명을 시작하고 끝낼까? 그런 것들이 가능하다는 이유만으로 그렇게 해야 하는가? 등), 업무 수단에서 이루어지는 기술 발전은 현재 기업의 윤리 강령을 한참 앞질러가고 있다.

모든 직원이 지금은 시스템을 우회할 힘을 가지고 있다. 하지만 현재 노동 계약은 그런 힘이 존재하지 않는 척한다. 직원들은 고객, 회사, 자신, 가족, 동료에게 옳은 것이 무엇인가를 놓고 균형을 잡는 일상적인 딜레마에 직면한다. 현재 노동 계약은 윤리적인 의사결정을 내리라고 설교한다. 그리고 구조, 시스템, 업무 수단 등을 통해서 유일한 옳은 선택은 회사에 가장 도움이 되는 방향이라고 결과를 조작한다. 이는 우리 모두를 함정에 빠뜨린다. 모두가 개인의 욕구를 충족시키지 못하는 원활하지 않은 삶을 살든지, 개인 욕구 충족을 위해 편법을 쓰거나 아예 시스템을 벗어나야 한다. 이런 상태에서 최종 결과가 좋을 리 없다.

노동 계약이 모든 당사자를 동등하게 존중하고, 모든 당사자에게 똑같은 강제력을 갖는다면 많은 고위임원들이 제도판으로 돌아가서 설계를 고쳐야 하는 경우가 지금보다 훨씬 빈발할 것이다. 그리고 훨씬 많은 선의의 해커들이 영웅으로 간주될 것이다. 시스템이 모든 사람의 욕구를 훨씬 많이 충족시키는 상태로 이끄는 과정에서 우리 모두를 도와주는 영웅으로 말이다.

노동의 신세계에 맞춰 서로가 공유하고 서로에게 강제력을 가지는 새로운 계약이 만들어져야 한다.

처음부터 목표를 마음에 새기고 시작하라

잠재적인 해커 관점에서 이 책을 읽든, 잠재적인 해커들을 관리하고 이끄는 관점에서 읽든, 모든 것은 하나의 성공 척도로 요약된다.

나는 얼마나 쉽게 일하는가?

- '쉽다'와 '훌륭하다'에 강조점을 둔다.
- 상충하는 우선 사항들이 너무 많아 혼란스러운 세상에서는 누구라도 최선을 다해 최대 기량을 발휘하기가 쉽지 않다. 그러므로 훌륭한 업무 수행은 곧 쉬운 업무 수행이 되어야 한다.
- 사람들 혹은 회사들이 기준을 낮춰야 하거나, 우리 모두에게 더욱 높아진 새로운 지평을 강요하는 현실을 거부해야 한다는 의미에서 '쉽다'가 아니다. 회사와 회사의 업무 수단, 공정 등이 현재 회사 중심인 만큼 사용자 중심이 되어야 한다는 의미에서 '쉽다'이며, 개인들 내면의 잠재력을 해방시킨다는 의미에서 '쉽다'이다. 회사 인프라가 우리 모두가 최대 기량을 발휘하지 못하게 가로막는 장벽들에 대처해야 한다.
- 여러분의 일이 쉽지 않다면 해킹을 해야 한다. 무엇이든 지금보다 나아질 수 있기 때문이다.

기업 평가 척도를 다시 점검해야 한다. 위의 기준이 모든 회사가 채택하는 5가지 핵심 내부 평가 척도 중 하나가 되어야 한다. 그런 작업이 5년 전 혹은 10년 전에 이루어졌더라면 지금 이 책은 필요하지도 않을 것이다. 또한 해커들이 해킹할 거리도 훨씬 적었을 것이다. 지금 기업에 존재하는 멍청한 규칙, 엉터리 업무 수단, 성가신 절차 등에 따라 업무를 진행하는 것을 원하고 반기는 고위임원은 거의 없다. 업무 설계는 엉망이다.

예전에는 판에 박힌 제약들에 맞서 고생하며 일하면서 힘들게 효율성을 구현하는 그런 사람이 남보다 뛰어나다는 소리를 들었다. 그러나 정보가 무료가 되고 어디서나 접근이 가능한 그런 세상에서는 그렇지 않다. 오히려 업무 설계가 우리 내면의 창조성, 통찰력을 해방시키는 방향으로 달라져야 한다. 그리고 남보다 스스로에게 더욱 높은 기준을 요구하는 인간의 본성이 발현되어야 한다. 미래의 일은 노동자로서, 인간으로서 우리 모두 안에 있는 잠재력을 깨우는 데 더욱 중점을 두어야 한다.

미래의 업무 설계는 개인 내면의 무한한 잠재력에 부합해야 한다. 이는 결국 일터에서 궁극적인 평가 척도가 다음과 같아야 한다는 의미다. "내가 업무를 훌륭하게 해내기가 얼마나 쉬운가?"

출발 지점

우리는 여러분이 해킹을 올바른 방법으로 시작할 수 있게끔 유용한 팁들을 알려주려 노력했다. 하지만 그보다 넓은 범위에도 접근하기 쉽고 계속 업데이트되는 무엇인가가 있어야 한다. 그래서 우리는 여러분에게 해킹워크닷컴과 공개토론 공간을 소개하는 것으로 이 책을 마무리하고자 한다. 토론 공간은 온라인이든 실생활이든 상관없다. 아무튼 우리는 이 모두를 활용해야 한다.

쉽게 말해 우리는 지금 이 책에서 시작한 것을 여러분이 이어서 계속 해달라고 요청하고 있다. 다음은 논쟁을 신속하게 바꾸고 해킹을 긍정적인 힘으로 발전시키는 데 도움이 되는 3가지 핵심 주제다. 해킹워크닷컴의 모든 내용은 이 주제들을 중심으로 구성되어 있으며, 여러분이 이를 참조하여 유사한 토론이 일어나는 어느 곳에서든 여러분 의견을 펼치는 출발점으로 활용하기를 바란다.

첫 번째 주제는 나름의 관점을 가진 토론 광장이다. 광장은 언제나 사람들이 모여 생각과 각자의 삶을 나누는 공간이었다. 오늘날 대부분의 온라인 포럼들도 비슷한 기능을 한다. 열정적인 관점을 가지고 있는 포럼이 가장 좋다. 그저 잡담할 공간을 제공하는 것이 아니라 특정 논쟁을 지지하는 포럼이어야 한다. 그런 온라인 광장은 토론을 유발하고 이끈다. 무엇보다 모두의 이익을 위해서 그런 일을 한다.

해킹워크닷컴에서는 이 책에서 말하는 모든 것과 모든 관점을 장려한다. 찬성이나 반대 어느 쪽이든 좋다. 그리고 고위임원과 현장 노동자를 포함한 누구든 참여를 독려하며, 이 책에서 언급한 어느 관점이든 좋다. 우리 목표는 적극적으로 노동 계약을 재부팅하고, 아이디어와 해킹을 더 큰 변화를 추동하는 수단으로 활용하려는 사람들에게 자양분이 되는 것이다.

시끄러운 대화들이 보다 높은 목표를 위한 것임을 명심하라. 이런 대화들을 지켜보면서 우리는 마그나카르타(자유대헌장) 같은 양식이 최선임을 알게 되었다. 마그나카르타는 권력자와 서민의 의무와 자유를 규정함에 있어서 역사상 가장 의미 있는 문서라고 생각한다. 정복자 윌리엄이 영국에서 중앙집권을 시작하고 150년이 흐른 뒤, 너무 강력해진 군주제에 반발하여 토지 소유자들이 들고 일어났다. 1215년, 그들이 만든 마그나카르타는 미래의 수많은 권리장전, 헌법, 권력자들을 겨냥한 제한 규정과 책임 부여 등을 위한 초석이 되었다.

대화의 목표는 노동의 미래와 관련하여 마그나카르타 같은 결과물이 나오도록 노력하는 것이다. 그런 과정이 혼란스럽고 잡음이 많을 것이라는 사실을 충분히 숙지해야 한다. 무엇보다 다양한 의견이 보장되어야 한다. 최고의 가치는 모두의 동의가 아니라 활발한 토론, 열정 그리고 우리를 앞으로 나가게 해줄 변화에 대한 욕구다.

두 번째 주제는 해커들을 위한 도구 세트이다. 해킹워크닷컴을 포함한 믿을 만한 포럼들은 일터에 어떤 문제가 있고, 만약 해킹으로 고쳤다면 어떻게 고쳤는지 등을 공유하는 장이다. 다음에 무엇을 해야 할지 모르겠다면 직면한 어려움을 이야기하고, 거기에 맞는 해킹 방법이 무엇인지를 커뮤니티에 물어라. 우리는 중요한 아이디어들이 모이는 과정을 지켜보고 '모범 사례' 부분에서 그것들을 보여줄 예정이다. 사람들이 가장 궁금해 하는 해킹 내용도 선별해서 소개하고, 기술과 환경 변화에 따라서 달라지는 방법들을 지속적으로 업데이트할 예정이다. 각각의 해킹 항목에 '안전' '위험' 등의 표시를 해 여러분이

미리 위험 정도를 알 수 있도록 하겠다.

예를 들어, 네이트라는 친구가 올린 다음 해킹을 보자. "원칙상으로 나는 경쟁 회사 중 어디와도 부업을 해서는 안 됩니다. 하지만 실상은 꼭 그렇지 않습니다. 그런 조항이 저에게 부당한 제한을 가하는 측면이 없잖아 있습니다. 누구나 은밀히 부업을 하는 그런 세상이니까요. 그래서 나는 인사팀 컴퓨터를 조작해서 노동계약서상의 해당 조항을 교묘하게 바꿨습니다. 계약자에 내 이름이 포함되어 프린터로 출력되는 경우에만 해당 조항이 자동으로 빠지게 했습니다. 말하자면 인사팀의 원래 파일에는 해당 조항이 살아 있지만, 내가 서명한 복사본은 은밀한 부업을 가능하게 해주는 것이지요."

네이트를 쫓아내자는 데 한 표를 행사할 것인가, 아니면 잘했다고 맥주라도 살 것인가? 해킹워크닷컴은 이 책이 끝난 지점에서 다시 시작할 것이다. 여러분의 참여를 통해 동료 해커들을 위한 도구 세트가 공동으로 만들어질 것이다. 여러분의 의견은 특정 해킹이 모범 사례로 인정을 받느냐, 배척당하느냐, 안전한 것으로 분류되느냐, 위험한 것으로 분류되느냐를 결정할 것이다.

우리 사이트의 핵심은 아주 오랫동안 지하에 묻혀 있던 무엇인가를 꺼내 공개하는 것이다. 여러분과 여러분의 동료 그리고 일하는 모든 사람을 위해서 말이다.

세 번째 주제는 일과 일터를 보는 새로운 시각이다. 많은 이들이 컴퓨터 해킹의 역사를 연구하고 문서로 기록했다. 하지만 업무 해킹의 역사는 기록이 없다. 지금까지 밖으로 공개되지 않았기 때문이다. 그런 의미에서 우리는 완전히 새로운 영역을 탐구하고 있다. 그리고 우리 작업이 성공적이었다면 세계를 보는 방식이 바뀔 것이다. 예를 들어, 우리는 앞서 직원들이 회사 인프라 만들기에 참여하는 방식과 관련하여 어떤 것은 되고, 어떤 것은 불가한가에 대해 타의 모범이 될 만한 윤리 강령을 가지고 있는 회사는 없다고 말했다. 말하자면 그런 모범 사례로 우리가 거리낌 없이 추천할 만한 그런 회사가 없다는 것이다. 일부 회사들이 올바른 방향으로 진행하고 있지만, 최고로 꼽히는 회사들도 아직은 관행을 재검토하고 수정해야 한다.

구글을 예로 들어보자. 우리는 '20퍼센트 시간' 정책에 갈채를 보냈다. 구글에서는 직원들이 자기 시간의 20퍼센트를 자신이 관심 있는 일에 쓰도록 허락하고 이를 장려하고 있다. 이는 조직에도 도움이 되는 방향으로 직원들에게 통제권을 돌려주는 새로운 노동 계약에 포함되어야 하는 사항이다. 이런 정책 덕분에 많은 제품 혁신 아이디어들이 쏟아졌다. 뿐만 아니라 직원들이 각자에게 진정 중요한 것을 최선을 다해 추구하게끔 자기 삶에 대한 통제권을 돌려준다는 의미도 크다. 하지만 구글 경영진은 2009년 중반에야 이런 아이디어들을 끝까지 키워서 현실화시킬 묘안이 없다는 사실을 깨닫고 대책을 강구했다. CEO 에릭 슈미트 Eric Schmidt는 그때야 구글은 유망한 아이디어가 있을 경우 초기 단계부터 '경영진이 관심을 가지도록 강제하는' 공식 제도를 도입했다고 말했다.[5]

훌륭한 회사들도, 새로운 계약을 향한 위대한 도약들도 아직은 갈 길이 멀다. 게다가 우리 모두에게 점점 많은 영향을 미칠 기술적인 문제들이 있다. 일부만 예를 들어보기로 하자. 일단 디지털 이용 기록이 있다. 이것이 여러분의 업무 수행 방식에 놀라운 진보를 가져올 수도 있고, 역으로 여러분에 대한 통제를 혁명적으로 강화하는 수단이 될 수도 있다. 현재로서는 어떤 방향이 될지 아무도 모른다. 또한 악의적으로 활동하는 블랙 햇 해킹도 많다. 당연히 이런 활동도 공개되고 알려져야 한다. 하지만 현재는 악의적인 해킹이 모두에게 어떤 영향을 미치는지에 대해 알려진 바가 적다. 그리고 선한 해킹과 나쁜 해킹의 차이점을 인식하고 받아들일 마음의 준비가 되어 있는 리더들도 너무 적다.

새로 대두하는 이런 힘들은 어느 쪽으로 가게 될 것인가? 오직 시간만이 말해줄 것이다. 하지만 해킹워크닷컴은 여러분의 노력이 노동의 세계를 어떻게 바꾸는지를 기록하고 추적할 것이다. 여러분도 우리와 함께하기를 바란다.

우리의 바람

우리는 '기업을 기업 자체로부터 구하고 여러분을 기업으로부터 구하라'는 사명을 띠고 있는 해커들이다. 해킹 커뮤니티 안에서 우리는 그레이 해터Gray Hatters에 해당한다. 즉 악의는 없지만 시스템의 취약점들을 드러내어 주인이 나서서 바꾸게끔 유도하는 사람들이다.

이 책을 통해 노동 시스템의 취약점들을 공개했기 때문에 세상이 보다 매끄럽게 돌아가기를, 공기와 물이 조금 더 깨끗해지기를, 사람과 사람 사이 관계가 더욱 의미 있어지기를, 삶이 보다 즐거워지기를 진심으로 바란다.

또한 우리는 이 책을 통해서 큰 변화를 달성하려 한다. 하지만 우리의 야심찬 목표는 여러분이 없이는 달성이 불가능하다. 변화를 가져오려면 여러분이 이후에 해주는 일들이 중요하다. 여러분의 해킹이 중요하다. 회사가 여러분 같은 해커들을 받아들이고 여러분에게서 배우는 것도 중요하다. 여러분이 새로운 논쟁에 참여하는 방식 또한 중요하다.

항상 여러분이 일에 맞출 것이 아니라 일을 여러분에게 맞출 때다. 이를 보여주고, 공유하고, 퍼뜨려라. 해킹을 시작하고 어떻게 되었는지를 알려달라.

후기

〈하버드 비즈니스 리뷰Harvard Business Review〉는 이 책의 초고를 보고 2010년의 10대 획기적 아이디어에 포함시켰다. 덕분에 선의의 해킹 이면의 이야기에 대해 사람들과 의견을 나눌 기회가 훨씬 많아졌고, 듣고 배울 기회도 많아졌다. 다음은 그런 대화들에서 발췌한 내용이다.

현재 해킹은 훨씬 많이 진행되고 있다

선의의 해킹은 일의 세계에서 강력 접착테이프 같은 것이다. 이는 회사 중심으로 형편없이 설계된 절차, 업무 수단, 규칙, 공정에 대한 보편적인 해결책이다. 해커들이 해킹을 멈추면 대부분의 기업이 서서히 멈추고 말 것이다. 그리고 만약 모든 해커가 골방에서 나와 일을 공유한다면 든든한 힘이 될 것이다.

고위임원들의 반응

"그렇죠. 우리 인프라는 완전히 회사 중심이에요. 맞습니다. 일하는 사람에게는 영 아니죠. 하지만 우리는 통제권을 가져야 해요. 당신이 제안하는 내용은 사실상 무정부 상태를 만들자는 것입니다."

우리는 지금 바로 당신 앞에서 이미 일어나고 있는 일들을 이야기하고 있다. 먼 나라 이야기가 아니다. 선의의 해커들을 억눌러야 마땅한 불한당 같은 범죄자로 볼지, 중요한 경쟁우위를 가져올 존재로 볼지는 여러분의 선택에 달려 있다.

일부 중간관리자들의 반응

"그렇죠. 업무 해킹은 수많은 어리석은 업무에서 나를 해방시켜 주고 삶에 대한 통제권을 줄 수 있지요. 하지만 나는 아이가 둘에다, 주택 대출금도 있고, 돈이 드는 취미 생활도 있어서 직장에서 쫓겨나기는 싫습니다. 그런 위험을 감수할 수는 없어요."

이해한다. 해킹을 통해 어리석은 업무를 피하는 것이 모두에게 맞지는 않는다. 무작정 달려들기에는 두려운 아이디어라는 점도 십분 이해한다. 아직 해킹을 감행할 준비가 되어 있지 않다면, 준비가 될 때까지 이 책을 계속 참고하라고 권하고 싶다. 언젠가 여러분이 자신의 열정을 깨닫는 데 우리가 도움이 되었으면 하는 마음이다.

변화가 중요하지, 기술이 중요한 것이 아니다

'컴퓨터 도사'들에게는 이 책에서 말하는 기술적인 부분들이 오래

전에 떼버린 보조바퀴를 단 자전거처럼 시시해 보일 수 있다. 그런 심정을 우리도 충분히 이해한다. 하지만 이 책에서 우리가 구체적인 기술을 강조하지 않는 데는 2가지 이유가 있다. 첫째, 그들의 노하우와 상세 기술에 대한 이야기는 온라인 포럼을 통해 설명하는 것이 더 효과적이다. 게다가 바이러스가 퍼지듯이 퍼뜨리기도 훨씬 수월하다. 하지만 더욱 중요한 이유는 기술은 강력한 도구일 뿐이라는 점이다. 이 책은 개인의 선택에 관한 책이다. 이제 여러분은 해킹을 통해 멍청한 규칙들을 타파함으로써 기업을 구하고, 개인적으로 성공하고, 더욱 똑똑하게 일할 수 있다는 사실을 알았다. 문제는 그렇게 하려는 의지가 있느냐다.

감사의 글

우리는 한 번에 하루씩, 미래를 해킹하는 두 남자다. 아래 소개하는 사람들은 우리가 원대한 목표를 추구하면서도 현실에 발을 디디게 해준 고마운 분들이다.

빌이 보내는 감사의 글

데시, 테일러, 스티븐, 이언에게 감사의 마음을 전한다. 프로젝트를 진행하는 내내 나를 즐겁게 해주었고, 그 덕분에 나는 맑은 정신을 유지하고 현실에 발을 디디고 있을 수 있었다.

빌과 조시가 보내는 감사의 글

중간 원고를 보고 조언을 아끼지 않은 조언자들과 독자들에게 감사한다. 우리가 잘못된 길을 가고 있을 때, 우리가 떠드는 소리가 일관성이 없을 때 누군가가 조언을 해줘야 했다. 특히 릭 브래들리, 줄리언 채프먼, 요한 대슬리어, 크리스 에른스트, 수전 플라워, 조 프라토니, 필리스 프레이저, 실벵 고티에, 데이비드 호스, 린제이 허스트, 데이브 자딘, 세실 존슨, 킴 존스, 마크 코스키니에미, 스콧 레빗, 마크 레이바, 로레인 마호니, 브루스 모튼, 짐 필런, 애너 프링글, 엠마 레이놀즈, 섀런 시몬스, 제니스 스위프트, 앤디 츠펙먼, 그레이엄 웨스트우드에게 감사의 말을 전한다.

책을 함께 만들어준 출판사 팀원들에게

우리는 데이브 몰다워, 윌 위세르, 아만다 프리츠커, 에밀리 에인절, 몰리 글릭 등 포트폴리오 출판사에서 우리 책을 맡아준 모든 팀원에게 큰 빚을 지고 있다. 윌과 데이브는 우리의 비전을 '알아보고' 충실하게 임해준 포트폴리오 출판사의 현자들이다. 아만다는 이 책에 적합한 마케팅을 진행해주었고, 에밀리는 세세한 부분까지 관심을 가져주어 우리도 한눈 팔지 않고 집중할 수 있었다. 몰리는 우리의 초기 제안서를 채택하고, 수정하면서 매끄럽게 해주었다. 모든 분에게 고맙다는 말을 전한다.

인터뷰에 응해준 많은 분들과 익명의 공헌자들에게

알고 보면 우리는 이 책의 진짜 저자가 아니다. 인터뷰에 응하고 각자의 이야기를 들려준 여러분이 진정한 저자다. 우리에게 여러분 이야기를 들려주어 우리가 세상과 공유도록 해준 데 진심으로 감사한다.

주석

1장

1. IDC/*Fortune*, January 18, 2010.

3장

1. *Home and Garden*, July 2009.
2. *Wall Street Journal*, November 16, 2009.

7장

1. *Time*, September 21, 2009.

8장

1. 이번 장에서 우리는 '무엇이 바뀌고 있는가?' '그런 변화 때문에 무엇이 달라질 것인가?' '누가 얻고, 누가 잃는가?'라는 서로 연관된 구조적 질문을 반복하면서 4가지 새로운 흐름을 소개한다. 이런 질문 구조는 개인 및 조직 변화 전문가로 꼽히는 윌리엄 브리지스가 고안한 것이다. 브리지스는 이상의 3가지 질문이 과도기에 마음과 정신을 흩뜨리지 않고, 가장 중요한 문제에 집중

하게 해준다고 본다.

2. MTV *Research and Strategic Insights 2009* report on Gen Y happiness.

3. Eurostat, *The Economist*, *BusinessWeek*.

4. *BusinessWeek*, December 15, 2008.

5. *Journal of Interactive Marketing*, summer 2004.

6. *Wall Street Journal*, October 2, 2009.

7. IBM 2009 global chief information officer study *The New Voice of the CIO*.

8. *BusinessWeek*, September 21, 2009.

9. http://smartblogs.com, "BlogWell preview: Nokia s Molly Schonthal."

10. www.ted.com.

11. www.cluetrain.com.

10장

1. *BusinessWeek*, October 9, 2008.

2. GE 참가자들이 대부분 회사의 허락을 받지 않고 참가했기 때문에 그들의 관점이 GE 노동자들을 대표하는 표본임을 입증하기는 어려울 것이다. 그러므로 GE라는 회사에 대한 결론은 어디까지나 설명에 도움이 되는 사례일 뿐 일반화시킬 수는 없다. 조사 질문과 결과에 대한 상세 분석을 원한다면 저자들에게 이메일을 보내주길 바란다.

3. *BusinessWeek*, October 9, 2008.

4. *BusinessWeek*, July 13 and 20, 2009.

5. The New Work Contract from research for *Work 2.0* by Bill Jensen.

6. *Wall Street Journal*, February 28, 2008.

7. OECD, 2009.

8. OECD, World Bank, National Center for Education Statisics, 2008.

9. HR consultancy, Right Management, 2008.

10. *Foreign Policy* magazin, May/June 2009.

11. Multiple sources, most recent: *Manage Smarter* magazin and www.tdu.org.

12. www.Management-Issues.com.
13. *BusinessWeek*, June 1, 2009.
14. *Wall Street Journal*, January 26, 2009.
15. Jensen Group, *Search for a Simpler Way* ongoing study.
16. 같은 자료.
17. 같은 자료.
18. 같은 자료.
19. Basex.
20. www.KeyCollege.com.
21. *BusinessWeek*, June 2, 2008.

11장

1. www.LeadershipIQ.com.
2. www.PopTech.com.

12장

1. Fred Turner, Stanford University.
2. *Fortune* magazine, July 20, 2009.
3. *Wall Street Journal*, September 21, 2009.
4. *BusinessWeek*, September 21, 2009.
5. *Wall Street Journal*, June 18, 2009.

KI 신서 3817

말 안 듣는 직원이 성과를 낸다

1판 1쇄 인쇄 2012년 2월 9일
1판 1쇄 발행 2012년 2월 10일

지은이 빌 젠슨, 조시 클라인 **옮긴이** 강혜정
펴낸이 김영곤 **펴낸곳** (주)북이십일 21세기북스
부사장 임병주 **PB사업부문장** 정성진 **편집2팀장** 박정혜
책임편집 조혜정 **디자인** 네오북 **MC기획1실장** 김성수 **BC기획팀** 심지혜 양으녕 홍지은 **해외기획팀** 김준수 조민정
마케팅영업본부장 최창규 **마케팅** 김현섭 김현유 강서영 **영업** 이경희 정병철
출판등록 2000년 5월 6일 제10-1965호
주소 (우 413-756) 경기도 파주시 문발동 파주출판단지 518-3
대표전화 031-955-2100 **팩스** 031-955-2151 **홈페이지** www.book21.com
21세기북스 트위터 @21cbook **블로그** b.book21.com

ISBN 978-89-509-3573 3 03320

책값은 뒤표지에 있습니다.

이 책 내용의 일부 또는 전부를 재사용하려면 반드시 (주)북이십일의 동의를 얻어야 합니다.
잘못 만들어진 책은 구입하신 서점에서 교환해 드립니다.